마음
읽기

마음 읽기

지은이 황상민
펴낸이 임상진
펴낸곳 (주)넥서스

초판 1쇄 발행 2016년 6월 10일
초판 10쇄 발행 2021년 10월 25일

출판신고 1992년 4월 3일 제311-2002-2호
10880 경기도 파주시 지목로 5
Tel (02)330-5500 Fax (02)330-5555

ISBN 979-11-5752-831-8 03180

www.nexusbook.com

삶의 의미를 재정립해 주는
심리 처방전

마음
읽기

황 상 민 지 음

넥서스BOOKS

당당한 삶을 위한 마음 안내서

우리 중 많은 이들이 이 세상에서 잘살고 성공하고 싶어 한다. 누구나 이런 마음을 가지고 있지만, 이렇게 되기 위해서는 지불해야 하는 비용이 있다. 무엇보다 자신을 바꿔야 한다. 세상에서 인정받고 또 잘살기 위해서는 자신의 마음이 어떠하든, 세상이 요구하는 방식으로 자신을 바꾸어야 한다. 이것은 안정되고 번듯하게 잘사는 사람, 또 남들에게 착한 사람으로 보이기 위해서 지불해야 하는 비용이다. 그런데 이런 마음의 비용을 지불하다 보면 안타깝게도 자신이 누구이고, 어떤 사람인지를 보기가 어렵다.

이 책은 이 세상에서 성공하기를 바라는 사람들이 가지는 마음이 어떤 것인지 알아보고, 또 이 세상에서 잘살기를 바라면서 자신의 진짜 마음을 알고자 하는 사람들을 위해 쓰였다.

영화 〈매트릭스〉는 '현재 자신이 있는 세계 속에서 자신을 볼 것인가' 아니면 '자신의 세계를 넘어서는 또 다른 세상 속에서 자신을 볼 것인가' 중에서 무엇을 선택하느냐의 문제를 다룬다. 현실에서 잘살고자 하는 욕구는 진실을 볼 수 있게 하는 빨간 알약이 아닌 지금 살고 있는 이 세계를 보게 하는 파란 알약을 먹는 것과 같다.

이 영화는 '나는 누구인가', '내가 나임을 알 수 있는 특성은 무엇인가', '남이 보는 내가 과연 진정한 나인가', '나의 마음은 내가 살고 있는 이 세상에 나를 어떻게 드러내고 있는가' 등과 같은 질문을 SF의 형태를 빌려 보여 준다. 그리고 이 영화에서 나는 리얼리스트와 아이디얼리스트의 수많은 이미지들을 찾을 수 있었다.

〈매트릭스〉에서 리얼리스트는 '파란 알약'을 먹은 사람들이기도 하고, 그들이 살고 있는 '매트릭스'의 삶에 대해 의문을 던지지 않는 사람들이기도 하다. 그들은 오롯이 자신이 현재 머물고 있는 범주 안에서만 자신을 보려고 한다. 더 정확하게 말하자면 자신이 누구인지 알 필요가 없이 그저 사람들이 말하는 사회적 기준에 맞춰 살면 된다고 믿는다. 이것은 자신들이 믿는 것이 진실이고 사실이라는 마음이다.

그런데 놀랍게도 이런 마음을 가진 사람들의 관심의 초점은 자신에게 맞춰져 있지 않다. 그것은 자신과 더불어 사는 주위의 사람들에게 있다. 그들은 주변 사람들과 좋은 관계를 맺으면 그것이 잘사는 방법이고 행복이라고 믿는다. 동양 사상에서 말하듯 '화(和)'를 이루고 '인(仁)'을 실천하려고 한다. 하지만 이것은 엄밀히 말하면 내 삶을 '사는 것'이 아니라 '맞추는 것'이다. 타인과의 관계와 상황에 자신을 억지로 끼워 맞추는 것이다. 당연히 내 본연의 모습은 온데간데없이 사라지고, 나는 변신 로봇처럼 해체되고 만다.

우리의 마음은 수없이 많은 감정이 촘촘하게 연결된 유기체이다. 그런 우리의 마음은 아주 작은 일부라도 균형을 잃으면 해체되고 당연히 누더기처럼 너덜너덜해질 수밖에 없다. 정신의학에서는 이런 상태를 '우울증', '공황장애', '불안증', '망상장애' 등으로 부른다. 내가 누구인지, 무엇을 하는지조차 인지하지 못하고 마음을 잃어버린 상태를 말하는 것이다. 이런 상태에 처해 힘들고 아파하는 사람들이 우리 사회에 너무나도 많다. 그래서 우리는 파란 알약뿐 아니라 빨간 알약을 상상하고 욕망하게 되는 것이다. 내가 어떤 사람인지를 알기 위해 여행을 떠나는 것은 빨간 알약을 먹는 것이다. 신기한 것은 빨간 알약을 먹게 되면 파란 알약에 취해 있는 상태보다 주위에 있는 사람들의 마음을 투명하게 꿰뚫어 볼 수 있는 눈이 생긴다는 사실이다.

막상 자신이 누군지 아는 것이 두렵고 어려워 보일 수 있다. 하지만 자신의 정체성을 찾는다면 현실에서 가장 잘사는 방법을 발견할 수 있다. 자신이 어떤 사람인지를 알면 더 이상 세상을 살아가는 데 두려움을 느끼지 않아도 된다. 자신의 특성을 찾아 마음이 가는 대로 살면 된다.

이 책이 사람들에게 자신의 마음의 정체가 무엇인지 스스로 알아낼 수 있는 친절한 안내서가 되었으면 한다. 각박한 이 사회에서 자신의 존재 가치를 버린 채 살아남기 위해 처절한 몸부림을 치고 있는 사람들이 자신의 마음을 찾는 용도로 사용되었으면 한다. 그리고 자신의 마음을 잘 지켜내고 싶은 사람에게 흔들리지 않고 부서지지 않는 자기 보호벽을 스스로 만들어 낼 수 있는 도구가 되었으면 한다. 당신의 지금 마음이 무엇이든 '마음 읽기'는 당신의 마음을 지지한다.

황상민

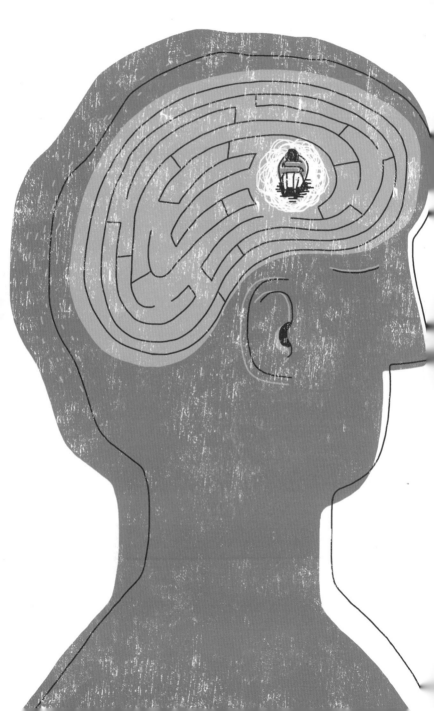

행복한 나를 위한 첫걸음, 내 마음 탐색

햇살이 유독 좋은 날, '위즈덤센터'에서 나는 여느 때처럼 한쪽 테이블에 자리를 잡고 있었다. 그곳은 학교 밖을 벗어나 있다는 자유로움을 느끼는 또 다른 연구 공간이자, 사람의 마음을 들여다볼 수 있는 임상의 공간이다. 비교적 인적이 드문 골목 어귀에 숨어 있는 이곳에서 나는 주로 자신의 마음을 알고 싶어서 찾아오는 사람들을 만나거나, 그동안 상담했던 사람들의 성격 프로파일(personality profile)을 탐색한다. 각기 다른 성격 프로파일에서 다양한 사람들의 마음을 읽어 볼 수 있다. WPI(Whang's Personality Inventory) 프로파일이라 부르는 성격 프로파일은 각기 다른 사람들의 삶의 문제가 마치 레고 블록처럼 특정한 형태를 띠고 있음을 잘 보여 준다. WPI를 통해 다양한 마음들이 펼쳐진 비밀의 화원을 찾아 들어가는 것처럼.

처음 나를 찾아오는 사람들의 표정은 대체적으로 어둡다. 세상의 온갖 근심 걱정을 다 짊어진 사람 같다. 하지만 자신의 마음을 스스로 읽을 수 있게 되면 표정이 처음과 완전히 달라진다. 환한 모습으로 떠나는 사람들의 얼굴을 볼 때마다, 나는 마음이 인간에게 미치는 오묘한 신비를 느낀다. 그날 찾아온 K 역시 무척이나 고민스러운 표정으로 '위즈덤센터'의 문을 열고 들어왔다.

올해 서른네 살의 직장인이라는 K는 깊은 한숨을 쉬더니 앞뒤 맥락 없이 다짜고짜 '회사를 그만두고 싶다'고 했다. 직장인이라면 누구나 가슴에 사표를 가지고 다니기 마련이다. 당장 회사를 때려치우려는 것은 아니지만 사표는 힘들고 고단한 직장생활의 마지막 보루인 셈이다. 하지만 회사를 그만두고 싶다고 하는 K의 마음은 단순하게 반복되는 일상의 괴로움을 토로하는 수준이 아니었다.

"대학을 졸업한 후로 10년 동안 쉬지 않고 열심히 일했어요. 전 직장에서는 일 잘한다는 소리를 들으면서 신나게 일했습니다. 그런데 지금은 제가 바보 멍청이가 된 느낌이에요."

"그렇게 느끼게 된 특별한 이유가 있나요?"

"지금 상사 때문에요. 사람들이 있건 말건 상관없이 저를 무시하고 대놓고 망신을 주거든요."

"아, 그럴 때마다 몹시 속상하시겠어요. 구체적으로 어떻게 무시를 하죠?"

"제 의견이 비주류적이거나 트렌드와 맞지 않는다고 해요. 그리고 회의 도중에 제 말을 끊어 버리기 일쑤죠. 여러 명에게 의견을 물어볼 때 저만 건너뛰기도 하고요. 감정적으로 너무 힘들어요. 하루 이틀도 아니고…. 자격지심 때문인지 피해의식이 생긴 건지 주변 동료들도 저를 막 대하는 것 같아요."

K는 잠시 한숨을 돌리고는 말을 이었다.

"벌써 삼십 대 중반이고 지금 직장을 떠난다고 해서 딱히 다른 대안이 있는 것은 아니에요. 그런데 매일 상사로부터 마음의 상처를 받아서인지 직장을 그만두어야겠다는 생각을 부쩍 많이 하게 되네요. '살아남는 게 이기는 거다'라는 생각을 하기도 해요. 그래서 상사의 비위나 요구를 맞추면서 매사를 긍정적으로 바라보는 연습을 하자고 맘을 다잡아 보기도 하고요. 마인드 컨트롤도 해 보려고 애쓰지만 사실 매일 회사에 가기가 두려워요. 정신과에 가서 우울증 약을 처방받아 먹어 보기도 했는데, 나아지는 게 아무것도 없어요. 약을 먹으면 잠시 '반짝'하는 기분이 들기는 하는데, 그건 그때뿐이에요. 이러다가 제가 미치는 게 아닐까 걱정스러워요. 무엇보다 일에 흥미를 붙이기 어려워요. 도대체 어떻게 하면 좋을지 모르겠어요."

"맞아요. 살아남아야 해요. 지금 직장을 그만두게 되면 그 상사에게 지는 거예요. 마음이 많이 힘들겠지만 그래도 참고 살아남는 게 중요하지요."

이렇게 말하는 나의 머릿속에 과거에 상담했던 많은 사례들이 스쳐 갔다. 그들은 한결같이 상사 때문에 회사를 그만두고 싶다고 했다. 회사생활을 가장 괴롭게 하는 이유가 회사에 대한 불만이나 불안이 아니라 '상사'였던 것이다. '절이 싫으면 중이 떠난다'는 속담이 이제는 '상사가 싫어 회사를 떠난다'로 바뀐 것 같다. '사람이 가장 큰 자산'이라고 떠들어 대는 회사의 경영자들은 오랜 자산들로 인해 젊고 새로운 자산을 몰아내는 현재의 상황을 어떻게 이해하고 있을까?

K는 인간을 '자산'으로 취급하는 조직의 비극을 심리학자가 엿보게 되는 경우이다.

로맨틱할 수 없는 로맨티스트 K의 현실

회사생활에서 절망에 빠져 자신의 갈 길을 선택하지 못한 채 자신의 문제를 약으로 해결하려 했던 K의 모습에 마음이 너무나 아팠다. 어떤 이야기를 해 줘야 할지 답답했다. 정신과에서 약을 계속 받아먹으면 스스로 정신병자가 되려고 하는 것이라고 말해 줄 수도 없었다. 일단 K의 성격 프로파일부터 찾아보았다. 그의 자기 평가 성격 유형은 전형적인 '로맨티스트'였다.

로맨티스트들은 일을 하는 데 있어서 상당히 꼼꼼한 스타일이다. 생각이 많고 자기가 알고 있는 것을 상당히 디테일하게 챙긴다. 자신이 하는 일에 익숙해지면 자신감을 가지고 일한다. 하지만 낯선 상황이나 사람들과의 관계에서는 쉽게 긴장하고 불안해한다. 예상치 못한 질문을 받거나 누군가 자신의 문제점을 지적하면 갑자기 '멘붕' 상태에 빠지기도 한다. 과도할 정도로 꼼꼼해서, 지나치게 소심하게 보이거나 또는 완벽주의적인 성향을 드러낸다. 그러다 보니 스스로 만족할 정도로 자신이 있지 않으면 남에게 잘 반응하지도 않는다. 좋은 생각이 있거나 질문에 답변을 할 수 있음에도 하지 못하는 경우가 많다. 사실 '친숙하고 편한 환경'이라면 이러한 성격 유형의 특성은 전혀 문제가 되지 않는다. 그런데 자신에게 익숙하지 않은 낯선 환경에 놓이게 되면 여러 가지 어려움을 떠안게 된다.

K와 상사의 관계가 이렇게까지 악화된 정확한 원인을 알아내기 위해서는 무엇보다 상사의 프로파일이 어떤지를 알아야 했다. 그러나 상사가 자발적으로 K의 문제를 해결하는 데 참여하기 전까지는 추론에 의지할 수밖에 없다. 그의 행동이 어떻게 나타나는지에 따라 여러 가지 가능성이 있다. 자신이 막말을 한다는 것을 거의 느끼지 못한다는 측면에서 그는 휴머니스트일 가능성이 있다. "네 생각은 마치 돌에 피어 있는 이끼와 비슷해"라고 무시하듯 거침없이 말한다면 아이디얼리스트일 수도 있다. 물론 업무에서 정해진 계획대로 성과를 추구한다면 에이전트일 가능성도 있다.

상사가 어떤 성향을 가졌는지, 무엇을 중요시하는지 등, 이 상사의 마음을 아는 것이 정말 필요하다. 하지만 현재로서는 K 스스로 자신의 특성을 정확하게 이해하는 것이 더 필요하다. 상사가 어떤 성향을 가졌는지 알더라도, 자신이 누구인지를 알지 못한다면 그것은 아무 대책이 없는 것과 마찬가지다.

안타까운 것은 K가 새로운 회사로 옮겨 가려 했을 때, 자신의 성향을 잘 인식했더라면 이런 문제들이 생기지 않았을지도 모른다는 점이다. 처음 적응하는 시기에 상사의 감정적 지지를 얻으려고 노력하거나 그것을 요청할 수도 있었기 때문이다. 부하의 마음을 잘 알아서 챙겨 주는 상사는 거의 없지만, 부하가 요청하는 것을 해 주려고 노력하는 상사는 그래도 많다. 새로운 조직 환경에 안착하기 위해 도움을 요청하는 부하직원을 무시할 만큼 안하무인인 상사는 거의 없다. 하지만 몇 번의 부정적인 상호 작용을 경험한 후에, 관계를 새롭게 설정하기란 매우 어렵다.

"한 가지 더 이야기를 하자면, 상사의 태도는 K씨를 무시하는 것은 아니에요. 어쩌면 K씨가 어떻게 반응하는지를 열심히 테스트하는 상황일 수도 있어요. 새로 들어온 사람이라 이사람이 어떻게 반응하는지, 상사가 열심히 간을 보는 것이지요. 사실 조직에서 새로 들어온 낯선 사람의 입장이라면 상처받을 이유가 전혀 없어요. 당연히 지불해야 하는 비용이니까요. 일단 K씨의 경우, 상사를 바꾸려 하기보다는 자신의 마음을 먼저 파악하는 것이 필요할 듯하군요. 그것이 현재의 어려운 상황을 극복할 수 있는 가장 빠르고 확실한 방법이에요."

그리고 K의 상황에 대한 설명을 계속 이어 나갔다.

"그리고 아마 상사는 K씨가 다른 사람들에게 유능하고 일을 잘할 거라는 기대를 받고 있으리라고 생각할 거예요. 그렇기에 K씨의 부정적 반응을 촉발하거나 사람들의 기대를 없애 버리고 싶은 마음으로 행동할 가능성이 높지요. 새로운 누군가가 자신이 받을 기대를 대신 받고 있다고 생각하는 것만으로도 기분이 나쁜 일이니까요. 그건 상사의 심보가 고약해서가 아니라, K씨의 존재가 상사를 경계하게 만든 것이라고 할 수 있어요. 사실 상사도 조금, 아니 무척 당황스럽겠지요. 자신의 존재감을 작게 만들 만한 새로운 인물의 등장에 마음이 그리 편치만은 않았을 거예요. 새로운 부하직원을 잘 보살펴 주고, 또 잘 키워야 한다는 생각도 없지는 않겠지만, 그것은 공자님 말씀이고요. 우리는 공자가 아니니 이런 안타까운 일이 벌어지는 것이지요.

어쩌면 지금 K씨보다 상사가 더 돌아 버릴 입장일 수도 있어요. 들어온 사람이 자기 마음에 들지 않는다고 자를 수도 없으니까요. 이런 상황은 우리 현실에서, 대부분의 조직에서 정말 많이 일어나지요. K씨만 겪는 문제가 아니에요. 이 나라의 대기업들은 유능한 사람을 거의 바보나 좀비로 만들어 버리는 일을 정말 잘하거든요. 그래서 공채 몇 기, 동기 등의 패거리 문화를 강조하지요. 위계질서에 기대는 것은 조직을 자율적이고 능동적으로 이끌 방법을 몰라 가지게 되는 불안의 표현이랍니다. 우리가 어려운 상황에 있을 때마다 '가족', '가족의 힘', '가족의 단합' 등의 말을 사용하는 것도 결국 믿을 만한 사람을 찾고자 하는 마음 때문이지요."

자기 마음 파악하기

상당히 예민하고 감성적인 K에게 현재 가장 필요한 것은 (회사 내부나 바깥에서) 마음이 통하여 이야기를 나눌 만한 사람이다. 회사 일을 잊고 편안하고 즐겁게 놀 수 있는 장소나 사람들이 있다면 더 좋다. 그러면 웬만큼 견딜 수 있다. 상사가 부당한 또는 멍청한 요구를 하더라도 받아들일 수 있는 경지에 이를 수도 있다. 회사 환경이 조금씩 친숙해지면 주위 사람들의 반응도 무심하게 받아들일 수 있다. 이런 상황 변화를 위해 아무런 노력도 하지 않고 무작정 직장을 옮기려 하는 것은 문제를 회피하는 것일 뿐이다. 우선 자신의 마음을 알아야 한다. 그리고 자신이 직면한 문제를 파악해야 한다. 하지만 문제의 본질적인 원인을 찾기란 생각보다 쉽지 않다. 강한 의지가 필요하다. 문제가 분명해지면 해결 방안을 찾으려는 마음도 생긴다. 반면 자신의 문제를 마주하지 않고 회피하면 도망간 곳에서도 또 다른 문제와 맞닥뜨리게 된다.

어떻게 자신의 마음이나 문제를 정확하게 알 수 있을까? 자기 마음을 제대로 알기만 하면, 문제의 답을 찾을 수 있을까? 내가 겪는 세상의 모든 일은 나와 관계없이 나의 외부에서 발생한다. 문제가 생기면 누구나 거의 반사적으로 문제의 원인을 주위의 어떤 사람이나 자신이 처한 상황, 과거의 어떤 경험 등에서 찾으려 한다.

예를 들어 직장에서 성과를 내기 힘들다면 그 원인은 직장 상사나 회사의 문화, 시장 상황 또는 국제 유가, 국제 정세 등과 같은 것이 될 수 있다. 하지만 '성과 부진'의 원인을 외부에서 찾으려는 순간, 이 문제는 결코 한 사람에 의해 해결될 수 없다. 외부적인 이유로 발생한 문제이기에 누군가에 의해 해결되어야 하는 남의 문제가 된다. 결국 분명 한 사람의 문제이지만 그 누구의 문제도 아니게 된다. 이런 경우 해법은 더욱

미궁에 빠지게 된다. 이처럼 남의 탓을 하는 것은 문제가 무엇인지조차 모르면서 문제의 원인이나 이유 또는 해법이 있다고 믿으려는 마음 때문이다.

문제의 원인을 남 탓으로 돌리면 당장은 마음 편할지 모른다. 하지만 이것은 문제의 회피일 뿐 해결 방법이 아니다. 결국 시간 낭비만 될 뿐이다. 마음의 아픔, 불편함에서 벗어나고 싶다면 궁극적으로 마음의 문제를 해결해야 한다. 그리고 그 문제를 해결할 수 있는 사람은 바로 자신이라는 것을 인정해야 한다. 자신과 문제 사이에 어떤 관계가 있는지를 알았을 때, 문제를 해결할 단서를 찾을 수 있다. 나의 문제를 정확하게 아는 일은 그리 어렵지 않다.

영화 〈매트릭스〉에서 네오는 빨간 알약를 통해 '매트릭스' 외부의 세계를 볼 수 있게 된다. 하지만 직접 눈으로 확인하고서도 쉽게 인정할 수는 없었다. 이런 경험은 영화에서만 일어나는 일이 아니다. 일상을 살아가는 누구나 겪는다. 다만 자기 마음을 그대로 읽고 인정하기가 힘들 뿐이다. 변화란 무엇보다 자신의 마음을 정확하게 알고 문제의 해법을 찾는 데서 비롯한다. 그렇게 되면 자기 문제의 원인을 명확하게 파악할 수 있을 뿐 아니라, 문제의 해법 또한 쉽게 찾을 수 있다. 그러므로 자신의 마음을 읽을 수 있는 안내서가 필요하다.

내 마음을 이해해야 한다고?

당신은 평소 자신을 합리적이고 이성적인 사람이라 생각하는가? 만일 그렇다면 '나는 이런 사람'이라는 생각이 뚜렷할지도 모른다. 자신에 대한 강한 믿음과 더불어 이상적인 자신의 모습을 현실에서 잘 나타낸다. 또한 그것이 당연하다고 믿는다. 심지어 자신이 보는 자신의 모습과 다른 사람이 보는 자신의 모습이 일치할 것이라 기대한다. 그렇게 생각하고 사는 것이 바람직하고 진실하며, 당연한 삶의 태도라고 믿는다. 이런 사람은 자신이 믿는 이상과 현실의 모습이 다르다는 것을 인정하려 들지 않는다. 그것은 자신의 민낯을 그대로 드러내 보여 주고 싶지 않은 마음과 같다. 스스로를 이성적이고 합리적이라 믿고 싶은 사람들이 쉽게 자신에 대해 적용하는 마음의 논리이다.

어떤 사람들은 자신에 대한 마음이 분명하지 않다. 그러면서 남들에게 보이는 자신의 모습과 진짜 자신의 모습이 다른 것 같다고 걱정한다. 지금 자신은 가면을 쓰고 사는 게 아닐까 불안해하기도 한다. 이런 생각이 강해지면 현재 자신의 마음이 어떤지, 또 남들이 자신을 어떻게 보는지 더욱더 궁금해한다. 자신이 누구인지, 또 어떤 사람인지 알고 싶어 한다. 멋진 자신의 모습을 기대하면서 현재 자신이 어떤 마음인지 궁금해하는 것이다.

이들은 현실의 모습을 있는 그대로 확인하려고 한다. 막상 민낯을 드러내고 난 후 면구스러움보다는 편안함을 느끼듯이, 자신의 모습이 이상과 거리가 멀어도 쉽게 수긍하고 인정한다. 동시에 어떻게 이상적으로 생각하는 모습에 가까이 다가갈 수 있는지에 대해 묻는다. 자신의 이성과 합리성에 대해 확신이 없는 사람의 마음이다.

사람이 스스로 자신의 마음을 보려 할 때, 이 마음은 참 역설적으로 움직인다. 이성적이고 합리적이라 믿는 마음과 그런 확신이 없는 마음은 서로 다른 방식으로 움직인다. 확신을 가진 사람은 자신의 마음을 객관적으로 보기 힘들고, 자신의 마음에 의문을 가진 사람은 마음을 있는 그대로 볼 가능성이 더 높아진다. 이런 상황이 발생하는 정확한 이유는 알 수 없다. 한 개인의 마음이 이런 방식으로 작동한다는 것, 또 자기 마음의 정체를 스스로 알려 할 때는 이런 과정이 있다는 것을 확인할 수 있을 뿐이다. 이 과정을 무엇이라고 지칭하는지는 중요하지 않다. 중요한 것은 자신이 어떤 사람인지, 자신의 마음이 어떤지를 아는 것이고, 그것을 아는 것이 삶의 문제를 해결하는 데 어떤 도움이 되는지를 아는 것이다.

자신의 마음을 잘 알게 된다면, 더 이상 이 세상을 사는 것에 두려움을 갖지 않아도 된다. 적어도 나의 마음이 타인의 마음에 의해 좌우되거나 무시당하는 상황은 피할 수 있다. 나 자신의 특성을 찾아 내 마음대로 살 수 있기 때문이다. 이것은 자신의 성향과 삶의 방식에 대해 뚜렷하게 이해할 수 있을 때 가능하다.

자기 마음을 아는 일은 거기서 끝나지 않는다. 자신의 마음을 알게 되면 주위에 있는 사람들의 마음도 파악할 수 있게 된다. 특히 자신의 마음과 유사한 사람과 그렇지 않은 사람을 구분하게 되면 자신과 다른 마음들이 어떤지를 알 수 있다. 막연히 '사람들의 마음이 다 다르다' 또는 '서로 다른 사람들의 마음을 이해해야 한다'는 당위성의 말을 읊조리는 수준의 이해가 아니다. 자신이 마치 다른 사람의 마음을 읽게 되는 듯한 경험을 할 수 있다. 있는 그대로 보게 된 것에 대해 감사해하고 감탄하기도 한다. 이런 마음이라면 자기 문제를 더 쉽게 해결해 나갈 수 있다.

물론 현실의 자신을 있는 그대로 인정하고, 또 자신의 문제가 무엇인지를 정확하게 인식하기 위해서는 용기가 필요하다. 그 용기는 '미움받을 용기'를 내는 것보다 더 자기 주도적으로 삶을 사는 것이다. 마음 탐색을 통해 자기 마음을 있는 그대로 인정하고 받아들일 수 있는 용기를 내는 것은 우리의 삶을 행복하게, 충만하게 변화시킨다.《마음 읽기》는 이러한 변화를 일으키는 데 큰 도움이 될 것이다. 지금부터《마음 읽기》를 따라 본격적인 마음 탐색을 시작해 보자.

《마음 읽기》를 펼치기에 앞서

《마음 읽기》는 WPI(Whang's Personality Inventory)를 토대로 한 책이다. 물론 직관적으로 읽어 나가도 상관없지만, 처음 WPI를 접하는 사람들에게 낯설수 있는 개념들을 인지하고 읽으면 좀 더 편하게 이해할 수 있을 것이다.
WPI는 '5가지 대표 유형(자기 평가)'과 '5가지 주요 삶의 가치(타인 평가)'로 나뉘고 각각의 특성은 다음과 같다.

자기 평가

한 개인이 자신을 어떤 특성으로 인식하는지 파악하여 개인이 자신의 심리와 행동방식에 대해 가지는 이미지를 말한다.

리얼리스트(realist, 현실형): 타인의 인정을 통해 존재감을 획득하는 사람으로 주어진 상황과 주위 사람들에게 자신을 맞추려고 노력한다. 다른 사람을 잘 배려하고 권위와 분위기에 순응한다. 일을 할 때 업무 자체보다 관계를 더 중요시 여기기도 한다.

로맨티스트(romantist, 감성형): 감성적이고 예민한 한편, 꼼꼼하여 일에서 완벽을 추구한다. 타인에게 자신의 감정이 공유되고 공감받을 때 존재감을 느낀다. 모르는 사람 앞에서 수줍음을 타고 걱정이 많다.

휴머니스트(humanist, 사교형): 다른 사람들과 함께 어울리는 것을 좋아하는 외향적인 사람으로 긍정적인 에너지를 가지고 있다. 규범과 위계를 중요하게 생각하고, 리더 역할을 맡는다면 구성원들이 결속을 다지도록 잘 이끌 수 있다.

아이디얼리스트(idealist, 이상형): 자신만의 세계와 취향을 소중히 여기고 상상력이 풍부하다. 개방적 분위기에서 자신의 생각을 현실화시켜 나갈 때 성장할 수 있고, 문제를 창의적인 방식으로 풀어 나간다. 그러나 공동체 생활에 취약하다.

에이전트(agent, 과제형): 일을 통해 자신을 실현하는 데서 성취감을 느낀다. 주어진 일을 확실하게 수행하고자 열심히 노력하고, 수준 높은 결과를 낸다. 하지만 미묘한 감정이나 상황 파악에는 약하다.

타인 평가

타인의 시선에 부각되는 자기의 모습을 의미하며 그 사람이 지향하는 삶의 방식이 자기 평가와 어떻게 일치하는지에 대한 단서를 제공한다.

릴레이션(relation, 관계): 친밀감, 호감을 통해 자신의 존재를 인정받는 것을 중요시 여기는 성향이다.
트러스트(trust, 믿음): 책임감이 있고 믿음직한 모습을 보이고자 하고 끈기가 있다. 새로운 일을 도전하려 하기보다는 결과가 보장된 쪽을 선택한다.
매뉴얼(manual): 주변 환경을 관리하고 통제하고자 하는 의지가 강하고, 규범과 틀을 중요시 여긴다. 그러나 새로운 상황이 나타났을 때 유연하게 대처하는 능력이 부족할 수 있다.
셀프(self): 스스로의 인정과 스타일이 중요하다. 다른 사람들의 이목을 신경 쓰지 않아서 타인에 대한 관심과 몰입이 떨어질 수 있다.
컬처(culture, 향유): 무언가에 몰입하기를 좋아한다. 어떤 일을 할 때 그것의 성과보다는 자신의 즐거움이 더 중요하다. 자신이 하고자 하는 일을 뒷받침해 줄 수 있는 자원이 있는 경우가 많고, 스스로 우아하게 표현할 수도 있다.

본문에서는 문맥에 따라 한글과 영어를 혼용하였음을 미리 밝힌다. WPI에 대한 자세한 설명은 부록을 자세히 읽어 보기 바란다.

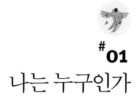

01

나는 누구인가

내 마음을 나도 모르는 이유

"도대체 나는 어떤 사람일까?"
"자꾸 별것 아닌 일에 상처받는 건 내 성격 때문일까?"
"왜 사람들은 내 마음을 몰라줄까?"

살아가면서 내 마음이 마음대로 되지 않아 주춤할 때, 주위 사람들에게서 자꾸 상처를 받을 때, 사람들과의 갈등 때문에 직장생활이나 가정생활이 힘들 때 우리는 위와 같은 고민을 하게 된다. 이런 고민의 답을 찾기 위해 시도했던 일들을 떠올려 보

자. 좋은 인간관계를 위해 자기계발서를 읽고 또 읽은 적이 있는가? 유명인들의 강의를 찾아 들으면서 마음의 위로를 받으려한 적이 있는가? 아니면 고민을 털어놓으며 하소연하고 싶은 마음에 누군가에게 전화를 걸었던 적은 없는가? 이러한 시도는 모두 뭔가 해결책이 있기를 기대하며 했던 행동이다. 이런 방법들이 나쁘지는 않다. 하지만 이를 통해 내가 어떤 사람인지, 내 성격의 어떤 특성 때문에 사람들과 불편한 관계를 만드는지, 또 인간관계의 갈등이 왜 생겨나는지는 결코 알 수 없다.

소위 시대의 멘토나 석학이라 불리는 이들의 책이나 강연이 나의 문제와 관련된 이야기가 아니기 때문이다. 그들은 분명 일상생활에서 누구나 겪을 수 있는 일반적인 문제에 대한 답을 준다. 그러나 그들의 답이 나와 직접 연결된 문제의 구체적 답을 제시해 줄 수는 없다.

문제의 근본적인 답은 나의 마음을 제대로 파악하는 데에서 찾을 수 있다. 내 삶에 발생하는 모든 문제의 원인은 바로 내 마음에서 비롯하기 때문이다. 그렇다면 어떻게 나의 마음을 제대로 보고 파악할 수 있을까?

우리는 삶의 문제와 맞닥뜨릴 때마다 자기 자신에 대해 의문을 품는다. 그러면서도 그 원인을 타인이나 외부에서 찾는 것에 더 익숙하다. 당연히 나의 문제는 그때 그 사람 때문이거나 또는 그 상황 때문이다. 나는 착하고 열심히 사는데 환경이 나빠서, 기회가 없어서, 또는 나쁜 사람들 때문에 내가 이렇게 어려운 처지에 있다고 생각하지는 않는가? 아무도 나를 도와주려 하지 않았고, 또 나의 문제를 해결해 주지도 않았다. 주위 사람들은 나를 더욱 힘들게 했을 뿐이다. 이런 상황에서 나 자신의 마음을 알아야 한다는 말은 도무지 이해되지 않는다. 내가 일으킨 문제가 아닌데 말이다.

설령 나를 알아야겠다고 마음을 먹는다 하더라도, 자신을 안다는 것이 쉬운 일도 아니다. 자신을 아는 것은 정말 어려운 일인데, 그것이 나의 문제의 이유이자 해답이라니! 마치 나더러 이 어려운 문제에 그냥 짓눌려 지내라는 말처럼 잔인하게 들린다. 도대체 어쩌라고?

의학을 전공하는 학생들이 반드시 배워야 하는 것이 바로 해부이다. 사람의 몸을 열어 직접 여러 장기들을 살피다 보면 인간의 몸이 정말 복잡하다는 것을 새삼 느끼게 된다. 하지만 아무리 복잡해도 해부를 통해 몸의 구조를 알아야만 나중에 신체 기관에 생기는 병을 치료할 수 있다. 어느 부위에 어떤 병이 생겼다는 것을 잘 파악할 수 있는 검사를 통해 무슨 병인지 알기만 하면 적절한 치료를 할 수 있다. 하지만 어디가 아픈지, 어떤 병인지를 알 수 없을 때에는 아무리 뛰어난 의사라도 환자의 병을 치료하기 어렵다. 마음을 아는 것도 마찬가지다. 우리의 삶의 문제가 무엇이고, 그것에 대한 해법이 무엇인지를 찾는 것도 이와 같다.

사람의 마음이 어떤 모습인지, 지금 어떤 상태인지만이라도 볼 수 있다면, 삶의 문제를 쉽게 해결할 수도 있을 텐데…. 하지만 마음의 문제는 대부분의 경우 무엇이 문제인지조차도 알기 힘들다. 또한 자신이 믿고 있는 것이 문제가 아니라 전혀 다른 것이 문제이기 쉽다. 단지 프로이트가 인류에게 선사한 무의식이라는 개념 이후 조금 더 분명해진 것은 마음을 아는 데에서 문제의 해결책을 찾을 수 있다는 사실이다.

미드 〈닥터 하우스〉에 나오는 하우스의 말처럼 환자의 병을 진단할 수 있다면, 그것을 고치는 것은 그리 어렵지 않다. 의사가 병을 치료하지 못하는 것은 대부분 어떤 병인지 진단을 제대로 할 수 없기 때문이다. 우리의 삶의 문제 역시 원인을 정확하게 진단할 수 없어서 그 해결책을 찾기 어려운 것인지도 모른다. 삶의 문제, 마음과 관련된 문제를 해결하는 것이 어려운 가장 큰 이유가 바로 여기에 있다. 대부분의 사람들은 자신의 문제를 막연히 생각하면서, 누구나 아는 정답과 같은 것이 자신의 문제를 해결해 줄 거라고 믿는다. '부모가 잘 지원해 주었더라면', '돈이 많다면', '좋은 대학에 갔더라면' 또는 '좋은 사람을 만났더라면' 등 환경에 삶의 문제를 해결할 수 있는 정답이 있다고 믿는 것이다.

심리학자가 마음의 문제를 다루고자 한다면, 무엇보다 사람들의 마음을 들여다볼 수 있는 구체적인 방법을 가지고 있어야 한다. 그렇다면 처음부터 자신의 문제를 잘못 규정하는 실수를 저지르지 않게 할 수 있을 뿐 아니라, 자신의 문제에 대한 해법도 비교적 쉽게 찾을 수 있게 할 것이다.

안타깝게도 시대가 지날수록 우리의 삶은 점점 더 복잡해져만 가고 있다. 거미줄처럼 얽힌 인간관계 속에서 다양한 욕망들이 충돌한다. 이제 우리의 마음은 더욱 복잡해져 도무지 알 수 없는 것이 되어 버렸다. 현실이 이렇다 보니 우리는 자신의 마음은커녕 타인의 마음을 알 수 있다는 것을 기대조차 하기 힘들어졌다. 하지만 같은 이유로 우리가 자신의 마음이나 성격에 대해 알고자 하는 욕망이 더욱더 커져 버렸다.

심리학은 지난 100년 동안 과학의 한 분야로 발전해 왔다.

하지만 심리학자들은 마음의 본질을 들여다보려 하기보다 물질적 가치로서의 마음이 무엇인지를 찾으려 했다. 심리학자가 찾으려는 마음은 돌이나 쇠처럼 객관적으로 측정할 수 있는 것이었다. 모든 사람들에게 있는 공통적이고 일반적이며 보편적인 마음이나 마음의 법칙을 찾으려 한 것이다. 이는 심리학을 과학이라 주장하고 싶은 심리학자의 공통적인 믿음이었다. 하지만 이런 심리학 연구들은 정작 남과 다른 자신의 마음을 알고자 하는 사람들의 욕망을 충족시켜 줄 수 없었다. 사람들은 '자기 마음'을 알고 싶어 했다. 누구에게나 적용되는 보편적이고 일반적인 마음까지 알면 좋겠지만, 그보다 먼저 자신의 마음이 어떤지 더 알고 싶어 했다.

과학으로서 심리학은 엄청나게 발달했다. 대부분의 대학에서 심리학은 가장 인기 있는 기본 교양 과목이 되었고, 사람의 문제가 심리의 문제라는 주장은 이제 상식이 되었다. 하지만 심리학은 각기 다른 사람들이 자기 자신의 마음을 파악하는 데, 또 마음과 관련된 자신의 문제를 해결하는 데 있어서는 단 몇 발짝도 나아가지 못했다. 지난 수십 년 동안 컴퓨터와 영상 기술의 발달을 통해 사람의 마음이 어떻게 작용하는지에 대한 놀라운 이해가 생겼음에도 불구하고, 각 개인이 가진 문제가 무엇이고 또 그 문제를 어떻게 해결할 수 있을지에 대한 진전은 거의 없었다. 그러다 보니 심리학에서까지 인간의 마음이 아닌 신체 또는 뇌를 탐색하면 마음을 알 수 있다는 자폐적인 주장까지 나오게 되었다. 뇌신경 속에 마음이 있다고 주장하는 것이다.

마음을 탐구하겠다는 심리학의 존재를 부정하게 되는 상황이 된 것이다. 뇌는 분명 인간의 마음을 나타내는 중요한 신체 부위이다. 하지만 결코 뇌가 마음은 아니다. 컴퓨터에서 중앙처리장치인 CPU가 중요한 부품이긴 하지만 CPU를 컴퓨터라 하지 않는 것과 같다.

마음이란 인간이 자신의 존재에 대해 인식할 수 있다는 것, 그리고 스스로 자신의 행동과 정신 과정을 파악하고 이해할 수 있다는 것을 의미한다. 이것을 고대 철학자들은 이성의 문제로 보았다. 점차 인간은 철학을 통해 인간이 의식과 무의식의 측면으로 사유할 수 있다는 것을 알게 되었다. 그리고 마음의 영역에는 무시하려 했던 감성의 영역도 포함된다는 것을 알게 되었다. 특히 인간은 스스로를 자아(self)와 타자(others)로 구분하게 되면서, 마음을 자신뿐 아니라 (대인) 관계의 영역으로까지 확장하여 생각할 수 있게 되었다. 인간은 스스로 자신의 삶을 만들며 살아가는 존재라는 인식이 일반화되어 자기 마음의 존재를 인식하게 된 인간의 재탄생이 이루어진 것이다. 신의 복제물 또는 노예의 상태에서 자신을 자각하고 자기 삶에 대한 주인의식을 가지게 된 것이다.

인간이 자기 삶의 주인이 자신이라고 자각한 것은 인류 역사에서 가장 혁명적인 성취이다. 이런 이유로 심리학의 시작을 철학자 데카르트의 '나는 생각한다, 고로 나는 존재한다'라는 명제에서 찾기도 한다. 더 이상은 신의 노예가 아닌 인간이 자신의 마음을 알게 되었다는 선언이다. 중세의 어둠을 밝힌 '르네상스'의 시작을 흔히 '인문학의 재발견'이라 하는데, 당시의 인간은 자신의 마음을 처음으로 어렴풋하게나마 인식하기 시작한 것이다.

현재 사람들은 서로 다른 상황에서 자신의 마음을 파악하고 문제를 해결하려 하지만 사실 대부분 별다른 대책이 없다. 사람들이 현실의 삶에서 부딪치는 많은 문제들은 자기 마음을 파악하는 것과 관련이 있다. 그런데 자기 스스로 자신의 마음을 정확히 파악하기가 어렵기 때문에 문제의 해결은 더욱 더 어려운 것이다. 어렵기만 한 자기 성찰, 자신의 마음에 대한 탐색과 이해가 어느 정도 이루어진다면 인간은 누구나 쉽게 자신의 문제를 규정할 수 있다. 문제가 명확히 규정된다면, 해법을 찾기란 어렵지 않다. 마치 그 문제가 스스로, 아니 저절로 해결되는 것과 같은 경험을 하게 된다. 나는 'WPI 프로파일'을 활용하여 누구나 쉽게 자신의 마음을 파악할 수 있는 방법을 찾으려 했다. 그리고 실제로 사람들이 자신의 마음을 파악했던 구체적인 사례들을 통해 그 방법을 보다 많은 사람들에게 알리고 싶었다.

아무도 내 마음을 재단할 수 없다

자신의 마음을 안다는 것, 이것을 가장 잘 나타내는 경구가 바로 '너 자신을 알라'이다. 대부분의 사람들이 소크라테스가 한 말이라 알고 있다. 하지만 이 말은 '아폴론 신을 모시는 델파이 신전'의 신탁 위에 새겨진 경구였다. 자신이 '어떤 사람'인지를 사회적 신분으로만 구분했던, 자신을 안다는 것의 의미를 알지 못했던 고대 그리스인들에게 이 경구는 신의 복음이었다. 왜, 어떻게 이 말이 복음이 될 수 있었을까? 이 말은 신전에 와서 자신의 운명을 알려 달라고 간청하는 사람에게 신이 전하는 계시의 핵심이기 때문이다. 그러나 예부터 지금까지 이 말의 의미를 제대로 아는 사람이 얼마나 될까?

'너 자신을 알라'는 말이 복음이 되는 경우는 '무엇을 위해', '어떤 문제를 해결하기 위해'라는 조건이 달릴 때이다. 고대 그리스인들이 신전을 찾아 신의 계시를 기대하는 마음은 현대인들이 자신의 문제를 고민하며 해법을 찾으려는 마음과 그리 다르지 않았을 것이다. 현재 자신의 삶에 대한 고민, 현재의 선택이나 행동이 불러올 미래에 대한 불안이 이들의 마음을 짓누르고 있었을 것이다. 이런 순간 자신을 알아야 한다는 말은 그들에게 어떤 의미가 될까? 그것은 바로 자신의 마음을 안다는 뜻이고, 자신이 무엇을 위해 어떤 선택을 하는 사람이라는 것을 다시금 인식하게 된다는 뜻이다.

만일 당신이 주위 사람들의 삶의 방식이 그리 불편하지 않고, 그것에 자신을 잘 맞출 수 있다면 당신에게는 자신을 아는 것이 별로 중요하지 않을 수도 있다. 왜냐하면 어떤 기준이나 틀이 있다면 그것에 맞추기만 하면 되기 때문이다. 같은 맥락에서 이런 사람들은 타인을 이해하기가 힘들다. 단순히 타인의 마음이 자신의 마음과 그리 다르지 않을 것이라 믿으려 하기 때문이다. 무엇보다 자신을 제대로 알지 못하기에 별 고민 없이 어떤 규범적인 기준이나 정답과 같은 틀에 자신의 행동이나 생활방식을 맞추려 한다. 그러다 어느 순간 타인이 보는 '나'의 모습과 스스로 인식하는 '나'의 모습 사이에 괴리가 있다는 것을 알게 되면 정말 곤혹스러워진다. 억지로 맞추려는 행동의 결과는 비극이 되기 쉽다. 그리스 신화에 등장하는 '프로크루스테스의 침대' 이야기는 이를 상징적으로 보여 준다.

프로크루스테스는 그리스 아테네 교외에 살던 강도였다. 그의 집에는 철로 만든 침대가 있었다. 지나가는 행인을 유인해 그 침대에 누이고는 그의 키가 침대보다 크면 그만큼 잘라 내고 작으면 억지로 늘여서 침대 길이에 맞추어 죽였다. 사실 침대에는 길이를 조절하는 보이지 않는 장치가 있었다. 그 누구의 키도 침대에 딱 들어맞기 힘들었던 것이다.

'프로크루스테스의 침대'는 오늘날 우리의 삶 속에도 존재한다. 우리의 인생은 마치 프로크루스테스의 침대와 같아, 맞추려고 아무리 애를 써도 절대 맞출 수 없다. 이것이 잘살 수 있을 것 같다는 믿음이 깨어지는 이유이다.

맞추려는 행동이 문제가 아니라, 결코 운명에 내가 맞출 수 없다는 것이 문제이다. 열심히 살아왔다고 생각했던 삶이 의미가 없다고 느껴지고, 노력하고 살았던 것이 허탈하게 느껴지는 마음이 되고 만다. 대학의 전공이 적성에 맞지 않는다고, 회사에서 자신의 성과가 미흡하다고 고민하기보다, 막연하게 대학의 전공이나 회사의 업무가 자기 적성에 맞지 않기 때문에 이것만 제대로 했으면, 혹은 제대로 고르면 엄청나게 행복할 것이라고 믿는다.

사실 적성이나 성격이 전공이나 업무와 맞지 않다는 생각은 우리 스스로가 만든 프로크루스테스 침대인 셈이다. 왜냐하면 어떤 일이든 사람들은 각자 자신의 방식, 즉 자신의 성격이나 마음으로 그 일을 잘해 낼 수 있기 때문이다. 하지만 이렇게 표현되는 자신의 마음이 무엇인지 잘 모르기에, 막연히 그것을 잘할 수 없다고 믿으려 하는 것이다.

자신의 마음이 무엇인지도 모르는 채 업무를 수행하면 업무가 자신에게 맞지 않는다는 막연한 말밖에 할 수 없다. 자신의 성격을 잘 알지 못하기에, 업무를 자신의 방식으로 수행할 수 없는 것이다. 스스로 자신의 몸을 프로크루스테스 침대 위에 올려놓은 상황이다.

여기에서 벗어날 수 있을까? 그 답은 프로크루스테스의 악행의 결말에 있다. 가변적인 침대 위에 놓인 몸이 되기보다는 프로크루스테스의 입장에 서면 된다.

고대 그리스인들은 인류에게 이 세상에서 살아가기 위한, 아니 죽지 않기 위한 지혜를 침대에 몸을 맞추는 비유로 알려주었다. 신화에 의하면 아테네의 영웅 테세우스는 프로크루스테스를 잡아서 그의 침대에 누이고는 똑같은 방법으로 머리와 다리를 잘라 처치해 버렸다. 테세우스처럼 하면 억지로 침대에 몸을 맞출 필요가 없다. 다시 말하자면 나의 마음을 내가 살아가는 침대에 맞추는 것이 아니라 나의 마음을 누구도 재단하지 못하도록 하면 된다는 뜻이다.

살고자 한다면 스스로가 자기 몸과 마음의 주인이 되어야 한다. 테세우스처럼 프로크루스테스라는 악당을 침대 위에 누이고 처단하면 된다. 침대나 몸의 사이즈가 중요한 것이 아니다. 스스로 테세우스가 되는 것이 중요하다. 어떤 규범이나 정답을 찾아 자신의 마음이나 행동을 바꾸려 할 것이 아니라 각자의 마음에 의해 정해지는 문제의 정체를 파악해야 한다.

우리가 쉽게 떠올릴 수 있는 삶의 문제란 '돈을 많이 버는 것', '자신의 적성에 맞는 전공을 택하는 것' 또는 '성격에 맞는 직업을 찾는 것'이다. 하지만 막연히 믿고 있는 것과 달리, 돈을 버는 최고의 아이템, 자신의 뚜렷한 적성이나 성격에 맞는 일 같은 것은 없다. 모든 인간의 마음에 맞는 어떤 정답이 있을 수 없기 때문이다. 마이크로소프트(MS)의 빌 게이츠를 따라 윈도우 운영 시스템을 개발한다고 내가 빌게이츠가 될 수는 없다. 스마트폰을 개발한다고 내가 애플의 스티브 잡스가 될 수도 없다.

남들이 무엇으로 어떤 것을 하여 바라는 결과를 얻었는지는 중요하지 않다. 정말 중요한 것은 현재 내가 어떤 사람이고 어떤 일을 하기 원하는지를 아는 것이다. 나의 마음을 통해 내가 무엇을 이루고 싶은지, 나 자신이 현재 처한 환경에서 나의 문제를 어떻게 해결할 수 있는지를 아는 것이 중요하다. 내가 대학에서 어떤 전공을 공부했든, 조직에서 맡은 업무가 무엇이든, 결정적으로 중요한 것은 내가 해야 할 역할을 잘 수행할 수 있도록 나를 이끄는 내 마음이다. 하지만 우리에게 자신의 마음을 들여다보는 일은 익숙하지 않은 것이 사실이다.

가족이나 조직을 위해 일하는 것이 당연하다고 생각했던 과거와 달리 1980년대 이후에는 그것이 개인의 '희생'이라는 생각이 사람들의 마음에 자리 잡기 시작했다. 이때부터 개인주의적 성향과 사생활을 중시하는 문화가 생겨났다. 재미있는 것은 비슷한 시기에 우울증이나 정신과 질환을 다루는 의사들의 활동이 활발해졌다는 점이다. 모두들 "제 마음이 너무 아파요"라고 호소하기 시작한 것이다. 마음이 아프니 몸이 아픈 것처럼 병원에서 치료를 받아야 한다는 생각이 널리 퍼졌다. 정신과 의사들은 아픈 사람들에게 '약'을 처방했고, 사회에는 마음이 아픈 사람들이 더욱더 많아졌다.

우울증, 망상증, 공항장애, 주의력결핍장애, 관계장애, 사회성장애 등의 다양한 정신병들이 마치 전염병처럼 번져 갔다. 이런 상황에서도 마음이 아픈 것이 몸이 아픈 것과 다르다는 사실이나 마음의 아픔은 병이 아닐 수 있다는 사실에 대해 그 누구도 관심을 기울이지 않았다. 무엇보다 자신의 마음이 남들에 의해, 자신이 처한 환경이나 상황에 의해 변한다고 믿는 한국 사람들의 심리에 대해 무관심했기 때문이다.

"왜 마음이 아픈가요?"라고 물으면 대부분의 사람들은 엄마, 아빠, 애인, 친구, 직장 동료, 상사, 또는 진로나 미래의 불안 때문에 힘들다고 한다. 자신에게는 아무런 문제가 없는데, 부모님이 힘들게 하고 남자친구가 상처를 주고 직장 동료나 상사가 자신을 못살게 군다고 생각한다. 나의 문제인데, 그 문제를 일으키는 사람 또는 원인은 내가 아닌 타인이나 환경이다. 분명 내 마음이 아픈데 이 아픔의 원인이 주위의 사람이나 그들과의 관계 그리고 환경 때문에 생겨난 것이라 믿는다.

자신의 문제와 원인을 그렇게 스스로 진단하는 것이다. 그들의 문제, 그들과의 관계 때문에 나의 마음이 아프고 살기 힘들다고 하소연한다. 이것이 바로 '관계'의 문제로 고민하고, 또 '관계'의 문제를 어려워하는 대다수 한국인들의 마음이다. 즉 우리 사회에서 열심히, 성실하게, 그리고 착하게 살아가려는 마음을 가진 많은 사람들의 마음이다.

'칭찬은 고래도 춤추게 한다'와 같은 말이 우리 모두의 마음을 사로잡은 때가 있었다. '아프니까 청춘이다', '멈추면 비로소 보이는 것들'과 같은 말이 대중의 마음을 사로잡았다. 지금은 '미움받을 용기'라는 제목을 통해 사람들이 자신의 삶의 문제를 공감하고 있다. 이러한 현상은 '왜, 무엇을 위해 삽니까?'라고 물으면 누구나 '가정의 화목', '행복', '건강'이라는 말을 언급하는 것과 일맥상통한다.

많은 사람들이 막연히 남들에게 '착한 사람'으로 보이고 싶어 하며 안정적인 삶을 갈구한다. 그러다 보니 다른 사람들이 어떻게 행동하는지, 또 어떻게 공감하는지 눈치를 많이 보게 된다. 또 누군가 그런 자신의 참모습을 알게 될까 봐 두려워한다. 타인에게 번듯하게 내보일 것이 없다면 가능한 한 자신에 대해 감추고 싶어 한다. 자신을 드러내는 것을 두려워하면서도 한편으로는 주위의 인정을 받고 싶어 한다.

하지만 이상하게도 안정적인 삶을, 주변의 인정을 위해 애쓰면 애쓸수록 자신은 더 힘들어진다. 무엇이 잘못되었는지, 어떻게 해야 할지 알 수 없고 점점 더 답답해지기만 한다. 아무리 밤늦게까지 일하고 열심히 공부를 해도 나아지고 발전한다는 마음보다는 벼랑 끝으로 내몰리고 있다는 마음이 든다. 왜 이런 마음이 생길까? 그리고 그럴 때는 어떻게 해야 할까? 이런 질문조차도 누군가 자기 마음을 눈치챌까 조심스레 스스로에게만 던져 볼 뿐이다.

#02
마음 탐색하기

성격 검사 후 멘붕에 빠진 P의 의문

겨울의 강추위를 막아서듯 따스한 햇살이 창가에 비치던 그때, 노크 소리가 들렸다. 얼마 전 상담을 받은 적이 있는 P였다. 그는 대기업 인사부 부장이다. 약간 마른 체구에 단정한 양복 차림의 P는 조심스럽게 입을 열었다.

"안녕하십니까, 황 박사님. 혹시 기억하시나요? 얼마 전에 상담을 받았던 P입니다."

"아, 안녕하세요. 당연히 기억하지요. 여기 앉으세요. 어쩐 일이세요?"

"사실 제 마음의 프로파일을 설명하는 결과지를 보다 보니 제 생각과 너무 달라서요. 조금 인정하기 어려운 부분이 있기도 하고, 그래서 이렇게 불쑥 찾아왔습니다."

순간 당혹스러움과 호기심이 가슴 저편 어딘가에서 올라왔다. 보통 WPI 프로파일을 받은 사람들의 반응과 달랐기 때문이다. 보통은 "놀랐어요!", "맞아요"라고 반응하는데, P는 인정하기 어려운 부분이 있다니?

"인정하기 어려운 부분이 있으시다고요? 그게 무엇인가요?"

"저는 회사에서 인사 업무를 오랫동안 해왔고, 지금도 인사 기획 및 관리 업무를 하고 있습니다. 그런데 제가 생각보다 사람의 마음을 보지 못한다는 평가가 나온 것 같아서요. 내심 걱정이 되네요. 며칠 동안 고민이 많았는데, 혼자서 해결하기보다는 박사님과 이야기를 나누는 것이 더 낫겠다는 생각이 들었습니다. 사람에 대해 누구보다 잘 알아야 하는 일을 하는 제가 앞으로 맡은 업무를 잘 해낼 수 있을지 의문이 듭니다. 과연 이 업무를 계속하는 게 맞는지도 궁금하고 말이지요. 어떻게 하는 것이 좋을까요?"

P의 프로파일을 다시 찾아보았다. '휴머니스트' 유형에 '관

계' 성향이 높았다. 그런데 왜 P는 자신의 결과를 '다른 사람의 마음을 보지 못하는 사람'으로 해석했을까? 분명 프로파일 설명에 '사람들과 잘 어울릴 뿐 아니라, 대인관계에서 타인의 요구에 잘 맞추어 주는 성향이 높다'라는 내용이 있는데. 설명을 잘못 이해한 것일까? P의 프로파일을 설명하는 내용을 다시 보다가 그가 삶의 가치로 꼽은 단어들이 눈에 들어왔다. 그는 자신에게 가장 중요한 삶의 가치로 '가족의 행복,' '건강,' '신뢰,' '경제적 안정,' '유머'를 선택했다. '휴머니스트'와 관계 성향이 높은 사람들이 잘 선택하지 않는 가치들이었다. 어쩌면 그는 자신의 마음을 '있는 그대로' 보려 한 것이 아니었을지도 모른다는 생각이 들었다.

"P부장님, 지난번에 하신 WPI 성격 검사는 '현실적으로 인식하는 자신의 모습'을 알아보는 현실 검사였습니다. 그것이 부장님의 마음을 잘 나타내지 못한 것 같다면, 혹시 다른 검사를 한 번 더 받아 보실 수 있을까요? 병원에서도 병을 진단하기 위해 여러 가지 검사를 하지 않습니까. 사람의 마음을 아는 것도 비슷하지요. 지난번에 현실 검사를 했으니, 이번에는 '이상 검사'를 해 보시면 어떨까요? 검사 방법이나 시간은 이전과 거의 동일합니다."

P의 현실, 이상 성격 검사 결과는 모두 뚜렷한 '휴머니스트' 유형에 높은 '관계' 성향이었다. '현실적으로 인식하는 자신의 모습'과 '이상적으로 생각하는 자신의 모습'이 거의 같았다. 이것은 P가 자신의 마음을 보는 방식을 그대로 보여 주었다. 그는 '있는 그대로'의 자기 마음을 보려 하기보다, '마땅히 그렇게 보여야 하고, 또 당연히 그래야 한다'라고 믿는 '어떤 이상적인 모습'에 자신을 맞추려는 마음을 가지고 있었다.

무난하고 때로는 착한 사람이라는 소리를 듣기도 하지만 스스로 항상 타인들과의 관계에서 불안함을 느껴 마음이 편하지 않은 경우가 많다. 무엇보다 강박처럼 누구와도 잘 지내야 한다는 마음 때문에 자신의 생각을 잘 표현하려 하지 않는다. 그러다 보니 자신의 마음보다 다른 사람의 마음이 어떤지, 또 그가 자신을 어떻게 보는지에 더 관심이 많다. 이렇게 살아가는 것이 '현실에 충실한 마음'이라 여기는 것이다.

대한민국에서 열심히, 성실하게 또 안정된 미래를 위해 생활하는 보통의 사람들의 전형적인 모습이다. 이들은 막연하게 '행복'을 바라고, 자신의 어렵고 안타까운 생활에서 오히려 '힐링'을 느낀다.

리얼리스트로 살아가기

"P부장님께서는 리얼리스트시네요."

"아니, 그렇다면 제 성격 검사가 잘못된 건가요? 검사에는 분명 '휴머니스트'라고 나왔잖습니까? 그런데 갑자기 '리얼리스트'라니 무슨 뜻인가요?"

P가 자신의 마음을 잘 이해할 수 있도록 자세한 설명이 필요했다. 검사 결과는 현실과 이상의 프로파일이 모두 비슷하게 나타났다. 자신이 이상적이라고 생각하는 자신의 마음이 현실의 마음과 비슷하다는 뜻이다. 이것은 현실을 이상적으로 생각한다는 뜻일까? 아니면 이상을 마치 현실처럼 생각하고 살고 싶다는 뜻일까? 그렇다. 현실을 그대로 보기보다, 자신이 이상적으로 생각하는 것을 현실로 믿고 싶은 마음이다. 나는 직설적으로 P에게 이런 상황을 털어놓았다.

"우리나라 사람들은 자기 자신을 있는 그대로 인정하기 힘들어 한답니다. 그래서 자신이 이상적으로 바라는 모습을 더 찾으려 하지요. P부장님은 휴머니스트를 자신의 이상적인 모습이라 믿고 싶은 마음을 가지고 있어요. 그런데 실제로 생활 속에서 보이는 행동은 리얼리스트의 마음인 듯합니다."

기대했던 것과 전혀 다른 대답을 듣고 어리둥절한 표정으로 나를 바라보는 P에게 약간의 시간을 줄 필요가 있어 보였다. 현실의 마음은 '리얼리스트'인데, 휴머니스트의 마음을 가지고 싶은 사람이 자신의 민낯을 본 순간이 아닌가. 결코 쉽게 받아들일 수 있는 일이 아니다.

P는 누구보다 사람을 잘 파악하고 싶어 한다. 또 다른 사람에게 관심을 많이 두는 것이 자신의 업무라고 믿고 있었다. 그렇기에 휴머니스트가 자신의 마음이어야 했다. 현실이라고 생각하는 것도 그래야 했고, 이상적이라 믿고 싶은 것은 더더욱 그래야 했다. 그런데 내가 그렇지 않다고 이야기한 것이다.

P부장은 그동안 자신이 인사 업무를 제대로 수행하려면 휴머니스트 성향을 가져야 한다고 믿고 있었다. 그런데 그 휴머니스트에 대한 설명이 그에게 비수로 다가왔다. 그리고 현실에서 희미하게나마 느껴 왔던 자신의 업무 활동에 부합하지 않은 특성들이 새삼 도드라져 보이기 시작했다. 그렇게 자신의 믿음에 균열이 생기자 P는 "어떻게 해야 하는지요?"라는 질문을 가지고 나를 찾아왔다. 정말 혼란스러웠을 것이다. 이제 좀 더 자세한 설명이 필요한 상황이 되었다.

"아마 많이 놀라셨을 것 같습니다. 혹시 '다른 사람의 미묘한 감정을 파악하는 데 어려움이 있다'라는 문구가 마음에 걸리신 것 아닌가요? 인사 업무를 하는 사람의 입장에서는 이런 말이 마치 자신의 약점을 지적하는 것으로 들릴 수도 있거든요. 하지만 그건 단점이 아니라 장점이에요. 왜냐하면 그 말은 다른 사람의 마음을 보지 못한다는 뜻이 아니라 친화력이 좋은 사람이라는 의미거든요. 사실 상대방의 마음을 디테일하게 파악할 정도로 민감하면 친화력을 발휘하는 데 어려움이 있답니다. 반면에 타인의 사소한 감정이나 생각에 덜 민감하면 오히려 스스럼없이 다가갈 수 있어요.

P부장님은 주위 사람들과 높은 친화력을 발휘하고 싶어 하시네요. 남들에 대해 덜 신경을 쓰면서도 더 잘 어울리는 사람이 되고 싶어 해요. 그런데 이렇게 되려면 지불해야 하는 마음의 비용이 있답니다. 우선 이런 마음을 업무 시에 어떻게 잘 활용할 수 있을지, 고민하시는 문제부터 시작해 볼까요?"

이후 상담이 진행되면서 P의 표정은 처음 문을 열고 들어왔던 때와 사뭇 달라졌다. 그리고 뭔가 큰 짐을 내려놓은 듯 환하게 미소를 지으면서 돌아갔다. 현실과 이상의 마음이 비슷한 P는 분명 잘살고 싶은 마음이 컸을 것이다. 그리고 누구에게나 좋은 사람, 착한 사람이 되고 싶었던 것 같다. 그가 삶

의 가치로 '가족의 행복', '건강', '신뢰', '경제적 안정', '유머'
라는 단어들을 선택한 것은 리얼리스트의 마음이었다. 안정
적이며 평범하지만 즐거운 삶을 원하는 그는 착하게, 성실하
게 그리고 열심히 살려고 노력한다. 때로는 '어쩔 수 없이, 환
경 때문에 또는 누구 때문에'라는 말을 가끔 하면서 힘겹게 살
아가는 우리의 모습과 참 많이 닮아 있지 않은가.

이제는 진짜 내 마음을 찾을 차례

대부분의 사람들은 자신의 마음을 있는 그대로 알려 하기보
다 막연히 바라는 어떤 마음이 자신이라 믿으려 한다. P의 경
우도 이와 다르지 않았다. 자신이 원해서 마음을 더 잘 알게
될 때 사람들은 정작 그것에 대해 만족하기보다 막연한 또 다
른 불안을 느낀다. 자신이 바랐던 그 마음의 특성들이 자신에
게 무작정 좋은 점으로만 다가오지는 않기 때문이다. 오히려
또 다른 문제로 느껴지기도 한다. 본인이 바라는 마음을 갖게
되면 무작정 좋을 것이라고만 생각할 뿐, 그 마음 때문에 낯선
어떤 상황이 발생하리라고는 전혀 예상하지 못하는 것이다.

정답 같은 인생이 펼쳐질 것으로 기대했는데, 그 정답이 자신이 가진 문제의 답은 아니었던 것이다.

리얼리스트로 산다는 것은 안정되고 착한 마음으로 이 세상을 살고자 하는 것이다. 하지만 그렇게 살기 위해서는 자신의 마음을 잃어버리는 엄청난 비용을 지불해야 한다. 자신의 삶이 '사는 것'이 아니라 주위에 있는 그들에게 '맞추는 것'이 되기 때문이다. 상황과 관계에 자신을 꿰어 맞추면서 사는 삶은 결코 자신이 만족할 만한 삶이 될 수 없다. 잘살고 싶은 욕망 때문에 억지로 자신의 마음을 이래저래 뜯어 맞추거나 어쩔 수 없이 마음을 버리는 선택을 한다. 결국 마음은 점점 더 누더기처럼 너덜너덜해지고, 어느 순간 자신이 누군지 아는 것이 두렵고 어려운 일인 것처럼 생각된다.

모든 사람들은 잘살고 싶어 한다. 현실적인 기준에서 잘산다는 것은 무엇일까? 자기 마음대로 하면서 사는 것일까? 아니면 성공하고 돈을 많이 버는 것일까? 우리 사회에 살고 있는 대부분의 사람들이 가진 삶의 고민이다. 무엇보다 성공하는 사람이 되기 위해서는 상대방을 배려할 줄 알아야 한다. 빠르게 상황 판단을 할 수 있어야 한다. 성공을 이루었더라도 주위의 질시와 배척을 당하지 않으려면 그에 적합하게 처신해야 한다. 이런 조건들을 잘 맞추면서, 또 그것에 적절한 행동을 하면서 잘살기란 그리 녹록하지 않다. 그렇기 때문에 대부분의 사람들은 스스로 자신의 성격을 바꾸려 한다. 더 정확하게는 자신의 성격을 남에게 또는 현실적 조건에 맞추려 한다. 대단한 성공을 거두거나 큰돈을 벌 기대 없이 안정적인 삶을 살고 싶어 하는 리얼리스트의 생존 방식이다.

리얼리스트를 괴롭히는 문제는 도무지 알 수 없는 자신의 마음이다. 이들은 누군가가 자신과 비슷한지 또는 다른지에 연연하면서, 가능한 한 자신이 그 사람과 다르지 않다는 것을 확인하려 한다. 하지만 정작 자기 마음을 모르니 그들의 마음도 제대로 파악할 수 없다. 불안감만 계속 늘어난다. 마음속으로는 어떻게든 편하게 살기 위해 끊임없이 다른 사람들의 마음을 읽는 방법을 찾는다. 자신의 마음조차 제대로 인식할 수 없는 상태에서 남의 마음을 안다는 것은 알고 보면 눈치로 짐작한 것에 불과하다.

리얼리스트로 살아가고 있는 많은 사람들에게 WPI 성격검사는 자신의 잃어버린 성격과 마음이 현재 어디에 있는지를 알려 준다. 최선을 다해 살지만 자신의 정체성을 모르기에 불안해하는 사람들에게, 현재의 불안이 어디에서 생겨나는지, 자신이 원하는 삶의 모습이 어떤 것인지를 알려 준다. 사실 자신이 어떤 사람인지를 알면 더 이상 사는 것이 두렵지 않다. 막연히 느껴지는 불안에서 벗어날 수 있다.

자신의 성향과 삶의 방식을 정확하게 알면 알수록 자유를 느낄 수 있을 뿐 아니라, 주위 사람들의 마음도 조금 여유를 가지고 바라볼 수 있다. 그리고 그들이 어떻게 나와 다른지, 또 그들에게서 나 자신이 느끼는 불편함이 무엇인지를 알 수 있다. 내가 잘못해서가 아니라 그들이 나와 다르다는 것 때문에 그렇다는 것도 알 수 있다. 어쩌면, 자신이 누군가의 요구에 무작정 맞추려고만 했는데, 그럴 필요가 없음을 깨달을 수도 있다.

'자기 마음을 제대로 알지 못한다'는 현실의 문제를 자신의 어려움으로 인정하고 받아들일 수 있는 용기가 생겨난다. 이것은 자신의 단점을 인정한다는 의미가 아니라, 자신의 마음을 아는 것이 삶에서 중요하지만 대부분의 사람들은 그것을 잘하지 못한다는 인간의 조건에 대해 인정하는 것이다. 그렇게 되면 일상생활에서 자신의 마음이 어디에 있는지, 현실의 문제가 무엇인지를 있는 그대로 이해하고 받아들일 수 있다. 물론 이렇게 하는 데에도 용기가 필요하다. 자신의 삶을 행복하고 충만하게 바꾸어 주는 용기, 즉 '자신의 민낯을 마주할 용기'가 필요하다.

자신의 민낯을 마주할 용기 내기

리얼리스트인 P는 휴머니스트의 '다른 사람의 미묘한 감정을 파악하는 데 어려움이 있다'라는 특성을 자신의 업무에 방해 요소라고 판단했다. 이것은 자신이 이상적이라고 기대하고 이상적으로 생각하는 어떤 특성이어야 하고, 만일 그렇지 않다면 그것은 자신의 단점이라고 믿는 데서 비롯한다. 휴머니스트로 보이고 싶은 리얼리스트였기에 보이는 행동이다. 만일 P가 실제로 휴머니스트였다면 반응에 어떤 차이가 있었을까? 그는 아마 WPI 검사가 무엇인지 더 잘 알려고 했을 것이다. 심지어 '객관적이고 정확하게 사람의 마음을 보는' 도구라고 생각해 이것을 남들에게 알리고 자신의 또 다른 관계에 활용하고 싶어 했을 것이다.

자신이 하는 업무에 절대적으로 필요하다고 생각하는 정답과 같은 특성을 바라는 것은 분명 리얼리스트의 사고이다. P

는 인사 업무를 수행하면서 자신이 정답처럼 여긴 이상적인 모습으로 휴머니스트 성향을 부러워했다. 자신이 이런 성향을 뚜렷하게 드러내면, 더 인정을 받을 것이라 기대했을 것이다. 어쩌면 일상의 업무에서 관계를 맺는 사람들에게 거침없이 오지랖을 발휘하는 휴머니스트 흉내를 내려고 했을지도 모른다. 만일 그렇게 지냈다면 어떻게 되었을까?

처음에 만났을 때 P는 조용하지만 뭔가 긴장한 듯 보였다. 주위 사람들과 쾌활한 모습으로 이야기를 나누려는 모습이 오히려 부자연스러워 보였다. 이것은 리얼리스트 성향의 사람이 주위 사람들에게 휴머니스트처럼 보이려 할 때 동반되는 긴장감과 어색함이다. 아마도 현재 조직 내에서 다른 사람에게 보이는 그의 일상의 모습이 이러했을 것이다.

끊임없이 주위 사람의 시선을 의식하면서, 자신의 입장을 살핀다. 이런 사람일수록 인간관계로 인해 혼자 속상해하고 있거나 자신이 손해를 보았다는 마음을 많이 갖는다. 누구에게나 좋은 사람으로 보이고 싶기에 낯선 누군가를 대하면 스스로 가면을 쓴 듯한 느낌을 가질 수밖에 없다. 남에게 인정받을 수 있는 뛰어난 상징물이나 업적 또는 지위 등이 스스로를 잘 방어할 수 있는 또 다른 방패가 된다.

리얼리스트는 주위의 인정을 받으려 한다. 조직 내에서는 안테나를 높이 세우지만 눈치채지 못하도록 다른 사람들의 생각이나 감정에 민감하게 반응한다. 무엇보다 중요한 것은 상사의 인정이다. 윗사람의 의향을 잘 파악하면서 상사가 편하게 느끼는 부하직원이 되려 한다. 윗분들의 지시를 충실히 이행하는 착한 일꾼의 모습이다. 이런 행동에 대해 부하나 동료들은 '그때그때 달라요'라고 받아들이지만 정작 자신은 스스로를 원칙과 신뢰, 또는 규정을 따르는 사람이라 믿으려 한다.

P가 속한 조직이 위계적이고 보수적일수록 그는 윗사람이 총애하는 충실한 부하직원이 될 수 있다. 사실 조직의 인사 업무에 잘 활용될 수 있는 이런 강점은 리얼리스트 성향에서 더 잘 찾을 수 있다. 하지만 P는 '휴머니스트' 성향을 인사 관리 전문가의 정답과 같은 역량으로 믿고 있었다. 그래서 자신을 휴머니스트로 인식하고 그렇게 행동하려 했다. 자신의 강점을 제대로 인식하지 못했기에, 멋있어 보이는 어떤 모습을 따르는 데 자신의 에너지를 과도하게 사용했다. 결과적으로 업무에서의 긴장과 불안은 더 높아졌다. 자신이 아닌 다른 사람의 모습을 보이려 했기에 자신의 장점조차도 잘 발휘할 수 없었던 것이다.

P가 WPI 검사 결과를 받았을 때 P가 할 수 있는 선택은 두 가지였다. 하나는 뭔가 꺼림칙하지만 그냥 넘어가거나 무시하는 것이고, 다른 하나는 바로 자신의 민낯을 마주하는 것이다. 자신의 민낯, 즉 자신의 마음을 있는 그대로 알려고 하는 것은 엄청난 용기를 필요로 한다. 그래서 대부분 자신이 막연히 기대하고 바라는 마음을 현실의 진짜 마음이라고 믿으려한다. 다행히 P는 WPI 프로파일을 통해 자신의 '마음 읽기'에 문제가 있다는 것을 확인할 수 있었고, 이를 확인하기 위해 용기를 냈다. 이런 용기를 냈다는 것은 그가 엄청난 변화를 시도한 것이다.

민낯을 마주한다는 것은 자신의 욕망이 현재 자신의 마음과 어떻게 연결되어 있는지를 아는 것이다. 막연히 이상적이고 멋진 무엇을 찾는 것이 아니라, 자신의 삶에서 부딪히는 문제들이 자신의 마음이 어떻게 작용했느냐에 의해 일어난 결과라는 것을 정확히 아는 것이다. 이렇게 자신의 문제를 직면하고 파악할 수 있으면, 당연히 문제를 해결할 수 있는 방법도 찾을 수 있다. 우리 각자가 만들고 싶은 삶의 변화는 '자신의 민낯을 마주할 용기'에서 비로소 나온다.

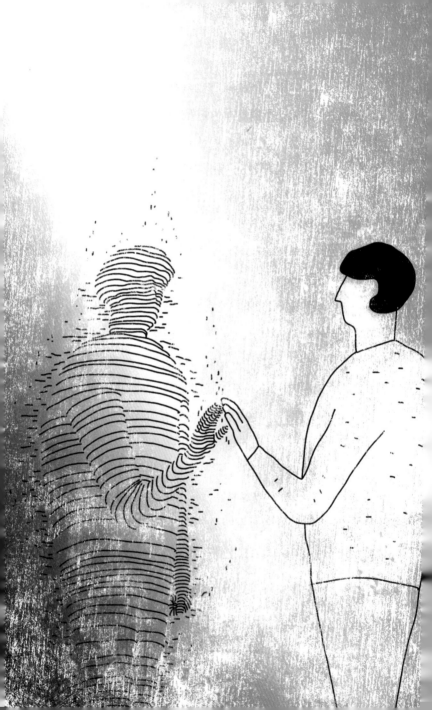

#**03**

내 마음의 주인이 과연 나일까

자소서 혹은 자소설?

살면서 자신이 어떤 사람인지를 생각하고 표현해야 하는 경우가 있다. 특히 대학 입시나 졸업 후 입사 지원서를 쓸 때 제출하는 '자기소개서'에서는 자신이 어떤 사람인지를 공개적으로 표현해야 한다. 입시의 경우에도 자기소개서가 중요하지만 입사 지원의 경우에는 분명한 이유가 있다. 지원자 성격의 장단점을 묻는 항목들은 입사 후 회사에서 얼마나 잘 적응할지, 또는 어떤 업무를 수행할 수 있을지를 파악하려는 의도가 담겨 있기 때문이다.

지원자의 입장에서는 예상되는 회사 직무에 맞추어 자신의 특성을 잘 드러내고 싶은 마음이 클 것이다. 강점을 잘 드러내면서, 업무 수행에 방해가 될 만한 단점은 되도록 감추고 싶을 것이다. 그러다 보니 자기소개서를 잘 쓰는 각종 방법이 난무한다. 가령 '장점은 직무와의 연관성, 단점은 극복 노력을 어필하라'와 같은 '꿀팁' 말이다. 그러나 이런 조언은 자기소개서를 쓰도록 하는 진정한 조언이 아니라 회사가 요구하는 인재상이라는 정답에 자신을 맞추도록 하는 편법 가이드에 불과하다.

　　거의 모든 '자기소개서 작성 방법'은 서류 통과를 위한 '자기소개서 쓰기'의 정답을 제공한다. 워낙 서류 통과가 어렵다 보니 취업 지원자들은 자소서를 쓰기 앞서 가장 먼저 '합격 자소서를 쓰는 꿀팁'을 찾아 읽어 본다. 마치 경전을 읽듯, 새 제품의 사용 설명서를 읽듯이 경건한 마음으로 읽고 난 후에야 비로소 자소서 쓰기에 돌입한다. 실제로 사시사철 유명 포털 사이트의 한 부분을 차지하고 있는 것이 바로 자소서 관련 콘텐츠이고, 한 시간에 무려 7~10만 원이나 하는 거금을 들여 집중 과외를 받는 이들도 많다. 얼마나 간절하면 그렇게까지 하겠는가.

문제는 아무리 노력해도 개인의 특징을 어떻게 구체화하여 부각시켜야 하는지 알지 못한다는 것이다. 예를 들어 '성실함', '책임감' 같은 평범한 키워드를 사용하는 것과 이런 단어들을 구체적인 개인의 사례나 에피소드와 연결시키는 것이 다르다고 설명한다. 다음의 두 가지 샘플은 이것을 구분하는 '꿀팁의 예'이기도 하다.

샘플A

저는 책임감이 강합니다. 12년 동안 개근할 만큼 성실합니다. 저는 밝고 긍정적입니다. 적극적이고 친화력이 강합니다. 저는 모든 일에 최선을 다합니다. 저는 완벽주의자라는 단점이 있습니다. 지나치게 신중해서 결정하는 데 시간이 걸립니다. 남의 부탁을 잘 거절하지 못하는 편입니다. 제 단점은 성격이 급한 것입니다.

샘플B

저는 호기심이 많습니다. 대학교 1학년 때부터 4학년까지 자취 생활을 해 오고 있습니다. 혼자 살다 보니 전자제품이 고장 날 때마다 스스로 부품을 해체하며 고쳐 왔습니다. 세

탁기, 인터넷 공유기, TV 등 제 손을 거치지 않은 전자제품이 없을 정도입니다. 전문 지식을 배운 것이 아니라서 제대로 작동이 될 때까지 며칠이 걸리기도 하지만 새로운 분야에 대해 계속 공부하고 도전하며 기쁨을 느낍니다. 삼성전자 상품 개발팀에서도 꾸준한 호기심을 바탕으로 소비자가 원하는 상품을 개발하겠습니다.

분명 샘플 A는 제대로 된 자기소개라고 할 수 없다. 샘플 B는 구체적인 에피소드를 꾸며 넣은 덕분에 좀 더 관심을 끌고 있다. 하지만 B의 경우도 정답처럼 보이는 자기소개서의 프레임에 소설과 같은 에피소드를 넣었다는 점에서 진정한 자기소개라고 할 수는 없다. 취업 준비생들이 '자소서'를 '자소설'이라고 부르는 상황을 잘 보여 주고 있을 뿐이다.

이런 현상이 나타나는 이유는 취업준비생들이 자신의 성격 특성이나 문제를 있는 그대로 표현하여 자신을 드러내는 것에 부담감을 느끼기 때문이다. '자기를 소개하는 것'이 자신을 주인공으로 하는 한 편의 멋진 소설과 같은 에피소드를 만드는 일이 된 것도, 자소설에 대한 조언이 우리 사회에서 어떻게 살아가야 하는지를 잘 보여 주는 '꿀팁'이 된 것도 같은 이유이다.

비슷한 사례로 인사 담당자들이 전하는 자소서에서 피해야 하는 '성격' 표현 단어들에 대한 조사를 들 수 있다.

> 자기소개서에 언급되지 말아야 하는 최고로 나쁜 성격 단어들로 '급한', 또는 '운이 좋은', '완벽주의'를, 좋은 성격 단어들로 '책임감 있는', '성실한', '긍정적인'을 꼽았다고 한다. 이는 자소서에 언급되어야 하는 단어와 언급되지 말아야 하는 단어라기보다, 그들이 뽑고 싶어 하는 사람과 기피하는 사람들을 나타내는 단어들이다. 마치 스스로 자신이 책임감 있고, 성실하며 긍정적이라고 믿고 싶은 마음, 그리고 자신은 급하지 않으며 운에 의존하지 않고 나름 여유를 가지면서 실패도 받아들이는 사람으로 생각하고 싶은 마음을 나타낸다. 그런데 이들 단어들은 마치 동전의 양면과 같은 의미를 가지고 있다. ─〈머니투데이〉 2013. 9. 19.

'인재'를 찾는 인사 담당자의 마음 읽기

"과연 나는 누구일까?"

자기소개서를 쓰는 사람이 가장 먼저 가져 볼 수 있는 질문이다. 하지만 회사의 인사 담당자들은 이런 질문에 대한 답을 알고 싶어 하지 않는다. 분명 그렇지 않은 사람들도 있겠지만, 대부분의 인사 담당자들은 회사의 인재상에 맞는 인재를 뽑으려 한다. 물론 이런 인재상은 그들이 이상적으로 생각하는 어떤 사람이다.

한번은 '패기'와 '열정', '도전 정신'을 인재상이라 내세우는 회사를 방문한 적이 있었다. 회사의 인사 담당자에게 이런 인재상을 가장 잘 대표하는 인물이 회사의 누구인지를 물어보았다. 그런데 묻고 나서 내가 실수했다는 것을 알았다. 인사 담당자가 당황했기 때문이다. 나는 그를 당황하게 만들 의도가 전혀 없었다. 심리학자의 입장에서 구체적인 인물이 있는지 확인해 보고 싶었을 뿐이었으니까.

대한민국 기업에서 말하는 인재상은 실제로 존재하지 않는 인물이었던 것이다. 어쩌면 그 회사의 선대 회장님이 한때 그런 인재상에 가까운 모습을 보였을지도 모른다. 맨손으로 그 회사를 만들어 키웠거나 또는 물려받은 회사를 현재의 조직으로 성장시키는 능력을 발휘했기 때문이다. 하지만 선대 회장의 이야기는 그 조직에서만 공유하는 신화에 불과하다. 분명한 것은 현재 그 회사에서 그런 인재상에 맞는 인물은 없다는 사실이다. 그래서 많은 대기업들이 '인재'를 구한다고 광고하고, 또 자신들의 회사에 취업하는 사람들을 인재라고 말하는지도 모른다. 이런 인사 담당자의 심리를 고려한 취업 준비가 필요할지 모른다.

인사 담당자의 입장에서 보는 '자기소개서'는 지원자의 현재의 모습을 알고자 하는 것이 아니다. 회사가 내세우는 '인재상'이라는 정답에 가장 잘 부합하는 자기소개서를 쓴 사람을 찾는 것이다. 이런 인사 담당자의 마음을 고려한다면, 혹시 '내가 아는 나는 이게 아닌데, 이렇게 쓰는 것이 맞을까?'라는 걱정을 할 필요는 없다.

흔히 말하는 '자기소개서'란 자기를 소개하는 글이 아니라, 회사의 인재상이라는 가상의 인물에 맞추어 자신을 꾸며 내는 단편소설이기 때문이다. 인사 담당자를 위한 '자기소개 소설' 쓰기는 먼저 회사의 인재상을 검색하는 것부터 시작된다. 그리고 내가 누구인지 스스로 질문을 던지는 것으로 자기 검열을 하게 된다. 특히 자기정체성과 가장 관련이 있는 '성격의 장단점' 항목을 쓸 때는 더더욱 그렇다.

'합격의 가능성을 높이는 자기소개서의 성격의 장단점 항목을 쓰는 방법'에 정답처럼 제시되는 팁이 '회사의 인재상과 추구하는 가치에 맞게' 자신의 성격의 장점을 쓰라는 조언이다. 여기에는 '자신의 단점이 있더라도 멋있어 보이는 사람으로 최대한 포장할 것'이라는 조언도 있다. 이런 소설 창작 과정을 거친 자기소개를 가지고는 그 사람이 어떤 인물인지 알기란 불가능하다. 그런데 왜 많은 대학이나 조직에서 자기소개서를 요구할까?

'자기소개서'에는 쓰는 사람이 읽는 사람에게 자신의 정체를 잘 드러내고 자신이 어떤 사람임을 알 수 있도록 밝힌다는 암묵적 약속이 존재하고 있기 때문이다. 그리고 미국에서는 이 방법을 통해 대학 신입생을 선발한다. 그런데 이 방법이 태평양을 건너 이 나라에 오면서 바뀌어 버렸다. 우리 사회에서 자기소개서란 '자신을 있는 그대로 표현하기보다는 이상적인 모습에 자신을 맞추어야 한다'는 당위성에 따라 쓰인다. 자신이 누구인지를 보여 주려 하기보다, 이상적인 하나의 모습에 자신을 맞출 수 있는지를 보여 주려고 한다.

최고의 인물로 '군자(君子)'의 행동을 가정하고 이것에 가까운 인간처럼 보이도록 해야 하기 때문이다. 분명 전통적인 유교 문화의 산물이다. 이런 문화 속에서 '자신에 대한 소개서'란 '이상적 자기를 만들어 내는 소설'이다. 대학의 입시 사정관이나 회사의 인사 담당자들이 이런 문화적 차이를 잘 알았다면, 다른 방법을 찾았을 것이다. 하지만 자기소개서를 통해 인재를 선발하는 서양의 행태를 무작정 받아들이다 보니, 더욱더 자신이 뭘 하고 있는지도 모르는 일을 계속 하고 있는 것이다.

인간은 자신을 이해하고, 본인만의 정체성을 확립했을 때 비로소 행복한 삶을 살 수 있다. 하지만 회사에 들어가는 것은 '행복'을 찾기 위해 들어가는 것이 아니다. '돈을 벌기 위해' 또는 '회사가 자신에게 요구하는 일을 하기 위해서'이다. 그러므로 우리 문화 속에서 '자기소개서'란 '회사가 원하는 인간이 되기 위한 각오가 되어 있다는 것'을 보여 주는 선언문이다. 많은 회사들이 자신들이 원하는 인재상을 요구하고 취준생들은 그에 맞게 자신을 포장한다. 이때, 회사가 대놓고 요구하는 인재상은 맞춤형 가이드라인이 되어 성공적인 삶의 전략을 짜는 데 큰 도움이 될 수 있다. 여기에서 성공적인 삶이란, 자신에게 잘 맞는 회사와 직무를 찾고 그곳에서 자신을 계발하는 이 모든 것들을 포함한다.

여기저기 난무하는 소위 '합격 자소서 꿀팁'들은 진정한 자기 자신이 누군지에 대한 질문을 던지지 못하게 하고 있다. 누구나 회사에 따라 제시된 팁에 맞추면, 어느 날은 친절의 여왕이 되었다가, 또 어느 날은 소통의 달인이 되었다 하며 카멜레온처럼 자신을 새롭게 맞춰 간다. 그러나 이렇게 해서 운 좋게 합격이 되었다고 해도 입사를 하고 나면, 이들은 곧 또 다른 자괴감에 부닥치게 될 것이다.

"과연 이게 내 일이 맞을까? 나 잘살고 있는 것일까?"

대기업 취업이 천당 가기보다 힘들다는 요즘에도 입사 후 3년 이내에 퇴사하는 비율이 3명 중 1명이라 한다. 처음부터 자신이 누구인지 정확히 이해하고 삶의 플랜을 짰더라면 이 같은 일은 일어나지도 않았을 것이다. '내가 원하는 삶이란 무엇인가'라는 본질적인 면은 깡그리 무시한 채 그저 '합격 자소서 꿀팁'은 '최대한 창의적이게'라는 조건을 덧붙이니, 우리 젊은이들의 삶은 더욱 힘들어질 뿐이다. 모두가 소설가의 길을 걷도록 가르치는 것이 우리 사회다.

전략적 꿀팁이라는 늪

우리 삶에서 일어나는 어떤 어려움이든, 먼저 내가 그것을 어떻게 받아들이는지 알아보아야 한다. 괴롭거나 견디기 힘들다고 느껴진다면 같은 문제를 안고 있는 다른 사람은 어떻게 받아들일까 한번 생각해 보아야 한다. 그러면 현재 내가 느끼는 문제나 어려움은 바로 내 마음이 만들어 내고 있다는 것을 알 수 있다. 나의 마음이 어떠하기에, 나에게 어려움이나 문제가 되는 것이 다른 누군가에게는 아무런 문제가 되지 않을까? 각기 다른 마음이 만들어 내는 삶의 다양한 어려움, 그리고 그런 문제를 해결하는 해법에 대해 알아보자.

취업 준비 중인 27세 남학생입니다. 요즘 들어 취업 시장에서 팔리지 않는 저를 보면서 제가 한심하다는 생각이 듭니다. 대학 등록금을 마련하느라 휴학해서 아르바이트하고 학자금 대출도 받으면서 어떻게든 버텨 보려 했는데 아무래도 제 능력의 한계가 여기까지라는 생각을 떨칠 수가 없네요. 고등학교 때까지만 하더라도 미래에는 잘될 거라는 믿음으로 긍정적인 삶을 살 수 있었어요. 지금은 제 자신이 나약해진 것인지 아니면 원래 제가 그런 사람이었는데 그동안 스스로를 속이고 살아 왔던 것인지 모르겠습니다. 경제적인 어려움 때문에 미래와 삶에 대한 관점이 많이 바뀌었습니다. 왜 이렇게 갑자기 무너졌는지 모르겠어요. 이전에도 아주 부지런한 성격은 아니었어요. 하지만 그래도 무엇을 해야겠다고 생각하면 그 일에 집중했는데, 어느 순간 제 앞에 있는 현실마저 외면하고 아무것도 하지 않고 있습니다.

정말로 취업이 간절하다면 취업 박람회나 설명회를 가 보고, 관련된 공부도 하고, 자기소개서도 써야 하는데 요즘에는 아무것도 하지 않고 있습니다. 어머니께서도 2년 전 암수술 때문에 힘드신 상황이라 그럴수록 더 열심히 살아야 하는데 오히려 어머니에게 짜증을 부리는 모습에 제가 더욱 미워집니다. 저를 제어하려면 스키너가 동물을 훈련하듯 누군가가 저를 훈련해야만 가능할까요?

'헬조선', '흙수저'라는 말로 본인들의 상황을 자조하는 대한민국 젊은이의 마음이 이렇지 않을까? 세계 10위 경제 대국, 20대 선진국에 속한다고 자부하는 대한민국에 살고 있는 젊은이들의 실질적인 마음 상태에 대해 관심을 가지는 사람은 별로 없다. 이런 마음을 갖는 것이 누구의 책임이라고 이야기할 수 있는 것도 아니고, 또 사회나 국가와 같은 어떤 조직이나 집단이 관여할 수 있는 일도 아니기 때문이다. 결국 개인의 책임과 능력으로 변화가 일어나야 하는 것처럼 보인다. 이 사회의 구성원으로 살고 있는 개인에 대해 우리 사회가 가지는 인식의 수준이다.

그러면서도 전적으로 개인이 해결할 수 있는 문제가 아니라는 담론이 펼쳐진다. '88만원 세대'나 '금수저', '흙수저'와 같은 용어가 이슈화되면서 젊은이들만이 이 시대의 희생양인 양, 많은 사람들이 그 순간에는 오로지 사회 구조의 문제 때문에 이런 일이 일어나고 있다고 아무런 대책이나 대안 없이 말로만 위로하는 척, 공감하는 척한다. 그런데 이런 문제들이 정녕 젊은 세대에게만 국한된 것일까?

기성세대의 마음도 젊은이들과 별반 다르지 않다. '오륙도,' '사오정'으로 빗대어지는 기성세대들도 조직에서 언제 밀려날지 모른다는 불안감을 호소한다. 단지 '경기 불황'이나 '일자리 부족', '불평등 심화'와 같은 거창한 단어를 전면에 내세우면서 사회적 · 국가적 차원에서 해결책을 마련해 주지 않으면 근본적인 문제의 해결이 불가능하다고 생각한다.

물론 사회 구조나 정치적 이유로 개인의 삶이 흔들리고 겪지 않을 수도 있는 문제에 봉착해 있다는 견해를 부정할 의도는 전혀 없다. 그러나 사회·국가적 이유를 대기 이전에 각 개인의 솔직한 마음을 들여다볼 필요가 있다. 개인의 문제를 전적으로 외부 요인 때문이라 하는 것은 책임의 회피일 뿐 진짜 문제가 무엇인지 보지 않으려는 마음의 표현이다. 외부의 다른 존재가 자신의 문제를 저절로 해결해 주기를 기대하는 마음이다. 그러나 같은 문제의 상황에서도 스스로에 대해 얼마나 정확히 알고 있는지에 따라 대처 방법은 천양지차다. 내 삶의 문제가 무엇인지 또는 자신이 정말 어떤 사람인지 알려 하지 않은 채 상황의 단면만 보는 것은 자신이 가장 이상적이라고 생각한 모습이 아님을 알고 상담을 하러 찾아왔던 P의 경우이기도 하다.

　'합격 자소서 꿀팁'은 어쩌면 합격률을 조금이라도 높이는 전략일 수는 있다. 하지만 '성공적인 삶을 살아가기 위한 전략'이 될 수는 없다. 이것이 '합격 자소서 꿀팁'과 'WPI 프로파일을 통해 자신을 아는 것'이 분명히 구분되는 지점이다. 한 개인의 WPI 프로파일은 그 사람이 자신을 스스로 어떤 인간으로 보고 현재 어떤 삶을 살고 있고, 또는 앞으로 살아가며

닥치는 삶의 문제들을 어떤 시각으로 바라보는지에 대한 다양한 해석을 할 수 있게 한다. 이것은 남이 알려 줄 수 있는 것이 아니다. 스스로에 대해 명확하게 알고 있다면 자신이 만족할 수 있는 최선의 선택을 할 수 있다. 이는 실제로 WPI를 경험해 본 사람들이 공통적으로 이야기하는 부분이다.

'자소서는 누구나 다 자소설로 쓰는 것 아니야?' 하고 생각하게 만드는 현실은 자신이 누군지 스스로 확인해 볼 기회조차 빼앗아가 버리는 상황을 초래한다. 자신의 삶이 아닌 정답과 같은 누군가의 삶에 자신을 맞추어야 한다고 믿는 마음이 만들어낸 상황이다.

어떻게 살아야 하나요?

'행복', '힐링'을 찾는 마음이 유행처럼 번진 때가 있었다. 지금도 여전히 '요즘 힘들지?'라면서 토닥거려 주는 말에 위로를 받는다. 이런 말을 들으면 금방이라도 눈물이 나올 것 같다는 사람들도 있다. 누군가 나의 마음을 알아주는 것에 대한 고마움 때문이다. 그러나 그런 위로의 말을 듣고 위안을 얻었다고 해서 내 문제가 사라질까?

안타깝게도 그렇지 않다. 당장 일시적 치유의 효과를 느낄지는 몰라도 근본적인 문제의 해결이 되지는 않으므로 계속 아무리 먹어도 배고픈 사람처럼 결국엔 이것저것 또 다른 위안거리를 찾게 된다. 먹어도 먹어도 채워지지 않은 마음의 허기를 느끼며 살아가는 것이다.

처음 소개한 K의 사례도 이런 문제를 잘 보여 준다. 그는 대학 졸업 후 10년 동안 쉬지 않고 열심히 일했다. 그리고 직장에서 일 잘한다는 소리까지 들었지만, 더 잘되기 위해 옮겨 간 회사에서 문제가 발생했다. 상사가 자신을 무시할 뿐 아니라 적대적인 반응 때문에 자신이 바보 멍청이가 된 느낌이다. 그렇다 보니 주위 동료들도 자연스럽게 자신을 왕따시키는 듯했다. 이런 경우 어떻게 해야 할까?

열심히 일을 해 보려 하지만 회사에 간다는 생각만 해도 온몸이 긴장을 하게 된다. 상사를 미워하는 마음도 생기지만, 그렇다고 내가 그 사람을 공격할 수 있는 뾰족한 방법도 없다. 일단 나에게는 이곳이 낯설고 무엇보다 우군이 없다. 그냥 떠나 버릴까 하는 생각도 들지만, 딱히 다른 대안이 없다는 것도 문제이다. 막연히 '살아남는 게 이기는 거다'라고 생각하지만 매일 회사 가는 것이 두렵다. 정신과에 가서 우울증 약도 받아 먹어 봤지만 그것도 해결 방법이 아니라는 것은 안다. 그러다 보니 점점 일에 흥미도 떨어지고 더욱더 무기력해진다.

K와 같은 상황을 겪는 사람들이 의외로 많다. 그들은 이직 해서 새로운 직장에 적응하는 과정에서 여러 가지 어려움을 토로한다. 업무상 문제뿐 아니라 직장 동료나 상사와의 관계 정립에서 제대로 적응하지 못하는 경우가 허다하다. 그렇다 면 도저히 답이 없는 것 같은 이러한 상황에서 가장 적절한 대 응책이자 해결 방법은 무엇일까. 그것은 바로 자기 마음을 아 는 것이다. K의 사례에서 중요한 것은 K의 마음이다. K는 전 형적인 '로맨티스트'이다.

로맨티스트는 상당히 예민하고 감성적이다. 꼼꼼하고 지속 적으로 하는 일에 능하다. 하지만 낯선 환경 또는 환경의 변화 에 적응하는 데 시간이 걸린다. 익숙하거나 편안하지 않는 환 경 속에서는 주위 사람들의 반응에 아주 민감하게 반응한다. 무엇보다 자신의 감성에 대해 공감하지 않는 관계나 상황에 대해 쉽게 좌절한다. 특히, 자신을 무시하는 듯한 인간관계를 견디기 힘들어 한다.

만일 K가 자신의 성격이 이런 특성임을 알았다면, 자신이 현재 직면한 문제를 다른 방향으로 볼 수 있지 않을까? 어떻게? K는 자신의 문제를 '상사와의 갈등 관계'라고 막연히 생각했다. 자신을 무시하는 상사로 인해 자신이 회사생활을 하기 힘들다고 했다. 그리고 스스로 이 문제에 대한 답을 정해놓고 있었다. '그 인간을 미워하느냐' 또는 '현재의 직장을 떠나느냐' 둘 중 하나였다. 스스로 문제라고 하는 것이 잘못된 것은 아니지만, 정작 더 큰 문제는 자신의 성격을 전혀 고려하지 않고 문제가 상사에 의해 발생했다고 믿는다는 데 있다.

이렇게 자신의 문제를 제대로 보지 못하는 상태에서 제대로 된 해법을 찾을 수는 없다. 이런 경우 마냥 '어떻게 해야 할까', 아니 '어떻게 살아야지?'라는 질문을 던지면서, 결국 아무런 해법이 될 수 없는 선택을 하게 된다. 직장을 옮기든지, 아니면 억지로 참고 상사와 주위 동료들을 미워하면서 괴롭게 회사를 다닌다. 후자는 '상사를 미워할 수 있는 용기'를 내는 것이다. 분명 누군가를 미워할 수 있는 용기를 낼 수 있지만 결국 이것은 자신의 삶을 더욱더 힘들게 유지하게 된다는 의미기도 하다.

2장에서 언급한 인사 담당자였던 P의 진짜 마음은 '리얼리스트'였다. 하지만 자신을 휴머니스트라 생각하고 여기서 자신이 예상치 못한 단점을 발견하자 스스로 자신을 받아들이기 힘들어 했다. 결국 막연히 믿고 있던 자신의 모습이 현실의 모습이 아닌, 이상적으로 생각하는 자신의 모습이라는 것을 알게 되었다. 그것은 마치 그렇게 보여야만 하는 자신의 당위적 모습이었다. 이런 마음으로 살아가는 사람은 현재 자신의 삶에 대해 불안감을 가진다. 진짜 자기 모습이 무엇인지를 아는 것조차 두려워한다. 아니, 알고 싶어 하지도 않는다. 스스로 자신의 삶의 주인은 자신이 아닌 '가족'이나 '조직' 또는 '성공'과 같은 외부적 존재라 믿기 때문이다.

자신의 삶의 문제는 돈이나 권력, 또는 현실적인 '성공'이라는 사회적 인정과 같은 것을 얻기만 하면 다 해결될 것이라 믿는다. 문제가 무엇이든, 절대적인 답은 '돈'이나 '권력' 또는 성공이라 믿는다. 그것을 얻기만 하면 모든 문제가 저절로 해결될 것이라 생각한다.

환경의 힘인가, 개인의 마음인가?

현실에서 이상적 조건을 염두에 두고 그것을 충족시키려 하는 사람들은 가능한 한 남들이 하는 멋있는 것은 다 하려 한다. 가능한 한 자신은 감추고, 막연히 좋다는 것을 따라 하려 한다. 동양 문화에서 '인(仁)'과 '화(和)'는 '안정적인 삶'을 유지하고 현실적으로 잘살기 위한 기준이다. 현실적으로 잘산다는 것은 바로 다른 사람들과 잘 어울리고, 인정받으면서, 또 그들 사이에서 잘난 사람이 되는 것이다. 성공이라는 '돈', '명예', '권력', '사회적 지위' 등을 얻어 성공하여 인화하고 잘난 사람이 되는 것은 구체적으로 잘사는 모습이다. 가능한 한 남에게 피해를 주지 않으면서, 남을 배려하려는 마음은 덤으로 있어야 하는 미덕이다.

하지만 현실적으로 누구나 이런 성공을 이루기는 힘들다. 성공을 원하는 사회의 역설은 대부분의 사람들이 자기 삶에 만족하기 어렵다는 사실이다. 현실적인 사람일수록 더욱 그렇다. 바로 자신의 삶을 이상적인 조건에 맞추려 하기 때문이다. 현실의 요구에 충실하고자 하지만 정작 그런 노력은 더 만족감을 떨어지게 한다. 가장 이상적인 조건을 충족시키려 하기 때문이다.

현실적으로 충실하려고 하는 사람들은 자신의 고유한 특성보다는, 남들에게 보이는 것을 자기 스타일로 삼는다. 이렇게 현실의 삶에 충실하려고 하면 할수록, 자신의 삶을 어렵게 느낀다. 또 자신의 무기력을 더 아프게, 뚜렷하게 느낀다. 그러면서도 자신의 문제가 무엇인지 알려고 하지 않는다. 가능한 한 거부하려 한다. 마음이 만들어 내는 삶의 어려움에는 별 관심이 없기 때문이다. 이런 상황이 계속되면 무엇보다 위로와 위안을 얻고 싶어 하는 마음이 된다.

자신의 삶에 대해 분명한 답을 가진 사람일수록 자신이 이상적이라 믿고 싶은 사람을 모방하려 한다. 그것이 정답을 얻는 방법이기 때문이다. 자신의 문제가 무엇인지 알려고 하기보다 멋진 누구를 따라 하면 해결될 것이라 믿는 것이다. 이것은 자연스럽게 돈을 많이 벌고, 물질적으로 풍요롭기만 하면 삶의 모든 문제가 해결될 것이라는 믿음으로 이어진다. 같은 뜻의 다른 표현이자 행동 방식이다. 이런 생각은 개인의 경우에만 적용되지 않는다. 사회 전체적으로도 어떤 문제가 있든 일단 경제적으로 발전하기만 하면 사회 문제는 저절로 해소될 것이라 기대한다. 기적이라 불릴 만큼 빠른 속도로 경제 개발을 통해 빈곤을 탈출하고 선진국에 들어섰다고 자부하는 자랑스러운 대한민국의 기성세대들이 가진 믿음이다.

혹시 이런 믿음이나 기대에 의문을 가진다면, 이제 당신은 현실의 문제, 자신의 문제를 다른 시선으로 보려 할 것이다. 자신의 마음을 파악하면서 삶의 문제를 해결하고자 한다. 왜냐하면 현재 직면한 문제를 해결하기 위해서는 그 문제를 다른 시선으로 볼 수 있어야 하기 때문이다. 일상적으로 해 왔던 방식으로 효과가 있었다면 현재의 문제 상황에 직면하지 않았을 것이기 때문이다.

여기에서 무엇보다 중요한 것은 일상은 혼자 사는 것이 아니라는 사실이다. 인간은 혼자 살 수 없다. 우리는 어릴 때부터 '착한 사람이 되어야 한다'는 말을 듣고 남들과 조화를 이루면서 무난하고 믿음직한 사람이 되어야 한다는 강요를 수도 없이 많이 받았다. 오죽했으면 조폭들도 '차카게 살자'라는 문신을 새기겠는가.

현실의 변화는 현실의 삶에 충실한 사람에게 가장 큰 자극제이지만, 그 변화 자체가 꼭 긍정적으로 받아들여지는 것은 아니다. 마음속으로는 점점 자신이 더 큰 피해를 받지 않을까 하는 불안과 두려움이 있다. 현실에 초점을 두는 사람에게 변화란 무엇보다 물리적인 또는 경제적인 변화만을 의미하기 때문이다. 잘살고 싶어 하는 한국인이 정작 현실에서 행복하기 힘든 것도 바로 이런 이유 때문이다. 자신의 마음을 보려

하기보다, 경제적인 것이 유일한 해법이라고 믿기 때문이다. 자신의 마음을 아는 것이 문제의 본질을 명확하게 하고 진정한 해결책을 찾는 길이지만, 이들에게 문제는 단지 환경이나 조건에 의해 발생하는 어려움일 뿐이다. 단지 자신의 마음도 돈으로 파악이 되고, 평안해지기를 기대할 뿐이다.

보통 사람들은 외부 환경에 의해 자신의 마음이 영향을 받는다고 생각하지만 실제로 그렇지 않다. 마치 주변의 영향을 잘 받아들이고 순응하는 것처럼, 그러한 착한 사람으로 사는 것을 중요하게 믿는 리얼리스트들에게만 해당하는 이야기이다. 하지만 다른 사람에게 착하게 보인다는 것은 로맨티스트에게는 혼자서 끙끙 마음앓이를 해야 하는 마음 상하는 일이다. 휴머니스트에게 착하다는 것은 자신의 삶에 대한 인정이기는 하지만 그것이 성실하고 열심히 해야 하는 것이라면 피하고 싶어 한다. 아이디얼리스트에게는 그런 삶의 방식이 답답해 보인다.

에이전트의 경우에는 자신이 얻는 보상이 무엇이냐에 따라 달라질 수 있을 것이다. 에이전트는 적절한 보상이 있을 때에야 보상에 맞는 착한 행동을 한다. 환경이 절대적으로 부정적인 영향을 미치는 극한적인 상황이 아니라면, 특정한 결과를 야기하게 하는 행동 방식은 사람의 마음에 따라 다르다. 나의 마음이 어떤 행동이나 그것으로 인한 결과를 만들어 내기 때문이다.

WPI로 어떻게 나의 마음을 알 수 있나?

현실적으로 잘살고 싶어 하는 한국인들이 현실에서 잘살지 못하는 것은 '돈이 없어서'나 '미래가 불안해서'가 아니다. 자신의 마음을 알지 못하기 때문이다. 환경이나 조건이 바뀐다고 삶의 문제가 해결되지는 않는다. 하지만 이들 문제가 자신의 마음과 연결되어 있다는 것을 알기만 하면 보다 쉽게 해법을 찾을 수 있다. 환경이나 조건은 자신이 바꿀 수 없지만, 자신의 마음은 어느 정도 자신의 통제와 관리 속에 있기 때문이다.

자신의 현실에 대해 만족하지 못하고, 이상적이고 멋진 모습을 찾으려 하기 때문에 주위의 사람들에게 관심이 많다. 그들이 어떤 모습이고 어떻게 사는지에 초점을 맞춘다. 이것은 다른 사람과의 '관계'에 많은 의미를 두는 행동으로 나타난다. 현실의 논리에 충실하게 살기 위해서는 호의적이고 무난한 관계를 추구한다. 사회생활에서 다양한 관계를 추구한다는 것은 이들의 삶의 목표이자 덕목이다. 하지만 자신과 다른 성향의 사람들에 대해서는 쉽게 불편함을 느끼고, 그런 사람과 관계를 맺는 것 자체를 두려워한다. 자신을 방어하기 위해 참고 견디려 하지만 계속 뭔가 확인하고 싶어 한다.

'어떻게 해야 하는지', 또는 '어떻게 살아야 하는지'와 같은 문제들은 '리얼리스트', '로맨티스트', '휴머니스트', '아이디얼리스트', '에이전트'에 따라 해법이 다르다. 각자의 마음에 따라 적합한 해법이 다르기 때문이다. '문제'가 무엇인지와 더불어 그 문제를 가진 사람의 '마음'이 무엇인지를 확인해야 한다.

WPI는 각기 다른 마음을 가진 사람들이 마주하고 있는 문제를 어떤 의미로 해석해야 할지를 알려 준다. 예를 들어 '리얼리스트'의 마음이 뚜렷한 사람이라면 '올바른 관계를 사람들과 만들고 유지해야 한다고 믿으면서, 현실적으로 그것을 잘 하고 있는지를 고민할' 가능성이 높다. 이에 비해, '로맨티스트'들은 '자신의 불안이나 주저함 또는 회피하는 반응' 등을 인간관계의 문제로 표현한다. '휴머니스트'는 '자신이 타인과 어떻게 지내야 하는지, 누가 더 나은 사람인지, 어떤 기준을 적용할 것인지' 등에 관심이 많다. 이에 비해 '아이디얼리스트'는 '자신의 개인적인 특성들이 다른 사람들과 어떻게 다른지, 또 다른 사람들에게 어떻게 보이는지'에 관심을 둔다. '에이전트'는 사람에게 관심을 가지기보다는 '어떻게 해야 할까'라는 고민을 마치 과제를 해결하듯, 자신이 수행해야 할 일로 받아들인다.

누구에게도 쉽게 털어놓지 못하는 일상의 문제나 삶의 어려움에 대한 해법은 자신의 마음을 잘 파악하는 것에서 찾을 수 있다. 이것은 먼저 WPI 프로파일을 통해 자신이 문제라고 생각하는 것이 어떤 마음을 반영하는지 확인하는 것에서 시작한다. 어떤 마음을 가졌느냐에 따라 각 개인이 가진 문제에 대한 해법이 다르다. 문제에 따라 각기 다른 해법이 필요하기도 하지만 문제 자체를 바라보는 개인의 마음에 따라 각기 다른 해법을 필요로 한다.

어떤 문제에 대해 모든 사람들이 받아들이고 쉽게 활용할 수 있는 해법이 있는 것이 아니다. 이런 이유로 인간의 마음과 관련된 문제를 해결하는 것은 물리적인 현상을 이해하는 것과 다르다. 그러므로 각기 다른 사람들의 마음에 따라 특정 문제의 해법이 어떻게 다르게 나타나는지를 다양한 상담 사연들을 통해 확인해 보아야 할 것이다. WPI 프로파일은 각기 다

른 개인의 삶의 문제들이 마음의 특성에 따라 어떻게 다르게
드러나는지를 명확히 보여 줄 것이다.

자기 삶의 주인이 되는 법

우리는 모두 내 마음의 주인은 나라고 막연히 인식한다. 하지
만 정작 우리의 행동은 그렇지 않다. 대부분의 사람들은 자기
마음을 스스로 잘 모르겠다고 이야기한다. 때로는 자신의 마
음과 다른 행동을 쉽게 저지르기도 한다. 마음이 약해서, 또
는 습관이 되지 않아, 심지어 '자기도 모르게' 등의 다양한 이
유를 대지 않을 수 없다. 우리가 배우고 자라는 과정에서도 자
신의 마음이 자기 것이 될 수 있도록 교육을 받는 경우는 그리
많지 않다. 일반적인 명상이나 종교 활동의 하나로 이루어지
는 '경건의 시간(quiet time)'과 같은 활동은 자신의 마음을 헤
아려 볼 수 있는 기회가 되기도 한다.

하지만 이것은 스스로 자신의 마음이 무엇인가를 묻는 것
은 아니다. 신과 같은 절대자나 또는 도덕적인 규범에 비추어
자신의 생활이 어떠한가에 대해 비교하고 평가하는 시간이기

93

쉽다. 스스로 자신의 마음을 통해 세상을 보는 것은 그리 당연하지 않다. 많은 사람들은 무작정 세상에서 말하는 기존의 틀에 의해 비슷하게 행동해야 한다고 믿기 때문이다.

자신의 마음과 세상의 일반적인 마음을 구분하는 것은 쉽지 않다. 전통적인 사회 규범이나 도덕률 등이 인간의 행동과 마음을 지배한다고 믿을 때에는 이런 구분조차 하기 힘들다. 예를 들어 보자. 공자의 제자 자장(子張)이 스승 공자에게 '정치란 무엇이냐'고 물었다. 공자는 이 질문에 이렇게 답한다.

정치란 바르게 해 주는 일이다(政者正也).

《논어》의 〈안연(顏淵)〉 편에 나오는 이 일화는 정치란 바르게 해 주는 일이니 자신을 바르게 하고 나야, 남들이 바르게 된다는 의미이다. 참 훌륭한 말이다. 어떻게 해야 '바르게 한다'는 것인지 왕이나 군주가 지배하는 시대에는 결코 논쟁 자체가 될 수 없었다. 절대 권력자들에 의해 세상이 좌지우지되는 세상에서 '바른 것'은 갑론을박의 여지없이 획일적인 기준과 규범을 따랐다. 하지만 다양성을 존중하는 현대에는 같은 상황도 해석하기에 따라 '바르게 하는' 기준이 달라졌다. 물론 법을 통해 어느 정도 기준을 정한다고 하지만 이것이 일상의 크고 작은 문제에 일괄적으로 적용될 수는 없다. 각 개인의 마음이 다를 수 있고, 또 각기 다른 마음을 각자 스스로 파악해야 한다고 생각하는 시대에서 절대적으로 바르거나 옳은 것이 있다는 믿음은 그 자체로 갈등을 야기할 수 있다. 각자가 자신의 마음을 인식하게 되는 상황에서, 바른 마음이란 자신을 기준으로 판단하기 쉽기 때문이다. 그러나 이 말이 맞기 위해서는 '나에게 바른 것'이 '남들에게도 바른 것'이어야 한다는 당위성에 근거해야 한다.

'무엇이 바른 것인가'는 개인의 심리를 고려하지 않고 외부의 규범이나 당위적이라고 믿는 절대적 틀에 맞춰 이해한다면 간단하고 명료해진다. 하지만 절대적인 당위성이나 규범에 대한 공유나 공감을 할 수 없을 때에는 이것은 너무나 복잡해지고 만다. 인간의 마음이 각기 다르기 때문이다. 지금은 절대 권력이 지배하던 봉건 왕조 시대가 아니다. 복잡다단한 이해가 얽힌 현대 사회 속의 인간의 마음과 각 개인의 마음에 대한 이해가 선행되어야 한다.

자신의 마음보다는 타인의 마음을 먼저 고려하는 리얼리스트나 어떤 규범이나 틀에 근거한 마음을 당연하게 인정하는 휴머니스트의 마음이라면 쉽게 수용될 수 있는 믿음이다. 현실적인 효율성이나 성과에 따른 보상을 중요시하는 에이전트에게 바른 마음이란 결국 자신에게 안정적인 보상을 줄 수 있는 상황을 의미한다. 하지만 로맨티스트와 아이디얼리스트에게는 서로 감정적으로 공감하거나 생각이 같다는 것을 서로 공유할 수 없을 때, '바르다'는 것에 대한 마음은 복잡하기만 하다.

선거를 통해 대표를 뽑을 때 당위적인 말들이 난무한다. 바른 사람, 게으르지 않은 사람, 충심과 정성을 다할 수 있는 사람을 선택해야 한다고 이야기한다. 하지만 이것은 절대적인 기준을 모두 공유할 수 있다는 착각 속에서나 가능한 말이다.

자신을 나타내기 위해 당위적으로 멋진 이야기를 하는 사회일수록, 사람들은 서로를 믿지 못하게 된다. 오히려 소통이 잘 이루어지지 않는다고 생각하게 된다. 각자 자신의 마음을 있는 그대로 이야기하지 않고, 암묵적으로 모두가 정답이라고 생각하는 또는 당위적으로 올바른 이야기만 하기 때문이다. 말하는 사람도 믿지 않고, 듣는 사람 또한 전혀 믿을 수 없는 이야기를 하게 된다. 서로를 믿지 못할 뿐 아니라, 결과적으로 어떤 이야기이든 현실적으로 그 사람의 행동을 잘 나타내지 못하는 이야기가 되고 만다. 말과 행동이 따로 노는 것은 그 사람이 나쁜 사람이어서가 아니라, 당위적인 이야기를 하고 당위적인 말을 들으려 하는 마음 때문이다. 각각의 사람들이 자신의 마음의 기준을 어떻게 가지고 있는지를 확인하고 그것에 대해 알려 주어야 한다. 자신의 마음과 다른 사람의 마음이 어떻게 다른지 알아야 서로 다르게 받아들이고 이해하더라도 갈등이 생기지 않는 법이다.

04

리얼리스트
그때그때 달라요

한국 사회에서 '성공'이나 '돈'에 대한 열망이 강한 사람들은 대개 '리얼리스트'이다. 리얼리스트는 이러한 성향을 자신의 삶의 동기로 잘 활용해 대기업 임원이나 고위 공직자로서 자신의 삶을 성공적으로 이끌어 간다. 하지만 혼자서 성과를 내야 하는 자영업자가 리얼리스트 성향을 뚜렷하게 가진다면 큰 성공을 거두기란 참으로 힘들다. 단지 먹고살 만한 수준이 리얼리스트 자영업자가 이룰 수 있는 최선의 삶이다.

우리 사회에서 자기 관리를 철저히 하면서 성실하고 열심히 일해서 성공한 사람이라는 평을 듣는다면, 그 사람의 마음은 리얼리스트에 가깝다고 생각하면 맞다. 리얼리스트는 공자가

99

강조한 '인(仁)'의 정신을 가장 잘 보여 준다. 인간관계에서 가장 무난하게, 아니 가장 성공적인 성과를 만들어 내는 사람인 것이다. 리얼리스트의 성향이 잘 발휘되면, 그 사람은 인기가 있을 뿐 아니라 훌륭한 사람으로 칭송을 받기도 한다. 그 사람이 한 일 때문이 아니라 만들어 내는 관계 때문이다. 이런 리얼리스트의 성공을 가장 잘 보여 주는 대표적인 인물로 대한민국 최고의 MC이자 개그맨인 유재석을 꼽을 수 있다.

부동의 일인자, '유느님' 유재석

1991년 '대학개그제'에서 장려상을 수상하면서 개그맨으로 데뷔했을 때 그 누구도 유재석이 20년 뒤에 '유느님'이라 불리는 '국민 MC'가 되리라고는 예상하지 못했을 것이다. 데뷔이후 10년 넘도록 방송에서 그의 이미지는 '메뚜기'였다. 지금이야 애교스러운 별명처럼 들리지만 사실 '메뚜기'는 그의 못생긴 외모와 촐싹거리고 깐족거리던 그의 초기 이미지를 빗댄 것이다. 널리 알려진 사실이지만 유재석은 데뷔 동기인 남희석, 박수홍에 비해 무명 시절이 무척이나 길었다. 물론 당시 개그 트렌드가 개인기였기에 특별한 개인기가 없던 유재석이 존재감을 드러내기란 어려웠을 것이다.

그러다 마침내 유재석이 빛을 발하게 된 것은 다수의 출연자가 떼로 출연하는 예능 프로그램이 대세를 이룬 무렵이다. 이런 상황은 리얼리스트 유재석의 장점을 부각시켜 주었다. 각기 다른 개성을 가진 출연자들이 집단으로 등장하면서 능력 있는 MC로 성공할 수 있게 된 것이다. 혼자서는 설 자리조차 찾지 못하던 메뚜기가 다양한 사람들이 모인 곳에서는 유독 빛나는 인물이 된 것이다.

원래 잘 삐치는 캐릭터였던 유재석은 〈해피투게더〉, 〈런닝맨〉, 〈무한도전〉처럼 많은 사람들이 출연하는 프로그램을 통해 점점 배려의 아이콘으로 변신하기 시작한다. 남을 깎아내리면서 웃음을 주기보다 배려하는 모습으로 감동을 준다는 평을 듣게 된 것이다. 그리고 같이 일하기 좋을 것 같은 사람, 개인적으로 꼭 만나고 싶은 사람, 예의 바르고, 타인을 편하게 해 주는 사람으로 꼽히기도 했다. 특히 자기 일을 열심히 하면서 한결같고 꾸준히 발전해 가는 사람으로 평가 받으면서 마치 유교에서 이야기하는 겸손한 '군자(君子)'의 현대판 인물로 환생하였다.

'유재석'이라고 하면 자동적으로 따라오는 '겸손'과 '배려'라는 단어는 그의 리얼리스트적 면모를 잘 드러낸다. 전형적인 리얼리스트인 유재석은 실제로 그가 MC로 활약하는 프로그램에서 자신이 부각되려 하기보다는 되도록 모든 출연자들을 고르게 배려하려 한다. 그때그때 분위기에 맞게 자신의 역할을 적절히 바꿔 가면서 프로그램을 이끌어 가는 것이다. 그 모습은 겸손하고 착한 사람의 전형이다. 현재 그는 톱 레벨에 속하는 연예인이지만 적이 없다. 거의 모든 연예인들이 갖고 있는 안티 카페도 없다. 이런 유재석의 특성은 개인기 중심의 프로그램에 출연했을 때 혹은 그가 서너 명의 게스트 중 하나로 출연했을 때는 거의 드러나기 힘들다. 그의 진가는 진행자로서 여러 명의 출연자와 더불어 프로그램을 만들어 갈 때 잘 부각된다.

　리얼리스트로서 정말 눈물 날 정도로 애쓰고 있는 유재석의 모습들을 과거의 프로그램들에서 어렵지 않게 찾아볼 수 있다. 바로 〈서세원쇼〉의 토크박스 코너다. 거기에서 그는 1위를 하기 위해 다른 출연자의 말을 막아 가며 자신의 이야기를 풀어 나갔다. 그때는 지금과 같은 '배려'의 모습을 전혀 볼 수 없었다. 〈쿵쿵따〉에서 유재석은 관심을 받기 위해, 소위 떠

보려고 진행자인 강호동을 곤란하게 하고 끊임없이 간족거리며 어처구니없는 답을 해 댄다. 이것이 안 좋은 상황에 처한 리얼리스트가 쉽게 보여 주는 모습이다. 나쁜 상황에서 리얼리스트는 자신의 목적을 이루는 것에만 집중할 뿐 결코 남을 배려하지 않는다. 보통 관심을 갈구하는 전형적인 '넘버 2', 즉 만년 2인자의 모습이다.

한번은 유재석이 〈상상플러스〉라는 프로그램에 송은이에게 힌트를 주기 위해 전화 출연을 한 적이 있다. 이때 송은이와 진행자 이휘재의 장난기가 발동되어 게스트인 양희은 씨에게 "너, 누구야? 너, 이름이 뭐야?"라고 물어 달라고 부탁했다. 양희은 씨는 연예계의 대선배로서 상당히 어려운 인물이라 질문을 받은 유재석은 상당히 부담스러웠을 것이다. 그런데 유재석은 송은이가 성대모사를 하는 것으로 착각했고, 장난스러운 목소리로 "난 유재석이다. 넌 누구냐?"라고 과감하게 맞받아쳤다. 하지만 뭔가 분위기가 이상했던지, 그는 힌트를 보내는 문자에 다음과 같은 말을 덧붙였다. "은이야, 진짜 양희은 선배님 아니지? 답장 줘라, 나 잠 못 잔다."

이는 자신이 저지른 행위에 대해 소심하게 반응하는 리얼리스트의 모습을 그대로 잘 드러낸 사례이다.

리얼리스트 유재석은 어떻게 성공했을까

한때 인기 없는 개그맨으로 방송에서 다른 출연자들에게 무시를 당하기도 했던 유재석은 〈해피투게더〉, 〈실제상황 X맨〉 같은 프로그램의 MC를 맡으면서 훌륭한 진행자로 거듭나게 된다. 리얼리스트가 성공 스토리를 만들어 내는 기적이 일어난 것이다. 사실 유재석의 성공은 기적이 아니라 리얼리스트가 성공할 수 있는 환경 속에서 리얼리스트의 장점을 가장 잘 발휘한 경우이다. MC는 자신의 프로그램에서 다른 출연자보다 튀어야 할 필요가 없다. 그러니 튀지 못할까 봐 불안해하지 않는다.

유재석은 더 이상 남들보다 튀기 위해, 인정받기 위해 비호감의 이미지를 보여 줄 이유가 없는 것이다. 유재석이 걱정해야 할 것은 오로지 시청률뿐이다. 출연자일 때는 자신의 분량이 얼마나 방송에 나오는지를 신경 쓰지만, 진행자가 되면 어떻게 해야 시청률이 잘 나올지를 걱정해야 한다. 대기업에서 리얼리스트 성향이 높은 임원이 자신의 능력이나 역할에 대해 고민하기보다는 '성과', '실적'에 연연하는 것은 바로 이와 동일한 이유 때문이다. 시청률이 곧 다른 사람의 인정인 셈이다.

시청률이 잘 나오려면, 일단 프로그램이 재미있어야 한다. 또 시청자들이 MC뿐 아니라 출연자들을 편하게 받아들여야 한다. 유재석은 자신의 리얼리스트 성향을 잘 발휘하여 편안함을 이끌어 냈고, 출연자들은 그와 함께 재미를 만들어 냈다. 리얼리스트로서 다른 출연자들을 배려하면서 균형 잡힌 진행을 통해 자신의 프로그램을 물 흐르듯 편안히 진행한 것이다. 결과적으로 시청자들은 유재석에게 호감을 느끼게 되었다. 리얼리스트는 자신의 역할이 확실하고 구체적으로 주어졌을 때 편안함을 느낀다. 모든 것에서 정답을 찾고 정답을 말해야 안심이 되는 리얼리스트의 특성 때문이다.

리얼리스트 성향의 유재석에게 MC라는 확실하고 구체적인 역할이 주어지자 그는 더 편안한 마음으로 프로그램에 임할 수 있었던 것이다. 여러 명의 출연자 중에서 어떻게든 튀어야 하는 프로그램에서는 그에게 어떤 구체적인 역할이 주어지지 않았다. 단지 튀는 것, 방송 분량을 많이 확보하는 것이 목표일 뿐이었다. 하지만 〈무한도전〉, 〈런닝맨〉이나 〈해피투게더〉 같은 프로그램에서는 유재석의 역할이 구체적으로 주어졌다.

〈무한도전〉에서는 출연자들이 활기차게 참여할 수 있게 분위기를 띄우고, 배가 산으로 가지 않도록 끌고 가는 리더의 역할을 해야 한다. 〈런닝맨〉에서도 그는 리더로서의 역할을 하며, 다른 출연자들과 더불어 즐겁고 활기차게 온갖 게임과 달리기에 참여한다. 그리고 〈해피투게더〉에서는 모든 출연자들이 자신의 이야기를 편안히 할 수 있도록 분위기를 만들고 이야기를 끌어내는 역할을 한다.

그런데 만약 유재석이 진행자가 아니라 여전히 자신의 분량을 확보해야 하고 튀기 위해서 무엇이든 해야 하는 출연자였다면, 지금의 국민 MC가 될 수 있었을까? 반대로 MC라는 구체적인 역할이 주어진다고, 누구나 유재석처럼 출연자를 배려하면서 프로그램을 이끌어 갈 수 있을까? 구체적으로 규정된 역할이 자신에게 왔을 때 리얼리스트인 유재석은 그 역할을 가장 리얼리스트답게 수행함으로써 성공을 이뤘다고 할 수 있다.

유재석은 성실하다. 성실함은 리얼리스트가 가진 특성 중 하나이다. 동료 연예인들이 전하는 바에 따르면, 유재석의 생활은 모범 그 자체이다. 술도 못하고, 담배도 끊었다. 구설이나 나쁜 소문 하나 없다. 또한 유재석은 자신이 나온 프로그램을 모두 모니터링하고, 프로그램 촬영 전에 게스트에 대해 충분히 조사하는 것으로 유명하다. 또한 자신의 저질 체력으로 프로그램의 재미를 생동감 있게 표현해 내지 못할 수도 있다는 생각 때문에 꾸준히 운동을 하여, 지금은 김종국만큼의 체력을 가졌다고 한다. 심지어 "유재석의 유일한 여가 활동은 운동이다", "해외 촬영 가서도 운동만큼은 빠뜨리지 않는다"라는 얘기가 심심치 않게 들려온다.

유재석이 〈무한도전〉 초기에 '유 반장'이던 시절에는 그도 지금처럼 유연하게 진행하지는 못했지만 진행자로서 책임감을 가지고 '반장'의 역할을 다했다. 시간이 지나면서 그는 성실함과 꾸준한 노력을 통해 점점 더 자기 역할에 베스트가 되는 법을 알게 되었다. 리얼리스트 유재석의 이런 성실함이 시청자들에게 감동을 주고, 그를 '유느님'의 경지에까지 오르게 했다고 할 수 있다.

리얼리스트 유재석의 진짜 마음

'유느님'으로 성공한 유재석의 현재의 심리는 무엇일까? 리얼리스트는 불안감에서 자유롭지 못하다. 그는 끊임없이 노력하고 자기 관리를 철저히 한다. 그 이유는 보통 '초심을 잃으면 안 된다'는 생각 때문이라고 이야기하지만 핵심은 '자신의 불안을 줄이기 위해서'라고 할 수 있다. 불안이 그의 성공의 핵심 요인이자, 그가 성실하게 자기 관리를 위한 행동을 계속하도록 하는 동기이다.

유재석은 무명 시절 자신의 미래를 위해 이렇게 기도했다고 한다.

"정말 한 번만 기회를 주십시오. 단 한 번만 개그맨으로서 기회를 주십시오. 그리고 나중에 소원이 이루어졌을 때 초심을 잃어 지금 마음과 달라지거나 만약 이 모든 것이 나 혼자 얻은 것이라고 단 한 번이라도 생각한다면, 이 세상에서 누구보다 큰 아픔을 주셔도 절대로 '제게 왜 이렇게 가혹하신가요?'라고 말하지 않겠습니다."

사실 이것은 유재석뿐 아니라 성공을 간절히 원하는 리얼리스트의 마음을 가진 사람이라면 누구나 할 수 있는 기도이다. 나만의 성공 신화를 만들었다고 생각하는 리얼리스트가 자신의 성공의 원인이나 이유를 가장 잘 드러낼 수 있는 마음이기도 하다.

리얼리스트는 초심을 잃지 않은 것이 자신의 성공 이유라고 믿는다. 그리고 이 세상에서 가장 큰 아픔은 자신이 얻은 성공을 잃어버리는 것이므로, 그 아픔을 겪지 않기 위해 오늘도 성실하게 최선을 다하고 끊임없이 자기 관리를 해야 한다고 믿는다. 그런데 이런 마음 때문에 많은 리얼리스트들은 자신의 불안을 누르기 위해 남을 깎아내리기도 하고, 남과 비교하여 자신이 그만큼 성공하지 못한 것에 대해 좌절하거나 힘들어 하기도 한다.

이들은 최고가 되기 위해, 최고의 수준으로 성공하기 위해 끊임없이 자신을 계속 밀어붙이고 노력해야 한다고 믿는다. 다시 말해 자신이 원하는 만큼 성공하지 못해 불안하고, 이 불안을 없애기 위해서는 더욱더 발전해서 다른 사람의 인정을 받기 위해 노력해야 한다고 믿는다. 이런 리얼리스트가 추구하는 최고의 성공한 삶은 주위 사람들에게 멋지게 보이는 것이다.

우리 주변에는 리얼리스트가 정말 많이 존재한다. 사회생활을 하는 많은 평범한 사람들이 자의 반 타의 반 리얼리스트가 된다. 리얼리스트라고 다 유재석처럼 좋게 보일까? 리얼리스트 중에 상당한 부나 권력을 가짐으로써 사회적으로 성공을 이룬 사람들이 많이 있다. 하지만 그들 모두가 사람들의 인정과 사랑을 받는 것은 아니다. 그렇다면 리얼리스트 유재석의 어떤 점이 그를 안티 카페 하나 없는 '유느님'으로 만들었을까?

유재석은 리얼리스트가 가지고 있는 장점들을 최대한 활용하고 드러낸 경우라 할 수 있다. 《삼국지》의 대표적 리얼리스트인 유비가 '덕장'으로 칭송받는 것 또한 그가 리얼리스트의 긍정적인 측면을 잘 드러냈기 때문이다. 리얼리스트는 '인(仁)'과 '덕(德)'을 사람들에게 보여 주고, 그것이 자신의 성격 특성이 되어 살아갈 때 칭송과 존경을 받는 빛나는 존재가 된다.

'어떻게 해야 할까', '어떻게 살아야 하지?'라는 문제는 리얼리스트의 마음을 가진 사람들이 풀어야 할 삶의 문제이다. 리얼리스트의 일반적인 삶의 방식은 가능한 한 최고의 스펙에 자신을 맞추어 '착한 사람으로 성실히 생활하는 것'이다. 이들은 이렇게 살지 않으면 문제가 있다고 생각한다. 가능한 한 다른 사람들에게 즐겁고 유쾌한 모습을 보이려 한다. 그렇게 하지 않으면 남의 기분이 상할 것이라 생각하기 때문이다. 그런데 역설적으로 이런 방식의 생활은 자신을 힘들게 만든다. 주위의 압력이나 상황의 요구에 민감하게 반응하기 때문이다. 이런 과정에서 나타나는 불안을 잠재우기 위한 리얼리스트의 정답은 안정적인 길을 따라 '성공'하는 것이다.

리얼리스트에게 '안정'이란 보통 '통장의 잔고'나 '남들의 인정'
이다. 번듯한 대학이나 직장은 이들이 간절히 원하는 안정의 조
건이다. 하지만 이것들이 쉽게 얻어지지 않아 자신의 삶이 힘들
다고 느낀다. 원하는 것을 이루더라도 안정을 찾지 못해 여전히
불안하다. 남들에게는 착하고 좋은 사람으로 보이려 하는데, 스
스로는 불만스럽다. 불안한 마음을 남들이 알아차리지 못하기
를 바란다. 자신이 '왜 사는지', '무엇을 위해 사는지'를 묻기를
꺼려 한다. 자신의 답답함을 하소연하면서 공감과 위로를 얻으
려 할 뿐, 정작 문제가 무엇인지 구체적으로 알려 하지는 않는
다. '스트레스가 심해'라는 말을 입에 달고 다니고, 이것이 현재
만족스럽지 못하고 행복하지 못한 이유이다.

　열심히, 성실히, 부지런한 생활을 하려 하지만 정작 왜, 무
엇을 위해 하는지를 분명히 하는 것은 부담스러워한다. 막연
히 '돈'이나 '경제적 안정', '사회적 성공'을 바라며, '가정의 화
목'이나 '행복', '건강'과 같은 것이 삶의 목적이자 주된 이유
라 생각한다.

　리얼리스트의 마음을 가진 사람들은 다른 사람과의 '관계'나

'그때그때의 상황'에 자신을 맞추려 하기에, 스스로 어느 순간부터 정말 자신이 누구인지, 진짜 자신의 모습이 무엇인지 모르겠다고 호소한다. 겉으로는 안정되어 보이지만, 스스로 자신이 내적 에너지를 만들어 내지 못한다고 느낀다. 마치 연료가 소진된 기계 같다. 자신이 처한 경제적 조건이 나아져도 삶은 더 불안하다. 심지어 점점 더 살기 힘들다고 생각한다. 이런 상황의 해법은 원래 자신의 성향이 무엇인지를 아는 것에 있다. 하지만 그렇게 하면 현재의 안정을 해칠 것 같아 부담스럽기에 자신의 문제를 회피하려는 것이 리얼리스트의 심리이다.

리얼리스트 성향은 한국 사회에서 열심히 살아가려는 대다수의 사람들이 기본적으로 가지는 마음이다. 이 사회에서 성공한 사람일수록 자신이 그런 마음을 가졌기에 성공했다고 믿는다. 물론 남들에게 결코 드러내려고 하지 않는 마음이다. 겉으로 보이는 이들의 삶의 모토는 '모나지 않아야 하고, 튀지 말아야 한다'이다. 이들을 불안하게 만드는 것은 사건, 사고여서 시사에 관심이 많다. 뉴스는 꼭 보려 하면서도 애써 자신은 그런 것에 초연한 것처럼 보이려 한다.

한국 사회에서 청소년이나 대학생의 경우 리얼리스트의 마음을 뚜렷하게 보이는 비율은 보통 20% 이내이다. 하지만 직장인과 같은 조직 구성원의 경우, 리얼리스트의 마음을 가진 사람들의 비율은 거의 50% 정도이다. 리얼리스트는 보통 자신의 마음이나 심리에 대해 불만이나 의문을 잘 가지지 않는다. 단지, 자신이 하는 일이나 환경 또는 인간관계의 문제가 자신을 괴롭힌다고 하소연을 할 뿐이다. 다 남에게 맞추어 주면서 지내려 하기 때문에 자신의 특성이 뚜렷하지 않아 불안해하는 정도이다. 이런 마음은 특별히 한 개인의 성격을 잘 나타낸다기보다는, 개인이 사회에 잘 맞추어진 '사회화(socialization)'의 결과라고 할 수 있다.

무엇보다 자신이 속한 조직의 논리와 틀에 충실하려 한다. 대세를 잘 찾고 거기에 맞춰 살아가고 직장생활에 비교적 잘 적응한다. 하지만 자신의 일이나 인간관계를 늘 상황 논리에 맞춰 풀어 내려고 한다. 이것은 분명 한 개인의 타고난 성격이라기보다, 사회적으로 만들어진 성격이다. 남들이 가진 것을 부러워하면서, 좋아 보이는 것은 열심히 모방하여 자기 것을 만들고 싶어 한다. 그래서 '선진국의 사례', '성공하고 잘난 사람들' 또는 '남들과 잘 어울리고 화합하는 사람'에 대한 갈급함이 있다. 더 이상 모방할 것이 없을 때, 자신에 대해 자부심을 가지기보다 다음의 단계를 알 수 없다는 당혹스러움을 느낀다.

완벽해지고 싶어요

앞으로 어떻게 살아가야 할지 진로와 미래가 고민입니다. 저는 서울에 있는 대학을 진학하려고 4수를 했어요. 저는 사람들과의 관계를 중요시했는데, 입시를 준비하면서 사람들과 연락을 다 끊고 혼자 있는 시간이 많았어요.

결국엔 성적에 맞춰서 대학에 갔는데, 그리고 나서 제 모습에 적응이 되질 않아요. 입시 준비를 하면서 혼자 있던 때와 대학 진학 후 사람들과 어울려야 하는 때 사이에서 괴리감이 느껴졌다고 할까요? 결국 견디지 못하고 지금 휴학을 한 상

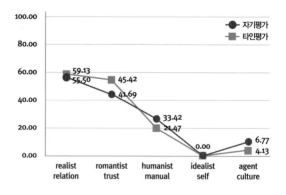

태예요. 무엇을 하고 싶은지도 모르겠습니다. 제 자신에 대한 기대는 커서 열심히 살고 싶고 완벽해지고 싶은데 그게 잘 안 돼 힘듭니다. 자책도 많이 하게 되고요. 게다가 착하다는 이야기를 듣는 것에도 스트레스를 받습니다.

R의 마음 프로파일링

자신을 25세의 여대생이라 소개한 R의 상담 사연이다. 사연과 함께 보내 온 WPI 검사 결과는 자기 평가와 타인 평가의 두 프로파일이 거의 일치했다. R의 심리 상태는 어떠하며, 그녀와의 상담은 어떻게 이루어질 수 있을까?

R의 상담 사연과 그녀의 WPI 프로파일에 대한 간략한 탐색이 필요하다. R의 문제는 무엇이며, 또 이 문제를 해결할 수 있는 방안은 무엇일까? 대면 상담이든 상담 사연을 통한 간접 상담이든, 사연을 보낸 사람의 마음에 대한 단서를 WPI 프로파일을 통해 확인할 수 있다는 것은 일반적인 상담과 커다란 차이가 있다.

R은 자신의 문제를 분명히 인식하여 해결하기보다, 자신이

보낸 사연을 보고 위로해 주기를, 그리고 자신이 현재 잘살고 있다고 인정해 주기를 바란다. '리얼리스트'와 '릴레이션'이 일치하는 프로파일의 경우 이 사람의 마음은 심리적으로 비교적 안정된 상태임을 보여 준다. 힘들다고 하소연하는 사람의 심리가 비교적 안정된 상태라고 진단하는 것이 낯설게 들릴 수 있을 것이다. 하지만 불안하고 또 현재의 상태에 만족하지 않는 것은 R이 처한 상황이 아니다. 단지 리얼리스트의 마음이라고 할 수 있는 현재 R의 마음이 만들어 내는 상태일 뿐이다.

특히 R은 자신이 가진 욕망, 즉 자신의 삶에 대해 막연히 느끼는 불안을 없애고, 타인의 관심과 인정을 절대적으로 기대하는 삶의 방식을 택하려 하는 것에 부합하는 생활 방식을 가지고 있다. 그것이 바로 타인 평가의 '릴레이션'이 리얼리스트 성향과 거의 일치하는 형태로 나타난 프로파일이다.

자기 평가를 나타내는 '리얼리스트' 성향과 타인 평가를 나타내는 '릴레이션'의 수준이 서로 일치한다는 것은 스스로 인식하는 자신의 모습이 다른 사람들에게도 그렇게 보인다고 믿는 심리를 보여 준다. 이런 심리 상태는 비교적 안정적이고, 불안하거나 혼란스러운 상태와는 거리가 있다. 실제로 현실적인 생활도 큰 어려움 없이 잘 유지하고 있으나, 스스로 느낄 수 있는 보람이나 성취가 그리 높지 않을 뿐이다. R은 이런 상태가 불만족스러워 괴로워하고 있다. 자신이 남들에게 번듯하게 인정받고, 성공한 듯이 보일 수 있는 어떤 성과나 성취를 이루지 못했기 때문이다. 이것은 리얼리스트의 일반적인 심리 상태이다. 이런 사람은 남들이 보기에 비교적 편안하고 안정적인 삶을 살아가고 있더라도, 누군가 자신을 인정해 주고 자신에게 위로와 공감을 해 주길 바란다.

R의 경우, 스스로 자신의 고민이나 문제라고 하는 것은 바로 리얼리스트의 마음이 만들어 내는 일상생활의 어려움이다. 자기 평가와 타인 평가 프로파일이 서로 일치할 경우는 리얼리스트의 전형적인 행동이나 심리 특성을 보인다는 의미이다. 기본적인 리얼리스트의 마음과 릴레이션 성향에 대한 설명이 R의 사연과 연결될 수 있다.

하지만 이것은 R의 문제에 대한 해법은 아니다. 리얼리스트는 자신의 삶의 문제를 긍극적으로 해결하기 위해서 경제적인 안정이나 사회적 인정(승진이나 출세)과 같은 분명한 외적인 조건의 변화가 있어야 한다고 믿기 때문이다.

R의 마음 파악과 문제 이해하기

R의 상담은 리얼리스트가 일반적으로 가지는 심리 상태에 대해 잘 이해하고 또 이런 상태의 사람들의 일반적인 특성을 잘 공감하는 것에서 시작해야 한다. 그녀는 4수까지 해서 대학에 들어갔지만, 자신이 간 대학에 대해 만족하지 못해 결국 휴학을 했다. 현재 자신이 바라는 삶을 살지 못하고 있다는 것이 고민이다. 하지만 그녀가 겪는 괴로움은 결코 자기 내면의 문제가 아니다. 상담 사연에서도 확인할 수 있듯이, 그녀는 사실 자신의 문제가 무엇인지도 명확히 인식하지 못하고 있다.

전체적으로 자신의 문제를 인정하거나 또는 수용하려는 마음도 그리 높지 않다. 단지, 현재 자신의 상황에 만족할 수 없기 때문에 막연히 자신에게 문제가 있다고 생각한다. 겉으로는 자신의 문제를 인간관계와 자신의 꿈, 목표 등이라 언급하고, 이것들을 고민하는 것처럼 보인다. 그러나 이런 문제는 R의 실제 고민이 아니다.

R의 현재 문제는 스스로 자신에게 번듯하게 남들에게 보여 줄 만한 것, 또는 내세울 만한 것이 없다고 생각한다는 점이다. 과거의 인간관계 회복에 대해 고민하는 것처럼 말하지

만 정작 진짜 고민은 4수까지 한 지금 자신의 현재가 다른 사
람들에게 부끄럽게 보이는 것이다. 또한 앞으로도 이상적으
로 생각하는 조건을 자신이 달성하지 못할까 봐 걱정하고 있
다. 하지만 정작 그 조건을 달성하려는 강한 의지나 동기를 보
이지는 않는다. 단지 남들이 자신을 어떻게 볼지, 또는 자신
이 남들에게 어떻게 보일지를 걱정하는 것뿐이다. 그래서 스
트레스를 받고 있다. 남들로부터 받는 '착하다'와 같은 칭찬도

자신이 바라는 것과 부합하지 않기에 칭찬이나 격려가 아니라 스트레스가 된다.

R은 자신의 문제에 대한 해법을 누군가 알려 주기를 기대하는 마음에서 사연을 보냈다. '열심히 살고 싶고 완벽해지고 싶은데 그게 잘 안 돼 힘들다'라는 표현이 바로 R의 마음을 잘 나타낸다. 그녀는 정답이라고 믿는 어떤 해법을 원한다. 물론 누군가 해법을 주더라도 그것이 자신이 원하는 것이 아니라면 애써 무시할 것이다. 그렇기에 R의 하소연과 같은 상담은 구체적인 삶의 변화에 초점을 두는 것이 아니라, 누군가 자신이 원하는 것을 대신해 주었으면 하는 마음을 표현하는 것이다. 막연히 자신의 상태가 호전되는 것과 같은 '기적'이 일어나기를 바라는 것이다.

스스로는 완벽한 인간, 영웅 같은 사람이 되고 싶지만, 자신이 그렇게 될 것이라는 확신이나 믿음은 없다. 단지 현재의 상황이 불편하고 싫을 뿐이다. 착하게 열심히 살면 '성공'할 것이라고 믿으면서도, 현재의 자신은 그렇게 되고 있지 못하다고 생각하는 R의 마음을 읽는 것이 안타까울 뿐이다. '리얼리스트'에게는 이런 마음이 거의 공통적으로 나타난다.

R을 위한 코칭

R이 자신의 삶을 힘들게 느끼는 가장 큰 이유는 지금까지 '정답과 같은 어떤 것'에 매달리는 방식으로 살아왔기 때문이다. 그 정답에 자신이 도달하지 못한다고 느끼면 불만과 불안이 계속된다. 리얼리스트에게 삶의 정답은 자신이 아니라 타인이 만들어 놓은 특정한 스펙이나 타인과의 관계이다. R은 자신이 원하는 것을 이루기 위해 희생을 많이 했다고 생각한다. 하지만 그것은 남들이 보기에, 남들이 하기에 좋아 보이는 것이고, R은 남들과 같은 기준에 자신을 맞추기 위해 열심히 노력했다. 이런 경우 원하는 것을 성취하게 되더라도 자신의 삶에 대해 만족하기 힘들다. 왜냐하면 그것이 자신에게 지속적인 만족을 주지 않기 때문이다.

대학 진학을 위해 4수까지 했지만 대학 생활은 만족스럽지 못하다. 사람들과의 관계를 중요시했지만, 정작 자신에게 남은 것은 불편하고 어색한 자신의 모습이다. 지나온 것에 대해 막연히 후회를 하지만 이 역시 자신이 기대했던 것은 아니다. 이제 R은 대학 생활에 대한 막연한 기대가 아니라 자신의 삶을 새롭게 만드는 것이 무엇인지, 자신이 어떤 사람인지에 대해 알아야 한다. 현재와 같은 상태에서 저절로 상황이 나아지기는 힘들다. R은 비교적 긍정적이고 또 성실하고 착한 성품이라 본인이 원하는 것을 분명히 정하기만 하면 잘할 수 있다. 단지 현재 미래에 대한 구체적인 꿈을 꾸거나 삶의 목표를 설정하는 데 어려움을 겪고 있을 뿐이다.

사람들과 연락을 끊고 오랫동안 입시 준비를 하다 보니, 대학 생활에 적응하기가 힘든 것이 자신의 문제라고 스스로 진단한다. 그러나 이것은 잘못된 진단이다. 4수를 한 것이 잘한 선택은 아니었지만, 이미 과거의 일이다. 현재의 가장 큰 문제는 대학 생활이나 그 이후 삶에 대한 구체적인 목표가 없다는 점이다. 열심히 살고 싶다는 자발적인 마음이 있는 한, 자신의 문제를 해결하는 것에는 어려움이 없다. 그러므로 마치 대학 입시와 같은 뚜렷한 목표를 만들어 내는 것이 좋다. 예를 들어 국가고시나 특별한 자격증 또는 자기만의 삶의 목표 등을 만들어 내고, 이것을 위해 성실하게 살아간다면 현재의 스트레스는 상당 부분 사라질 것이다. 단지 스스로 이것을 해 내기는 힘들 뿐.

R의 원래 마음은 로맨티스트였던 것 같다. 리얼리스트를 제외하고 가장 높은 유형이 로맨티스트이기도 하지만 트러스트도 유사하게 높기 때문이다. 원래 로맨티스트의 마음을 유

지하는 대신 현실의 기준에 자신을 열심히 맞추다 보니, 현재의 마음, 즉 리얼리스트의 마음을 가지게 된 것이다.

대학 생활을 편하게 즐겼다면 로맨티스트의 마음이 더 잘 나타날 수 있었을 것이다. 하지만 성취라고 생각했던 대학 입학이 자신에게 안정을 주지 못하고 더 혼란과 어려움을 주었기 때문에, 다른 사람들과의 관계에서 원했던 인정을 받지 못했기 때문에 고민에 빠진 것이다.

이런 마음은 대학 졸업 이후, 힘들게 취업을 한 젊은이들이 느끼는 좌절감이나 혼란과 비슷하다. 대학 입시가 인생의 전부이고, 삶의 정답이라고 믿었던 마음이나, 취업을 하면 모든 삶의 문제가 해결될 것이라고 믿는 마음이나 동일한 심리이다. 자신이 과거에는 로맨티스트였지만, 현재 리얼리스트의 상태라는 것을 안다면 현재의 스트레스를 잘 처리할 수 있다. 현실적으로 정답과 같은 스펙이나 통념에 의존하는 삶을 추구하면 할수록 삶의 불안이 높아지는 것이 리얼리스트의 마음 때문임을 알아야 하는 것이 바로 이 때문이다.

R은 현실적으로 당장 해결해야 할 고민, 심리적 어려움 등이 없다. 단지 '내가 이런 사람이야'라고 번듯하게 이야기를 못할 뿐이다. 자신이 현재 삶에서 추구해야 할 일차적인 욕망,

그것을 찾는 것이 현재의 불안에서 벗어날 수 있는 길이다. 만일 그 욕망을 이루었을 때 자신에 대한 주위 사람들의 인식이 어떻게 달라지는지를 상상해 보는 것도 한 방법이다.

자신이 성공했을 때 어떤 모습일지 그려 보고, 그것을 확인할 수 있는 구체적인 목표를 설정하는 것도 괜찮다. 현재 다니는 대학은 주위의 인정이라는 욕망을 충족시켜 줄 수 없다는 것을 알고 있기 때문에 R은 휴학이라는 자기 문제에 대한 회피의 행동을 한 것이다.

현재의 R을 있는 그대로 수용하고 인정하는 사람이 있다면, 슬럼프에서 벗어날 수 있는 기회가 될 것이다. 젊은이의 경우 연애가 큰 도움이 될 수 있다. 대학 시절의 연애는 낭만이자 인생에서 중요한 경험이 될 수 있기 때문이다. 그리고 대학 밖이나 졸업 이후의 삶에 대한 자신의 욕망이 무엇이고 그것을 이룰 수 있는 과정 등을 생각해 볼 것을 권하고 싶다.

현실적으로 자신의 욕망에 충실하며 삶에 몰입할 수 있는 변화를 일으킬 수 있기 때문이다. 현재의 R은 삶의 성취를 거의 경험하지 못하고 있다. 쉽게 할 수 있는 조언으로는 해외여행처럼 남들이 하지 않는 경험을 찾으라는 것이다.

삶의 멘토가 R의 마음을 파악할 수 있다면, 더 구체적인 삶

의 목표를 부여하는 코칭이나 상담을 할 수도 있을 것이다. 현재 R이 겪고 있는 불안이나 혼란은 자신의 미래에 대한 뚜렷한 목표나 확신이 없기 때문이다. 삶을 이끄는 현실적인 목표와 그것에 대한 정답과 같은 활동이 정해진다면 R은 그것을 충실히 실행하려는 노력을 하게 될 것이다.

4수를 해서 맹목적으로 대학을 갔듯이 또 다른 성취를 이루려 마음먹는다면 더 이상의 하소연은 필요하지 않을 것이다. 물론 이 문제가 해결되면 또 다른 문제가 찾아들 것이다. 불안은 리얼리스트가 필연적으로 짊어지고 살아야 하는 삶의 짐이기 때문이다.

05

로맨티스트
내 마음을 알아주세요

리얼리스트의 마음으로 사는 것만이 한국 사회에서 성공할
수 있는 길은 아니다. 사회적으로 성공하고 잘살기 원하는 것
은 분명 리얼리스트의 마음이지만, 현실에서는 이 마음 때문
에 성공하지 못하는 경우도 상당히 많다. 특정한 마음이나 성
격이 성공을 보장하는 것은 아니라는 말이다.

　우리가 성공이라 믿는 것은 각자가 속한 환경에 의해 그때
그때 다른 의미를 가질 수 있다. 한국인의 50%를 차지하는 리
얼리스트의 마음을 가진 사람들은 대개 성공이라는 것을 사
회적 성공, 소위 말하는 '부귀영화(富貴榮華)'라고 생각하는
데, 놀랍게도 현실에서는 그가 원하던 성공이 정작 그에게 불

행한 삶을 가져오는 경우가 비일비재하다. 이것은 경제적 발전 덕분에 선진국 수준, 아니 그 이상의 삶을 살고 있는 대한민국이 세계 최고 수준의 자살률을 보이는 현실과 일맥상통한다. 물질적인 성공을 이루었지만, 사람들이 자신의 삶에 대한 의미를 스스로 찾는 것이 쉽지 않은 것이다. 이는 모두가 간절히 바라는 행복이 결코 물질로 해결되지 않는다는 것을 보여 준다.

리얼리스트가 찾는 성공이나 행복이 아닌 또 다른 성공 그리고 행복한 삶이 무엇인지를 잘 보여 주는 사람이 로맨티스트이다. 로맨티스트에게 가장 중요한 것은 현재 삶에 대해 스스로 얼마나 만족하면서 사는가, 그리고 현재의 삶을 자신이 얼마나 즐기는가이다.

다른 사람과 신뢰하고 공감하는 관계를 맺고 지낸다면, 심지어 배고픈 상황에서도 세상을 다 가진 것 같은 마음을 갖게 되는 것, 사랑하는 사람만 옆에 있으면 그 어떤 어려움도 다 헤쳐 나갈 수 있다고 믿는 것이 로맨티스트의 마음이다. 성공이나 행복, 또는 만족스러운 삶을 만들 수 있느냐 아니냐의 문제는 통장 잔고가 아니라, 자신의 마음을 얼마나 잘 파악하느냐에 달려 있다.

로맨티스트의 경우, 이런 측면에서 자신의 마음을 잘 알고 또 그것을 어떻게 활용하느냐에 따라 성공의 가능성이 완전히 달라진다. 한국 사회에서 로맨티스트로서 성공한 대표적인 연예인으로 이서진을 들 수 있다.

차도남 이서진

이서진은 나영석 PD의 〈꽃보다 할배〉와 〈삼시세끼〉에 출연하면서, 자신의 성격을 잘 드러냈다. 그리고 그 성격이 빛을 발해 마침내 성공을 거두었다. 두 프로그램 모두 리얼리티 예능이었다. 따라서 작가에 의해 의도적으로 만들어진 캐릭터를 연기하는 드라마와 달리 자신의 모습을 있는 그대로 자연스럽게 보여 주는 것이 아주 중요했다.

이서진이 이 두 프로그램에 출연하기 전에 대중이 가진 그의 이미지는 그리 호의적이지만은 않았다. 그에게는 '엄친아'나 '부잣집 아들' 같은 이미지가 강했다. 물론 이런 이미지들은 그의 집안 배경 덕분에 만들어진 것이었다. 예능 출연 전 이서진에 대한 대중적 이미지는 대략 이러했다.

"젠틀하고 부티가 나는 배우, 부유한 가정환경으로 여유가 몸에 밴 듯한 느낌이다. 눈에 띄게 잘 생기지도 않고 연기력이 뛰어나거나 특별한 매력이 있는 것 같지 않지만, 같이 살고 싶은 사람이다. 때때로 친한 사람들에게 틱틱거려 싸가지 없어 보이기도 하다.

연기력이 무난하지만, 부모 배경으로 뜬 사람 같다. 한편으로 자신보다 어린 사람들에게는 약간 권위주의적인 모습도 보여 주는 것 같다. 적당히 제멋대로이고, 적당히 사회적이지만 아무래도 배경 덕택에 사람들의 호감을 얻는 스타일인 것 같다. 믿음직스럽게 생긴 얼굴 때문에 쉽게 신뢰를 주기도 하지만 나르시시즘에 빠져 있는 것 같기도 하다. 자신감이 있어 보이면서 세심함도 느껴진다."

데뷔 후 〈다모〉, 〈불새〉, 〈이산〉과 같은 드라마를 통해 승승장구하던 이서진은 이후 한동안 활동이 뜸했다. 그러던 중 그가 대선배인 '할배'들을 모시고 유럽으로 배낭여행을 떠나면서 대중은 그에게 다시 관심을 가지게 되었다. 이번에는 그의 외모나 연기력, 유학파라는 학력과 좋은 집안 때문이 아니었다. 나영석 PD는 까칠하고, 툴툴거리면서도, 책임감 있게 '할배'들을 챙기고, 꼼꼼하고 완벽하게 자신이 맡은 일을 처리하는 이서진의 캐릭터를 예리하게 잡아냈다.

로맨티스트는 익숙지 않은 상황에서 불안해하거나 어색한 감정을 드러내는데, 그런 어색한 감정이 까칠하고 시크한 모습으로 나타난다. 그런데 이서진의 이런 모습이 여과 없이 방송되자 시청자들은 그것을 솔직한 매력으로 받아들였다.

로맨티스트 이서진이 자신의 성격을 있는 그대로 솔직히 드러냈을 때 그의 매력이 부각된 것이다. 이것에 대해 나영석 PD는 카메라 앞에서나 현실에서나 그는 똑같은 모습이라 했다. 자신이 보았던 이서진의 매력을 시청자들에게 보여 주고 싶어 같이 프로그램을 하게 되었다고도 했다. 로맨티스트 이서진의 매력을 제대로 활용할 줄 알았던 PD와 적합한 프로그램에 의해 이서진은 연예인으로서 새로운 성공을 거두게 된 것이다.

나영석 PD가 만들어 낸 프로그램에서 이서진은 로맨티스트의 성향을 잘 보여 주고 있다. 툴툴거리면서도 자신에게 주어진 일을 아주 꼼꼼하고 완벽하게 해내는 로맨티스트의 모습에서 시청자들은 또 다른 매력을 느끼게 된다. 〈삼시세끼〉에서 이서진은 "둘이 먹었는데 설거지가 왜 이렇게 많아?"라고 불만스러워하면서도 꿋꿋이 설거지를 한다. 그것도 아주 꼼꼼하고 깔끔하게! 이런 이서진의 모습을 보고, 나영석 PD는 '설거지니'라는 별명을 붙여 주면서 그의 캐릭터를 인정한다. "뭐 하나를 하더라도 깔끔하고, 완벽하게 일이 정리됐으면 좋겠다"라고 말하는 이서진의 성향이 리얼리티 예능인 〈꽃보다 할배〉와 〈삼시세끼〉를 통해 부각되면서 시청자들은 그를 아주 매력적인 인물로 받아들이게 되었다.

또한 자칭 타칭 차도남(차가운 도시의 남자)의 이미지를 가진 이서진이 강원도 정선의 깊은 시골에서 생활해 나가는 모습 역시 시청자들에게 호감을 주었다.

또한 걸그룹 멤버와의 유럽 여행 제안에 낚인 후 공항에서 '할배' 네 명의 짐꾼 노릇을 하게 된 걸 알고는 제작진에게 성질을 내기는 했지만, 여행 중에는 하나도 티 내지 않고 까마득한 선배들을 정성껏 세심하게 챙기고 돌봐 드리는 모습이 시청자들로 하여금 이서진을 다시 보게 만들었다. 드라마처럼 작가에 의해 만들어지지 않은 날것 그대로의 이서진은 그렇게 매력적인 사람이 된 것이다.

로맨티스트 이서진의 매력

로맨티스트 성향인 이서진은 까칠하고 시크하다. 그는 나영석 PD나 제작진들이 뭔가를 요청하면 그냥 부드럽게 넘어가는 법이 없다. 그리고 그가 관심 없는 것에 대해 "이게 뭔 거 같아요?"라고 물으면 "관심 없어, 난. 묻지 마"라며 무심하게 답한다. 심지어 〈삼시세끼〉 제작 발표회에서 "이서진에게 나영석이란?" 질문에 대해 아무 관계없는 사람 대하듯 "무의미하다"라고 답한다. 〈삼시세끼〉를 시작할 때 나영석 PD가 "여러분이 여기서 1년을 살 건데…"라고 하자마자, 이서진은 "미쳤어, 뭘 여기서 1년을 살아!"라며 툴툴거리고, 윤여정이 게스트로 오자 나영석 PD에게 "선생님을 이런 데 모시고 온 것부터가 잘못된 거야"라고 하며 까칠하게 군다.

〈삼시세끼〉 초반에 그는 계속 "이 프로 망했어. 빨리 도망가야 해"라고 툴툴거렸다. 오죽했으면 '국민 투덜이'라는 별명까지 생겼을까. 자기 프로에 대한 애정을 드러내는 방식이지만, 경우에 따라 이런 모습이 밉상으로 보일 수도 있다.

시청자들은 단순히 이서진의 이런 모습에서 매력을 느낀 것이 아니었다. 그가 로맨티스트의 또 다른 특성인 책임감 있고 다정한 모습을 함께 보여 주었기 때문이다. 반전의 모습이 그를 더 매력적인 인물로 만든 것이다.

로맨티스트 성향의 사람들은 타인에게 시크하고 무관심한 듯 보인다. 하지만 자신이 좋아하는 사람에게는 한없이 다정하고 책임감 있는 모습을 보인다. 이서진이 자신의 조카에게 보여 준 조카 바보로서의 다정함, 정선을 방문한 윤여정과 '할배'들에게 맷돌로 커피를 갈아서 모닝 커피를 정성스레 만들어 주는 모습은 시청자들이 로맨티스트 이서진의 진정한 매력을 느낄 수 있게 한 경우이다.

또한 〈꽃보다 할배〉에서 유럽 대륙 횡단 열차의 식당칸에서 밤늦도록 술을 마시는 백일섭 옆에서 아무 말 없이 앉아 있어 주던 모습은 깊이 신뢰할 수 있는 괜찮은 사람의 전형을 보여 주었다. 과거 드라마 〈모래시계〉에서 여자 주인공 곁을 묵묵히 지키던 이정재와 같은 캐릭터이다.

이런 에피소드를 통해 시청자들은 자연스럽게 이서진이 책임감과 자상함을 겸비한 따뜻한 사람임을 알게 된다. 스페인 배낭여행 중 레알마드리드 팀의 야간 축구 경기를 보러 갔을 때, 이서진은 '할배'들뿐 아니라 제작진을 위해서도 방석을 빌린다. 게다가 할배들이 추울까 봐 호텔에서 담요를 챙겨서 가지고 오는 세심함까지 보여 준다. 이것은 로맨티스트만이 보여 줄 수 있는 매력이다.

로맨티스트들은 소심하고 수줍어하는 모습을 종종 보여 주는데, 이것이 사람들에게 순수한 느낌으로 다가간다. 이서진 역시 이런 소심하고 수줍은 모습을 가지고 있다. 〈삼시세끼〉에 최지우가 게스트로 나왔을 때 이서진은 상당한 호감을 표시했다. 하지만 그 후에 〈꽃보다 할배〉 그리스 편의 제작 발표회에서 두 사람이 사진 촬영을 위해 포즈를 잡을 때, 다정하게 어깨에 손을 올려 달라는 기자들의 요청을 받고도, 부끄러워하며 끝까지 최지우의 어깨에 손을 올리지 않고 나란히 서서 사진을 찍었다. 이서진의 이런 나이답지 않은 수줍음은 그를 여전히 소년의 감성을 지닌 인물로 느끼게 만든다.

이서진은 익숙하지 않은 상황에서 당황하고 긴장하는 로맨티스트의 모습도 보여 준다. 〈꽃보다 할배〉에서 이서진은 렌터카를 운전하고 스트라스부르로 가야 했다. 이서진이 빌린 차는 자동이 아닌 수동 기어 차였다. 당황한 이서진은 긴장해서 어찌할 줄을 몰라 하며 실수를 연발한다. 더구나 '할배'들이 자신의 미숙한 운전 실력 때문에 불안해한다는 것이 그를 더 당황하게 만든다. 시청자들은 제작진에게는 아랑곳하지 않고 할 말을 다하던 이서진이 어찌할 바를 모르고, 잔뜩 긴장한 채 운전하는 모습을 보면서 웃음을 지을 수밖에 없었을 것이다. 완벽한 차도남의 긴장하고 당황한 모습에서 시청자들은 인간미를 느끼게 된다. 이서진의 로맨티스트적 특성이 시청자들에게 매력적으로 어필된 것이다.

〈꽃보다 할배〉와 〈삼시세끼〉 출연 이후, 이서진이 출연한 광고의 수를 보면, 그의 캐릭터가 얼마나 시청자들에게 통했는지 알 수 있다. 그렇다면 대중은 로맨티스트 성향의 모든 사람들에게 호감을 느낄까?

물론 나영석 PD가 이서진의 캐릭터를 잘 잡아낸 공도 있지만, 이서진 자체가 균형 잡힌 로맨티스트의 모습을 보여 줬기 때문에 이러한 결과를 얻을 수 있었던 것이다. 그는 아무 데서나 아무한테나 툴툴거리고 짜증을 낸 것이 아니다. 자상함은 몸에 밴 듯 자연스럽게 드러났다. 이와 더불어 믿을 수 있는 사람, 책임감 강한 모습도 보여 주었다. 이런 강점이 부각되어 있는 상태였기에 그가 약점을 드러냈을 때에 시청자들은 오히려 안쓰러워했던 것이다.

로맨티스트는 막연히 '어떻게 살아야 하나요?'와 같은 문제를 던지기보다 자신의 감성적인, 또는 감정과 관련된 구체적인 문제를 가지고 있다. 이들은 자신의 감정과 관련된 문제를 중요시하고, 비교적 예민하고 섬세하다. 이들의 마음속에는 여러 가지 잡다한 생각들이 많다. 하지만 그것들은 구체적인 사고나 생각의 단편들이라기보다 다양한 감성의 조각들이다.

여성적인 예민한 감수성을 보이고, 자신의 감정, 감성을 공감받고 또 공유하려 한다. 자신의 감성이 어떠한지, 또는 자신이 어떻게 느끼는지를 상대방이 알고 있는지 확인받고 싶어 한다. 이것이 잘 이루어지는 사람과는 친밀감을 금방 형성한다. 이들의 감정에 대한 공감, 무조건적인 수용, 또는 침묵하더라도 같이 있다는 느낌 등의 경험이 이들에게는 중요하다.

대부분의 경우 이들은 까칠하기도 하고 무심한 듯 시크하다. 보통은 다른 사람과 좋은 관계를 만들어 내기를 힘들어 한다. 아주 친숙하거나 익숙한 상황이 아니면 스스로 불안해하거나 어색한 감정을 잘 드러내기 때문이다. 따라서 이들이 감정적으로 편안하고 친숙한 느낌을 준다면 그것은 그 자체로 그들에게 당신이 특별한 사람이라는 의미이다. 로맨티스트가 주위 사람들에게 자연스럽게 관심을 기울이는 릴레이션 성향이 높게 나타난다면, 이들은 자신의 느낌을 타인과 잘 공유할 뿐 아니라 비교적 인기가 있는 매력적인 사람으로 부각될 수 있다. 그들의 매력은 정서적 공감과 공유에서 나온다.

로맨티스트는 상당히 감성적이고 순수한 느낌을 준다. 이들은 세상에 대한 두려움과 기대, 걱정이 많다. 행동할 때 주저하며 조심성이 많다. 소심하게 보이지만 완벽주의적인 성향으로 인해 치밀하게 움직이려고 한다. 일에 따라 약간 강박적인 모습을 보이기도 하고, 아주 익숙하거나 완벽하게 확신하는 일이 아니면 쉽게 행동하지 않는다. 라이프스타일에 따라 로맨티스트의 이런 특성은 소극적이거나 위축된 것으로 잘못 해석될 수도 있다.

로맨티스트는 젊은 사람들에게서 쉽게 볼 수 있는 성격 유형으로, 나이가 많은 사람이 로맨티스트라면 비교적 고생을 모르는 공주, 왕자로 자랐을 가능성이 농후하다. 하지만 스스로는 자신이 수많은 역경을 겪었다고 믿기에, 누군가 이렇게 지적하면 마음이 상한 반응을 보일 수도 있다. 그러므로 그 감성에 공감해 주고 인정해 주고 지지해 주는 것이 무엇보다 중요하다. 보통 누군가가 먼저 다가오기를 기대하는 이들에게 는 자기 감정의 표출과 공감이 우선이다.

로맨티스트 성향이 높은 사람들은 다른 사람에게 공감하려 노력하는 듯 보이나 실제로는 자신이 공감받는 것이 더 중요 하다. 왜냐하면 자신의 감정이 타인과 공유될 때 자신이 살아 있다고 느끼고 행복하기 때문이다.

군대 문화의 영향을 많이 받은 한국의 일반 조직 생활에서 로맨티스트는 필연적으로 마음고생을 하게 된다. 조직 내에 서 뭐든 예민하게 받아들이고 불안을 느끼게 되면 가능한 한 자신의 감정을 억제하면서 점점 과제에만 빠져든다. 긴장된 마음이 심해지면 때로 강박적인 행동을 보이기도 한다.

로맨티스트에게 연애나 사랑의 감정은 중요하다. 이들은 세심하고 겸손하지만 의외로 비사교적이기도 하다. 가슴속에 다양한 색깔의 감정들이 끓어오르지만 그것들을 표현하는 데 는 서툴다. 하지만 글로 표현하는 경우, 많은 사람들의 공감을 불러일으키고 감동을 준다. 이들은 자신이 정서적으로 공감 받고 수용되는 관계나 상황을 좋아한다. 또 자신의 감정을 고 려해 주지 않는 사람에게 쉽게 상처받는다. 민감하고 불안정 한 이들의 정서는 보통 10대 사춘기 소녀의 기분과 유사하다.

그래서 역설적이게도 자신의 예민한 성향을 감추기 위해 정해진 규범이나 목표에 매달리는 모습을 보이기도 한다. 또 무작정 밀어붙이는 외골수적인 행동을 하기도 한다.

로맨티스트는 의견을 강하게 피력하지는 않으며 개인주의적인 행동을 선호한다. 특히 자신이 하는 일에서 성과나 결과를 지향하는 고집을 부려, 완벽주의적인 또는 강박적인 행동을 쉽게 보인다. 다만 이런 행동 방식을 타인보다는 자신에게 요구하는 경향이 있는데, 이는 자기 확신을 가지기 위한 노력이다. 성과나 결과를 내야 하는 상황에서 과거 자신의 경험을 강조거나 또는 '네가 해 봤어?'와 같은 엉뚱한 지적을 한다. 이는 자신의 감성을 합리화해 자기주장의 정당성을 확인받으려는 행동이다. 쉽게 경직된 모습을 보이는 로맨티스트기에 설득이나 상호 의사소통이 쉽지 않다. 자신의 감성을 강조하는 모습이 때로는 타인에게 도도하면서도 변덕스럽게 보이기도 한다.

어디까지 포기해야 하나요?

저는 대학 때까지 큰 실패 없이 지냈어요. 그런데 사회에 나가 보니 생각만큼 제가 잘 하는 게 없어 꽤나 당황했습니다. 진로를 이리저리 바꿔 가며 10년쯤 방황했어요. 유학 생활도 했고요. 회사에 취직했다가 이직도 몇 번 했어요. 결국 남은 것은 인생의 좌절이네요. 그래서 건강을 핑계로 5년 정도 집에만 있기도 했어요. 3년 전에 다시 직장생활을 시작했는데 회사에서 사람들과 무난하게 지내는 게 도무지 쉽지가 않아요. 어떻게 해야 할까요?

저는 무척 섬세하고 예민한 남편과 살고 있어요. 그런데 그는 저의 무심함 때문에 힘든 기색입니다. 하지만 제게는 남편에게 맞춰 주기가 결코 쉬운 일이 아니랍니다. 더 노력해서 서로 잘 맞춰 가며 살아야 하는지, 아니면 적당한 선에서 서로에 대해 포기하고 살아야 하는지 알고 싶습니다.

M의 마음 프로파일링

M은 40대 초반으로 직장생활을 하는 여성이다. 그녀는 로맨티스트로서 트러스트의 수준도 거의 비슷했다. M은 로맨티스트의 마음을 뚜렷하게 나타낸다. 사실 M의 심리 상태는 비교적 안정적이다. 정상, 비정상이라고 구분하는 것이 아니라 자신의 문제를 인식하면서 해결하려는 일상의 삶에 충실한 상황이라는 뜻이다.

프로파일상으로 확인할 수 있는 구체적인 마음의 특성은 자신을 표현하고 나타내는 성향인 셀프가 아이디얼리스트 성향에 비해 조금 높게 나타난 것이다. 하지만 릴레이션이 낮은 것으로 보아, 주위 사람들에게 큰 관심을 보이지는 않는다. 자

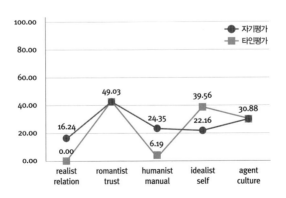

신의 감성에 과도하게 충실한 전형적인 로맨티스트의 성향을 잘 나타내고 있다. M에게 자신의 고민이나 문제라고 하는 것은 바로 로맨티스트의 마음이 일상생활 속에서 부각될 때 겪게 되는 삶의 어려움이다. 자기 평가와 타인 평가 프로파일이 서로 일치하는 경우에는 로맨티스트의 전형적인 행동이나 심리 특성을 아주 뚜렷하게 잘 드러낸다는 의미이다. 그러므로 기본적인 로맨티스트의 마음과 트러스트에 대한 설명이 M이 가진 마음이나 상담 사연의 기본적인 설명이 될 수 있다.

M은 '무척 섬세하고 예민한 남편과 맞추면서 살아야 하는지, 아니면 서로 어느 정도 포기하는 것이 좋은지'를 물었다. 이것은 자신과 거의 비슷한 성향의 남편과 어떻게 맞추며 지낼 수 있는지에 대한 질문이다. 서로 비슷하면 잘 맞출 것이라는 우리의 상식이 틀렸음을 보여 주는 예이다. M의 남편이 로맨티스트 성향을 뚜렷하게 보인다는 것은 상담 사연으로 충분히 알 수 있다. 로맨티스트의 성향을 그대로 이야기하고 있기 때문이다.

M은 현재 자신의 삶에 대해 비교적 만족하고 있지만, 남편과의 관계를 어떻게 해야 하는지에 대해 의문을 가진 수준이다. 일반적으로 주위의 사람들과의 관계에 큰 의미를 두지 않고 뚜

렷한 노력을 하지 않는 라이프스타일인데, 남편에게 맞추어 줄 것인가를 고민하는 것으로 보아 두 사람의 부부 관계는 밀접한 정서적 교류를 중요시하는 상황에 있다고 할 수 있다. 부부 간의 문제를 이야기하고 있지만 현재 이 둘의 관계가 그리 위험한 수준이거나 위기라고는 할 수 없다. 자신의 삶을 아주 만족스러워한다고는 할 수 없지만, 그렇다고 불만이 있는 것도 아니다.

M의 마음 파악과 문제 이해하기

직장생활에서 예민한 로맨티스트 입장에서 주위 사람들과 감성적인 공감을 느끼지 못한다면 일하는 데 어려움을 더 느끼게 된다. 현재 M은 전반적으로 다른 사람들과의 관계에서 어려움을 느끼고 있다. 직장 내에서도 무난하게 지내기가 힘들다는 것은 다른 사람에게 관심을 기울이지 않기 때문이다. 본인은 수줍음이 많고 민감한 정서를 가진 사람이지만, 비교적 높은 셀프로 인해 다른 사람들은 외향적인 사람으로 인식할 가능성이 높다. 이런 상황에서 타인과 잘 지내기 위해서는 주위 사람들에 대한 관심을 기울이려는 노력이 가장 필요하다. 공감을 기대하지 말고 일방적으로 관심을 기울일 필요가 있다.

상담 사연에서는 본인과 유사한 성향인 남편과의 관계가 가장 큰 고민이라는 언급은 이와 유사한 행동 방식이 집에서도 그대로 나타나고 있다는 의미이다. 본인의 무심함 때문에 남편이 힘들다고 했지만 이것은 사실이 아닐 가능성이 높다. 서로 비슷한 로맨티스트 성향의 부부라면, 배우자의 무심함으로 인해 불편해하기보다는, 배우자의 과도한 자기 표현이나 요청이 마치 이기적이고 배려심이 부족한 것처럼 인식되기 쉽다. 이런 경우 정작 두 사람 사이에서 필요한 것은 각자의 활동이나 생활에 대한 인정이다.

본인의 생각처럼 배우자와의 관계에서 정말 필요한 것은 서로 맞추어 주는 것이 아니다. 다르게 행동하는 서로를 인정해 주는 것, 즉 서로 섬세하고 예민하기에 있는 그대로를 인정하고 받아 주는 것이 필요하다. 이것은 결코 맞추어 주는 것과 다르다. 무엇보다 상대방의 행위에 관심을 표현해야지, 자신의 감성에 공감해 주기를 바라는 요청이 되어서는 곤란하다. 상대방이 어떤 행동을 하든 일단 적극적으로 인정하고 수용하는 것이 필요하다. 칭찬은 아니더라도 관심을 보여 주고, 공감해 주는 것을 필요로 한다. M은 자신의 상황이나 감성에 대해 남편이 적극적으로 공감, 공유하기를 기대하면서 정작 배우자의 감성에 대해 공감해 줄 때에는 자신이 맞추어 준다고 생각한다.

M을 위한 코칭

M의 일반적인 감성은 세상에 대한 두려움과 기대, 걱정이다. 이런 감성은 때로 주위 사람들에게 경험 부족이나 미숙함으로 보이기도 한다. 좋은 인간관계에서는 마치 소년, 소녀 같은 순수함으로 보이기도 한다. 소심하여 많은 사람과 함께 있을 때면 상당히 긴장한다. 자신의 경험 부족이나 미숙함을 지나치게 의식한다. 하지만 자신이 하는 일에 있어서는 완벽을 추구한다. 좋은 환경 속에서는 다른 사람들에게 비교적 이성적인 매력이 높은 사람으로 인식된다.

보통 예술적 감각이 있기에 자신의 이런 성향을 잘 발휘하면, 수행하는 일의 특성에 따라 명성을 얻을 수 있다. 이들에게 경제적 안정은 본인의 불안한 감성을 충족시키기 위해서라도 꼭 필요하다. 낯선 상황에 적응하는 일을 보통 이상으로 어려워한다. 하지만 남과 다른 자신만의 감성을 발휘할 수 있기에 예상

치 않은 감각을 잘 드러낸다. 무엇보다 자기만의 성향이나 세계에 대한 강한 고집을 드러내기도 한다.

일을 수행하는 데 있어서 결과 중심적이라 몹시 긴장하는 경향이 있다. 더구나 주위의 환경이 자신에게 부정적이라는 것을 느끼는 경우에는 더욱 성과 지향적이다. 보통 자신의 행동이나 생활에서 자기 확신이 강하다. 주위 사람들의 조언이나 충고는 서로 감성적인 공감이 뚜렷하게 있지 않는 한 받아들이지 않을 가능성이 매우 높다. 자신이 마음에 들지 않는 작업은 옆에서 아무리 좋다고 칭찬을 늘어놓아도 스스로 잘 용납하지 않는다. 이런 이유로 로맨티스트 성향의 사람과의 상담이나 대화에서 가장 필요한 것은 '공감'이다.

만일 로맨티스트 성향이 뚜렷한 사람이라면 하는 일에 대한 숙련도와 환경의 편안함에 따라 그 사람에 대한 평가가 달라진다. 비교적 익숙한 일을 수행하고 있다면 성실하고 유능하다는 평가를 받을 수 있다. 하지만 새로운 일이라면 주저하거나 무기력한 모습을 보이기 쉽다. 정해진 규범이나 틀이 없으면 힘들어한다. 특히 창의성이 요구되거나 모호한 성격의 일을 하게 되면 불안 수준이 더 높아진다. 평소에 비교적 감이 뛰어난 사람으로 인식되기에 이런 경우 오해를 야기하기도 한다.

06

휴머니스트
혼자 있기 싫어요

리얼리스트의 성향을 가진 K가 이상적으로 생각하는 성격은 '휴머니스트'였다. 심지어 자신이 스스로 휴머니스트의 마음으로 사람들과 관계를 맺고 있다고 생각했다. 기업의 인사 담당자로 일하면서 업무를 더 잘 수행하기 위해 많은 사람들과 좋은 관계를 자연스럽게 맺는 휴머니스트의 성향을 동경했던 것이다. 그런데 정말 휴머니스트는 쉽게 인간관계에서 달인이 될 수 있을까? 분명 공자가 말하는 '군자'의 모습이나 '인(仁)'은 리얼리스트가 잘 보이는 핵심 특성이다. 그런 리얼리스트가 휴머니스트의 성향을 동경하는 이유가 무엇일까?

동양에서 삶의 문제에 대한 정답으로 여겨지는 말이 있다.

바로 '인화(人和)'이다. '인간(人間)'은 서로 조화롭게 화(和)해야 한다는 말이다. 서양의 개념 중 가장 조화로운 인간관계를 나타내는 것이 바로 '휴머니스트'이다. 사람들 사이의 관계를 아는 것, 또는 한자가 뜻하는 '인간'이라는 단어가 가진 의미는 모두 휴머니스트에 대해 잘 알려 준다.

도대체 휴머니스트의 마음이란 무엇이고, 이것이 한 사람의 성격으로 어떻게 나타날까? 왜 리얼리스트인 K는 자신의 성향을 있는 그대로 인식하지 않고, 휴머니스트의 성향을 가장 이상적이라고 생각하게 되었을까? 성공한 휴머니스트의 모습은 어떤 것일까? 〈비정상회담〉과 같은 인기 프로그램의 MC이자 프리랜서 선언 후 연예인으로서도 성공을 거둔 전현무는 이런 질문에 대한 답을 분명히 보여 주는 사람이다.

엄친아 전현무가 휴머니스트라고?

휴머니스트의 대표적 인물인 전현무는 개그맨도 웃게 만드는 '아나테이너(아나운서와 엔터테이너의 합성어)'이다. 그는 웬만한 연예인을 뛰어넘는 끼와 재능이 있는 팔방미인이다. 일단 그는 대한민국의 최고 엘리트 코스를 모두 거쳤다. 그리고 언론 고시라고 불릴 정도로 어려운 언론사 입사 시험에서 기자나 아나운서로 여러 군데 합격했다. 이런 전설 같은 이야기를 고려해 본다면, 그는 상당한 실력이 있는 사람이다. 심지어 언론 고시 중에서도 가장 힘들다는 〈조선일보〉 기자 시험을 통과했지만 일주일 만에 그만두었다고 한다.

YTN에도 합격했지만 아나운서라면 모두들 원하는 뉴스 진행을 하기 싫어 그만두고, 3년의 재수 끝에 공중파 방송사인 KBS에 입성해 아나운서가 되었다. 그는 KBS에서도 뉴스 진행자 자리를 거부했다고 한다. 그리고 결국 예능 전문 MC를 하겠다면서 프리랜서를 선언했다.

방송계에서 전현무의 이력은 많은 사람들의 부러움과 질시의 대상이 될 만하다. 어느 언론사든 들어갈 수만 있다면 소원 성취한 것이라 생각하는 언론사 준비생들에게 아마 전현무는 거의 경이적인 존재일지도 모른다. 이런 이유 때문인지 일반인들에게 전현무에 대한 이미지를 탐색했을 때, 업무적으로 멘토로 삼으면 참 좋을 것 같은 사람이라는 평가도 있었다. 하지만 전반적으로 그는 비호감의 이미지이다. 무엇보다 '도무지 왜 뜨는지 모르겠다' 또는 '출세주의자'나 '가부장적'일 뿐 아니라 열등감까지 보인다는 평도 있었다. 노력하는 그의 모습이 마치 열등감을 극복하기 위한 몸부림처럼 보인다는 것이다. 다양한 방송에서 열심히 뛰는 그의 모습이 마치 자본주의 사회의 성과주의 환경에 물든 모습이라는 평가까지 있었다. 춤 잘 추고 끼 많고 일 욕심 많으면서 자기계발에도 충실한 영리하고 똑똑한 사람이지만, 효율만을 따지고 목표 지향적으로 판단할 것 같다는 인상을 언급했다. 이런 전현무가 휴머니스트라고? 이상하게 느껴질 수 있을 것이다.

휴머니스트는 사람들과 어울리는 것을 좋아하고 사교적이며 활달하고 흥도 많다. 한마디로 성격 좋다는 이야기를 듣는다. 또한 순발력이 뛰어나 자신을 잘 표현한다. 그와 동시에 휴머니스트는 권위와 위계질서를 중요하게 생각하고, 자신의 감정은 잘 표현하는 반면에 다른 사람의 감정은 잘 파악하지 못하는 둔함도 있다. 또한 덜렁대고 꼼꼼하지 못하며 계획성이 없고 치밀하지도 않다. 방송에서는 전현무의 휴머니스트로서의 장점보다는 단점이 더 부각되고 있다고 하겠다. 전현무는 휴머니스트의 특성이 제대로 발현되지 못할 때 사람들에게 어떤 부정적 인상을 주는지 알아볼 수 있는 예가 된다.

현재는 외모도 많이 가꾸고 소속사에서 스케줄 관리를 해

쥐서 괜찮아졌지만, 예전 KBS 아나운서 초기 시절 충격적인 영상 증거들에서는 그의 휴머니스트다운 덜렁이의 모습을 적나라하게 볼 수 있다.

그는 원래 세세한 것에 신경 쓸 줄 모르는 휴머니스트이다. 그가 KBS 대구 방송에서 아침 뉴스를 진행하던 시절, 늦잠을 자는 바람에 아침 뉴스에 지각을 한 적이 있다. 그때 방금 일어난 듯 부스스한 모습으로 뉴스를 진행해서 방송국으로 '수재민이 방송하냐'는 항의 전화까지 왔다고 한다. 또 하나의 충격적인 과거 영상이 있다. 얼굴의 수염 자국을 커버하려고 수염 자국이 있는 곳에만 비비크림을 덕지덕지 바르고 방송에 나와서 그 부분만 허옇게 보이는 '웃픈' 모습을 아무렇지도 않게 보여 준 것이다. 이런 행동은 무신경한 휴머니스트만이 할 수 있다.

밉상 전현무

전현무가 처음으로 예능에 발을 들여놓은 것은 KBS의 〈스타 골든벨〉이라는 프로그램을 통해서다. 본인이 직접 밝혔듯, 처음에 그는 진행의 흐름을 툭툭 끊고 분위기를 얼어붙게 만드는 데에다 밉상스러운 질문만 해서 가을 개편 때 잘릴 위기였다고 한다. 이 위기를 탈출하기 위해 전현무는 담당 PD에게 소개팅을 해 주고 결혼까지 이르게 하는 놀라운 사회성을 발휘한다. 결국 담당 PD는 전현무를 자르지 못하고 안고 가게 되었다.

그 후에 PD는 아예 '전현무의 밉상 질문' 코너를 만들어서, 밉상 캐릭터를 재미로 승화시켰다. 덕분에 전현무는 '밉상'이라는 확실한 캐릭터를 얻게 된다. 이처럼 휴머니스트는 일하면서 생기는 문제를 인간관계를 통해 해결하려고 한다. 물론 실력도 키우고, 다른 해결 방법을 찾기도 하지만 다른 유형의 사람들은 생각지도 않는 방법, 즉 인간관계를 이용하는 방법을 찾아낸다.

휴머니스트는 어느 집단에 끼더라도 분위기를 북돋아 즐겁게 해 주고, 밝고 긍정적인 성격 때문에 쉽게 사람들의 호감을 얻는다. 또한 낯을 가리지 않고 사람을 좋아해서 누구에게나 쉽게 다가가고, 만난 지 5분만 지나면 마치 10년을 알고 지낸 사람처럼 친숙함을 느끼게 만든다. 휴머니스트는 이렇게 매력적인 유형이지만, 그 단점만 두드러지게 행동할 때에는 밉상 캐릭터가 되고 만다.

휴머니스트는 자신의 감정을 표현하는 데는 능하나, 다른 사람의 기분을 알아차리는 데는 둔하다. 그래서 전현무가 웃자고 한 말이 다른 사람의 기분을 상하게 해서 종종 물의를 일으키기도 한다. 전현무는 지난 연말 시상식에서 여러 번 잘못된 발언이나 질문을 해서 상대방을 당황스럽게 했을 뿐 아니라 여론의 뭇매를 많이 맞았다. 비난이 쏟아지자 그는 곧바로 사과의 메시지를 남기고 사태를 수습하기를 반복했다. 그러면 왜 전현무는 이렇게 사과를 해야만 하는 영양가 없는 행동을 반복할까?

휴머니스트는 권위를 중요하게 생각한다. 휴머니스트에게는 나이라든가, 선후배라든가, 입사 기수라든가 하는 것들이 대인관계에서 중요하다. 전현무는 군대도 다녀오고 대학을 졸업한 뒤 2~3년이 지나서 KBS에 입사했기 때문에 선배들 중에는 전현무보다 나이가 어린 사람들이 있었다. 아나운서실에서는 무조건 입사 기수에 따라 선후배를 나누고, 나이가 더 많아도 후배는 선배에게 존댓말을 하는 불문율이 있다. 그런데 전현무는 자신이 나이가 더 많다는 생각을 버리지 못하고, 기수로는 선배지만 나이는 자신보다 어린 아나운서들에게 존대도 아니고 반말도 아닌, 끝을 흐리는 말투로 대했다고 한다. 이런 경우 전현무는 자신이 유리한, 자신에게 더 많은 권위가 주어지는 기준에 충실했다고 할 수 있다. 아마도 나이가 많은 선배에게는 이렇게 행동하지 않았을 것이다.

휴머니스트는 다른 사람의 감정에 조금 무딘 편이다. 특히 전현무는 타인의 감정보다는 자신이 튀는 것에 초점을 두다 보니, 정작 MC로서 프로페셔널하게 제 역할을 수행하기보다 그냥 독특한 연예인의 모습만을 보여 준다. 무엇보다 방송에서는 웃겨야 한다는 데에만 신경을 쓰는 모습이 두드러진다. 전현무가 다른 사람의 감정이나 반응에 무디다는 것을 보여 준 예로 미국 배우인 로건 레먼과의 인터뷰를 들 수 있다.

전현무는 이 인터뷰 영상이 유튜브에 올라가서 유명해졌다고 자랑한 적이 있다. 하지만 로건 레먼의 입장에서는 다르게 생각했을 가능성이 크다. 인터뷰에서 로건 레먼이 자신을 수줍음이 많은 사람이라고 말했음에도 불구하고 전현무는 계속 "Oh, my shy boy"를 연발한다. 그리고 시크릿의 노래를 불러 주면서 수줍어하고 당황하는 로건 레먼에게 그 노래를 따라 하도록 시키기까지 한다. 웃으면서 인터뷰를 마치기는 했지만 어쩌면 로건 레먼에게 그 인터뷰는 자신을 제대로 보여 주지 못한 최악의 인터뷰였을지도 모른다.

인터뷰에서 기자나 리포터는 인터뷰 대상을 부각시키고 그의 이야기를 들어야 한다. 자신이 튀기 위해, 또 남들과 다른 자신을 부각시키기 위해, 인터뷰 자리가 활용되었다면 리포터가 제 역할을 잘 수행했다고 할 수 없을 것이다.

현재 프리랜서 선언을 한 아나운서 중 전현무는 출연하는 프로그램 수입 면에서 톱 수준이라 볼 수 있다. 하지만 '나도 전현무처럼 되고 싶다'라고 생각하는 사람은 별로 없어 보인다.

전현무는 튀어야 한다, 웃겨야 한다는 강박적인 생각을 버리고, 본인의 타고난 장점인 친숙함, 순발력, 의리 같은 성향을 잘 발현하는 것이 자신의 휴머니스트 성향을 기초로 전문 MC의 능력을 부각시키는 길이 될 것이다. 만약 그렇게 된다면 그는 현재보다 더 많은 수입을 올릴 뿐 아니라, 대중에게 더 사랑받는 전문 MC가 될 수 있을 것이다.

휴머니스트의 정체 · 조직과 형식이 곧 마음

휴머니스트는 사람들과의 관계를 잘 유지하면서 그들에게서 에너지를 얻는다. 휴머니스트는 타인에게 관심이 많고 자신의 감정을 잘 표현한다. 긍정적이고 다른 사람들에게 잘 공감하는 편이다. 주로 사교적이고 성격 좋다는 소리, 친구가 많다는 소리를 듣는다. 낙천적이고 개방적이어서 주변에 늘 사람이 꼬이고, 인적 네트워크 형성에 재능이 탁월하다. 특히 일할 때 자신을 표현하는 능력과 순발력이 뛰어나다. 사람들의 호감을 쉽게 사고, 카리스마를 발휘해서 아랫사람들에게 보스로 대우받기도 한다.

휴머니스트는 조직에서 활동하면 높은 사회성과 대인관계로 주변 사람들에게 좋은 인상을 주기 쉽다. 낮은 직급에서는 뚜렷하게 능력을 발휘하는 것처럼 보이지 않지만, 위치가 높아지면 "나를 따르라!" 식의 리더십을 발휘하는 것처럼 보인다. 휴머니스트는 기본적으로 조직 안에서 자신의 존재감을 확인받고 싶어 하는 욕망을 지니고 있다.

이것은 대부분의 인간들이 기본적으로 가진 욕망 같지만, 휴머니스트의 경우 인간관계를 통해 자신의 존재감을 확인하는 것이 무엇보다 중요하다. 이들이 비교적 조직 내에서 편하게 생활할 수 있는 것은 인간관계에서의 위계 질서에 대한 인식이 비교적 강하기 때문이다.

휴머니스트는 다양한 인간관계를 맺으면서 다양한 이벤트를 잘 벌인다. 따라서 동창회, 동호회, 모임 등의 각종 사교 활동을 즐기는 것처럼 보인다. 다른 사람들과 감정이든 선물이든 무엇인가를 잘 주고받는다. 다만 이것이 삶에서 어떤 성과를 만들어 내는지는 의문이다. 장기적으로 뚜렷한 목표 지향적 행동을 잘하는 것은 아니다. 치밀하게 일을 꾸미고 진행하는 것을 어려워한다.

휴머니스트의 경우에는 관계 자체를 중요시하기에, 이해관계가 있는 만남보다는 사람들과 자연스럽게 만나게 되는 상황을 더 편하게 여긴다. 이런 이유 때문인지, 비교적 남들에게 번듯하게 보이기를 원한다. 자신이 만든 타인과의 관계에서 안 좋은 기억은 빨리 잊어버리는 편이다. 하지만 위계 관계에서 생겨난 불미스러운 행위나 자신에 대해 불편한 행동을 한 사람에 대한 기억을 비교적 오래 간직하는 편이다. 친숙한 사람이나 가족적인 것과 같은 끈끈한 인간관계에 많은 의미를 부여한다.

휴머니스트는 인간관계에서 사교적이다. 다른 사람들에게 관심이 많고 자신의 감정도 잘 표현해서 다른 사람과 공유하는 능력이 아주 높다. 상대방의 감성에 대해 잘 수용하려 하며 쉽게 공유한다. 그렇다고 이것이 감성의 공유는 결코 아니다. 휴머니스트의 입장에서 관계를 잘 맺는다는 뜻이다. 이런 이유로 휴머니스트는 처음에는 로맨티스트와 쉽게 관계를 맺고 공감한다는 인상을 주기가 쉽다.

휴머니스트는 절망스러운 상황에 처했을 때 평소와는 다른 완전히 비사교적인 캐릭터로 변신하기도 한다. 바로 '고시촌 좀비'의 모습이다. 이런 성향은 고시촌에서 시험공부에만 몰두하는 자폐적인 성향을 뚜렷하게 나타낸다. 사회 관계에서 후퇴한 모습이다. 고시촌 좀비에서 다시 '오지라퍼'로 변하는 휴머니스트의 변신은 때로 인생 스토리로 드러나기도 한다. 휴머니스트는 사람들과의 관계를 어떻게 맺고 있는지를 보면 에너지가 고갈되었는지 아닌지를 구분할 수 있다.

• • • 상담 사연

예전의 저로 돌아가고 싶어요

어떻게 하면 제가 예전처럼 자신감 넘치고 밝아질 수 있을까요? 무엇이든 열심히 하면서 살았는데, 취업을 준비하면서 갑자기 머리가 복잡해졌습니다. 사람들을 만나는 게 즐겁고 좋지만, 4학년으로 복학한 후 자신을 제대로 챙기지도 못 하면 안 된다는 생각에 사람들과 만남을 끊고 학업에 열중했습니다. 그리고 시작된 하반기 공채. 취업이 뭔지도 모르고 앞만 보고 달려온 제가 너무도 한심하게 느껴졌습니다.

취업 준비를 위해 자기소개서를 쓰는 것, 나를 표현하는 것이 저에게 너무나 높은 담입니다. 자기소개서 첨삭 교육을 받으러 가도 맨날 못한다는 소리만 듣고···. 역시나 서류 심사에서 모두 불합격이었습니다. 그동안 노력하면 못 이룰 것이 없다고 믿었는데··· 이렇게까지 계속된 실패를 겪은 적은 처음입니다. 잘해 내고 싶은데 그게 뜻대로 안 되니까 너무 답답합니다. 시간은 자꾸만 흘러가 졸업은 다가오고 취업은 해야 하는 상황이라서 압박감이 더욱 심해집니다. 머리로는 그러지 말아야지 하는데, 저도 모르게 별거 아닌 일에 예민하게 반응하게 되더라고요. 천천히 취업해도 되니까 마음의 부담을 내려놓자고 계속 생각하며 마음을 다독이려 해도 그게 잘 되지 않습니다.

저한테 빨리 취업하라고 압박을 주는 사람도 없는데, 제 스스로가 취업 준비생 백수가 되어 있는 지금의 현실을 받아들이기가 쉽지 않습니다. 그동안 뭐 하고 살았나 싶으면서 자꾸 다른 사람과 제가 비교되어 스스로 자책하게 되고, 갈수록 자존감이 낮아집니다. 그리고 "항상 에너지 넘치고 밝고 똑 부러지는 애니까 당연히 취업 잘할 거야"라는 말이 오히려 부담이 됩니다.

겉으로 그래 보일 뿐, 사실 저는 못하는 것도 많고 '허당'인 부분도 꽤 있거든요. 예전에는 엄청 활기 넘치고 사람 만나는 게 정말 좋았는데, 지금은 사람 만나는 것이 피곤하기만 합니다. 과거의 저와 현재의 저를 비교하다 보면 그 괴리감 때문에 또 괴롭습니다. 이렇게 변한 제 모습에 저 스스로도 적응이 안 될 지경입니다.

얼마 전 유럽 여행을 한 달간 다녀왔습니다. 예전 성격 같으면 인터넷을 열심히 뒤져서 잘 곳, 먹을 곳, 둘러볼 곳의 위치 등 완벽한 계획을 세웠을 텐데, 이젠 그런 열정도 안 생기고 몸도 안 따라 주고 해서 결국 정보를 찾아 머릿속에만 두고 행동으로 옮기지를 못했습니다. 결국 여행 가서 엄청 고생만 하고 돌아왔습니다.

연애도 마찬가지입니다. 사람 만나는 걸 워낙 좋아해서 주변에 친구들이 많았습니다. 남자 친구보다 친구들이 더 중요했고, 자유로운 걸 좋아해서 남자 친구가 구속하면 싸우기도 했습니다. 그런데 지금은 남자 친구가 더 중요하고, 시간이 나도 남자 친구만 만나고, 자유로움이 그리 매력적이지 않습니다. 많은 사람들 앞에서 자신감 넘치게 자기소개를 하는 멋진 신입사원이 되고 싶은데 자꾸만 위축되고 긴장하게 되는 제가 답답하네요. 어떻게 하면 제가 예전으로 돌아갈 수 있을까요?

H의 마음 프로파일링

자신을 취업 준비생으로 소개한 20대 중반 여성 H의 사연이다. 대학 생활도 활기차고 즐겁게 한 젊은이가 취업의 문턱에서 자신감을 잃고 방황하는 모습을 잘 보여 준다. H가 이런 마음의 아픔을 호소하는 것은 요즘 그렇게도 치열하고 힘들다는 청년 구직의 문제 때문일까, 아니면 자신을 제대로 알지 못해 엉뚱한 일로 시간을 보냈다는 후회 때문일까? 그것도 아니면 '노력'이 부족했기 때문일까? 이런 상담 사연을 보낸 젊은이의 마음은 무엇이고, 왜 이런 사연을 보냈을까? 만일 이 젊은이가 금수저를 물고 태어났더라면 이런 어려움을 겪지 않

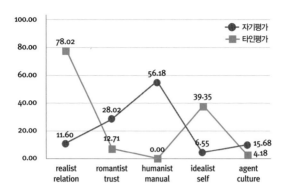

았을까? 그렇지 않을 것이다.

　다행히 사연을 보내 준 H는 자신의 문제를 여성 차별이나 사회 구조, 또는 이 사회에서의 빈부 불평등 탓으로 돌리지는 않았다. 적어도 자신이 바라는 모습을 표현하면서, 어떻게 하면 예전의 자신으로 돌아갈 수 있을지를 물었다. 현재 H의 심리 상태는 프로파일에 그대로 잘 드러나 있다. 적어도 자신의 문제를 치열하게 직면하고 알려는 마음이 있기에, H의 문제에 대한 해법을 찾는 것은 그리 어렵지 않을 것이다.

　H는 전형적인 휴머니스트의 성향을 보이고 있다. 이런 유형은 대학 졸업을 앞둔 여학생들에게서 많이 나타난다. 이들

은 비교적 높은 사교성과 사회성을 보이면서 적극적으로 자신의 삶을 살아가려 한다. 하지만 정작 자신이 무엇을 잘할 수 있는지, 또는 무엇에 매진해야 하는지에 대한 생각은 분명하지 않다. 단지 열심히 다양한 사람들을 만나서 다양한 이야기를 듣고, 또 그들과의 관계 속에서 다양한 경험을 쌓게 된다면 무엇인가 할 수 있게 될 것이라는 믿음으로 산다.

휴머니스트 성향이 뚜렷한 H는 릴레이션이 아주 뚜렷하게 높고 상대적으로 셀프도 높게 나타났다. 이런 성향의 사람들은 현재 아주 분주하게 자신이 해야 하는 것을 찾고 있을 뿐 아니라, 이런 탐색을 타인과의 관계 속에서도 이루려고 한다. 사실 휴머니스트 성향의 사람이 높은 릴레이션의 특성을 보인다는 사실은 스스로 자신이 남들에게 보여 줄 만한 자격이나 조건을 갖추지 못한 상태일 가능성이 높음을 의미한다. 쓸데없이 다양한 일에 집적거리며, 많은 사람을 만나느라 상대적으로 분주하다 보니, 누구에게나 보여 줄 수 있는 자기만의 필살기를 가지지 못한 상태라는 말이다. 이런 상황에서 누군가의 관심을 끌어 독특한 자신의 정체성을 인정받기란 쉽지 않다. 특히 조직 속에서 자연스럽게 자신의 존재와 능력을 인정받을 수는 있지만, 뚜렷한 자신의 정체성을 부각시키기는 어렵다. 이런 이유 때문에 관계가 높은 휴머니스트는 역설적으로 조직에 들어가는 것이 가장 큰 난관이다.

H가 자신의 고민이나 문제라고 말하는 것은 바로 휴머니스트의 마음이 일상생활 속에서 부각될 때 겪게 되는 삶의 어려움이다. 그리고 현재 H의 자기 평가와 타인 평가 프로파일이 서로 일치하지 않는다는 것은 자신의 기본적인 마음이 생활 속에서 자연스럽게 나타나지 않는다는 것을 의미한다. 타인에 대한 과도한 관심이나 관계 지향적인 성향은 휴머니스트가 가장 쉽게 보이는 행동이다. 이것은 즉각적인 욕구를 충족시켜 주지만, 이것에 과도하게 마음이 쏠리는 경우 정작 자신의 캐릭터를 뚜렷하게 만들기 힘들어진다.

현재의 마음은 분주하나 실속은 없는 상태여서 에너지 낭비가 많다. 낮은 매뉴얼과 비교적 높은 셀프는 서로 역설적인 결과를 만들어 낸다. 현재 높은 셀프는 마치 뚜렷한 자기주장이 있는 사람처럼 보이게 한다. 하지만 이것이 낮은 매뉴얼과 결합되면 특정 분야에서 뚜렷한 열정이나 스킬 등의 내공은 없다는 것을 알려 줄 뿐이다. 마음속으로 '그것은 이래서 안 되고, 저것은 저래서 안 되고' 하면서 까다로운 기준들을 자신에게 적용한다. 하지만 타인이 이 사람을 판단할 때에는 조직에서 참 잘 지내고 사회성이 좋은 사람인 듯한데, 정작 어떤 능력이나 스킬을 보여 줄 수 있을지 의문을 가지게 된다.

예를 들어 면접 인터뷰에서 "어떤 분야에서 일하고 싶어요?"라는 질문을 받으면, "어떤 일이든 시켜만 주십시오. 열심히 잘할 수 있습니다"라고 응답하는 것과 같다. 특별히 어떤 영역이나 분야에서 일하고 싶다고 응답하는 경우 "왜 그 분야에 관심을 가지게 되었나요?"라고 질문하면, 그것에 대한 자신만의 의미 있는 대답을 만들어 내기를 어려워한다. 그저 일반적이고 평범한, 아니 통념적인 이야기를 할 가능성이 높다. H의 프로파일은 휴머니스트의 마음을 드러내고 있지만, 현재 휴머니스트 성향이 제대로 현실에서 자연스럽게 드러나지 않은 상태임을 또한 보여 준다.

H는 현재 계속되는 취업 실패로 좀비와 같은 상태에 빠져 있다. 그러나 다른 사람들이 보기에 의욕이 아예 없는 것은 아닌 것 같다. 취업 실패의 상황에서도 한 달간 유럽 여행을 다녀왔다는 것이 그 증거다. 하지만 이러한 모습은 열심히 생활하는 대학생처럼 보이지만, 실제로는 휴머니스트가 보이는 좀비 상태를 상징적으로 보여 주는 행동에 불과하다. 스스로 자신이 무엇인가를 할 수 있다고 막연하게 생각하지만 막상

그것이 무엇인지는 정확히 모르기에 자신이 처한 상황을 회피하고 싶은 마음에서 나온 행동이다.

휴머니스트의 경우 조직이나 상황이 자신에게 미션을 맡겨야 일을 하게 되기 쉽다. 처음부터 혼자서 맨땅에 헤딩하는 마음으로 미지의 세계를 개척하는 것은 휴머니스트에게는 잘 일어나지 않는다. 물론 친구 따라 강남 가는 상황에서 어떤 일에 참여할 수는 있다.

H의 마음 파악과 문제 이해하기

휴머니스트에게 사람들을 만나는 행동은 에너지를 얻는 중요한 원천이다. H는 취업을 준비하는 답답한 상황에서 자신의 기본 특성을 뚜렷하게 드러내고 있다. 그것은 바로 관계 성향을 높이는 형태로 사람을 많이 만나는 것이다. 그리고 형편이 여의치 않을 때에도 현실에서 벗어나고자 하는 마음으로 여행을 떠난다. 하지만 이런 활동들이 정작 자신이 지향하는 바를 뚜렷이 하는 것이 아니기에 아무런 성과도 없이 계속 에너지를 써 버리고 마는 결과로 이어진다.

사람들을 만나되 자신이 지향하고 꿈꾸는 목표와 관련된 사람들을 집중적으로 만나는 것이 필요하다. 높은 릴레이션이 의미하는 것처럼 오지랖 넓게 많은 사람을 안다고 해서 도움이 되지는 않는다. 무엇보다 자신이 하려고 하는 일이나 영역에서 일하는 사람들을 전략적으로 만날 필요가 있다. 그리고 그것과 관련된 다양한 정보를 수집하고 새로운 인맥을 찾아내야 할 것이다.

휴머니스트는 인간관계가 끊어지게 되면 고시촌 좀비 상태로 들어간다. 여행은 이런 측면에서 휴머니스트가 잘 선택하는 일종의 도피이자 회피 행동이다. 현재 직면한 문제를 해결하는 데에는 도움이 되지 않는다. 무엇보다 다른 사람들이 H라고 하면 딱 연상할 수 있는 자신의 특색이나 필살기를 어떻게 확보할 것인가를 고민해야 한다.

사실 H는 취업의 목표를 '나를 받아 주는 곳이라면 어디든 가겠다'라고 바꾼다면 금방 취직할 수 있다. 성격이 무난하게 보여 뭘 시켜도 그냥 잘할 것 같은 느낌을 주기 때문이다. 하지만 남들처럼, 아니 남들보다 더 번듯하고 멋있는 곳에 취업을 해야 하겠다고 생각한다면 무난한 성향이 취약점이 될 수 있다. 취업 면접과 같은 상황에서는 그 사람만의 장점을 잘 드러내기 힘들기 때문이다. 그러므로 취업을 초조하게 생각하기보다는 자신이 가장 원하는 곳을 정하고 그곳에 대해 집중적으로 공략하는 방식으로 취업의 문제를 해결하려고 해야 한다.

H를 위한 코칭

휴머니스트 성향의 사람들은 다른 사람들과의 관계 속에서 에너지를 얻을 뿐 아니라, 자신의 마음도 사람들과의 관계 속에서 뚜렷하게 확인할 수 있다.

사람들 속에서 존재감을 느끼는 휴머니스트는 다른 사람들에게 관심이 많다. 인간관계를 중심으로 자신을 살펴보려 하니, 도덕적 규범을 중시한다. 이런 경우 도덕적 규범은 보통 사회적 인습이거나 통념에 기초한 효도나 의리, 충성 등의 개념이다.

따라서 인간관계에서 가능한 한 예의범절을 지키려 하고, 이런 기준으로 쉽게 타인을 평가한다. 보통 주위 사람들에게 인간관계가 좋다, 사회성이 좋다는 이야기도 많이 듣는다.

많은 사람들과 어울리는 것에 신경을 쓰느라 정작 일 자체

에 대한 성과를 거두지 못할 때가 있다. 정교함이 요구되는 일을 맡으면 어려워한다. 추진력이 있어 보이지만, 덜렁대는 모습으로 인해 꼼꼼하지 못하다는 인상을 주기 쉽다. 이뿐 아니라 기본적으로 일 자체보다 인간관계에 치중한다. 따라서 혼자 하는 일의 경우 성과를 내기가 힘들다.

사람들과 잘 어울리고 자신의 감정을 쉽게 표현한다. 인간관계의 달인처럼 보이지만 정작 사람들의 섬세하고 복잡 미묘한 감정을 파악하는 데는 서툴다. 타인에 대한 관심은 많지만 눈에 보이지 않는 심리 등에는 별 관심이 없다. 종종 남들이 다 알고 있는 것을 혼자만 모를 때도 있다.

그리고 나이가 들거나 높은 지위에 오르게 되면, 본인의 인식과는 달리 권위주의적인 성향을 보인다. 왜냐하면 남들 앞에서 자신의 위신이나 체면이 떨어지는 것에 민감하기 때문이다.

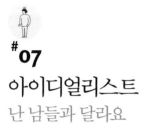

[#]**07**

아이디얼리스트
난 남들과 달라요

요즘은 연예인들이 사회 문제에 직접 참여하는 일을 심심치 않게 볼 수 있다. 기부 천사라는 이름을 얻은 가수도 있고, 독도 지키기나 동물 애호 활동에 참여하기도 한다. 하지만 정치적인 이슈에 대해 자신의 목소리를 뚜렷하게 내는 인기 연예인을 발견하기란 쉽지 않다. 거의 찾아볼 수 없다고 해도 과언이 아니다.

왜냐하면 현재 대한민국은 정치에 대해 자신의 뚜렷한 목소리를 내면 좌우의 이념적 색채를 덧입히려는 사회이므로 이런 행동은 연예인에게는 거의 자살 행위에 가깝기 때문이다. 정치인과 비슷하게 대중의 관심과 인기로 먹고사는 연예인이지만, 이런 이유로 정작 가장 비정치적인 모습을 유지하려고 한다. 이런 부분에서 대다수의 연예인과 뚜렷하게 차별성을 가진 사람이 바로 김제동이다.

2015년 11월 어느 날 흰 소복을 입은 아줌마 한 무리가 서울 목동 SBS 사옥 앞에서 시위를 벌였다. '엄마 부대 봉사단'이라는 이름을 가진 모임을 이끄는 이 사람들은 "김제동을 〈힐링캠프〉에서 퇴출하라"고 요구했다. 〈힐링캠프〉에 출연하는 김제동이 역사 교과서 국정화 반대 입장을 공개적으로 드러냈기 때문이다. 김제동은 당시 황교안 국무총리가 발표한 역사 교과서 국정화 대국민 담화문에 대해 '역사는 시대를 살아가는 사람들의 마음입니다. 마음까지 국정화하시겠습니까? 쉽지 않을 것입니다'라는 글을 SNS에 올렸다.

엄마 부대 봉사단은 "김제동이 그전부터 국가 정책마다 앞장서서 반대를 했다"며 "이런 불순 세력들 때문에 대한민국의 정의가 병들어 죽고, 희망이 없어 상복을 입었다"라고 주장했다. 자신의 생각을 표현하는 것으로 정치 테러에 가까운 봉변을 당하는 나라에서 꿋꿋이 자신의 마음을 있는 그대로 알리려는 김제동은 분명 아이디얼리스트의 마음을 가진 사람이다.

이야기꾼 김제동

'김제동'이라고 하면 진보적인 생각을 가진 연예인이라는 인식도 있지만, 인간적이고 따뜻한 사람이라는 이미지도 강하다. 특히 인성적으로 멘토가 되면 좋을 것 같은 사람, 그러면서도 인간적 번뇌와 고민이 많은 사람이라는 인상을 준다. 그런 그가 힐링과 웃음으로 승화된 모습을 보인다는 것이 그가지닌 역설적 이미지이다.

예민해 보이지만 심성이 따뜻하고, 그래서 피해를 더 받는다. 인기가 많은 연예인으로서 자기 관리도 잘한다. 말발이 좋으면서 그 밑바탕에는 사람에 대한 기본 예의를 갖추었다는 인상까지 준다. 무엇보다 자기가 옳다고 생각하는 일에 몰두하고 다른 사람의 눈치를 보지 않으며 자신의 소신을 굽히지 않는 사람이라는 이미지가 그를 아이디얼리스트라고 생각하게 만든다.

김제동은 그 어떤 MC보다도 입담이 뛰어나다. 말을 참 맛깔나게 잘하고 재치 있고 재미있게 자신의 경험이나 타인의 이야기를 풀어낸다. 대부분 개그맨이나 아나운서 출신인 다른 MC들과 비교해 김제동의 이력은 색다르다. 그는 대구의 여러 행사장에서 진행을 하다가 윤도현의 콘서트에서 보조 사회를 본 인연으로 〈윤도현의 러브레터〉라는 프로그램에 보조 MC를 맡으면서 연예계에 데뷔했다. 개그나 연기력, 가창력 같은 능력이 아니라 순전히 '말 잘하는 능력'으로 연예인이 된 것이다.

그가 '말 잘하는 능력'만으로 차별화되고, 여러 명이 출연해서 서로 이야기를 나누는 〈야심만만〉 같은 토크쇼에서 주목을 받고 뜰 수 있었던 이유는 바로 그의 아이디얼리스트 성향이 잘 드러났기 때문이다. 아이디얼리스트는 무엇을 하든, 어떤 글을 읽든 자기만의 의미를 부여하려고 애쓰고, 그 의미를 찾을 때 그것을 좋아한다. 이와 같은 성향의 김제동은 시청자에게 재치 있는 입담을 통한 재미를 넘어서서 '뭔가 의미가 있다'는 인상을 주었다. 그리고 김제동이 〈야심만만〉에 출연했을 당시에 했던 주옥 같은 말들은 '김제동 어록'이라는 이름으로 지금도 여전히 인터넷에 돌아다닌다.

"네 잎 클로버의 꽃말은 행운이죠. 우리는 네 잎 클로버를 따기 위해 수많은 세 잎 클로버를 짓밟고 있어요. 세 잎 클로버의 꽃말이 무엇인지 아십니까. 행복이랍니다. 우리는 수많은 행복 속에서 행운만 찾고 있는 것은 아닐까요."

"사랑은 '그렇기 때문에'가 아니라 '그럼에도 불구하고'입니다."

"모든 것을 다 해 주겠다는 남자에게는 아무것도 기대하지 않는 게 좋습니다."

"인생은 우표처럼 살아야 됩니다. 딱 붙어서 목적지까지 가야 되니까요."

이처럼 김제동의 어록은 김제동 자신의 경험과 독서의 내공이 그의 생각을 통해 숙성되어 나온 것이다. 남이 적어 준 대로 읽어서는 절대로 나올 수 없는, 자신만의 이야기인 것이다. 김제동은 세상에 대해 이해한 것을 상황에 잘 맞게 드러내었다고 할 수 있다. 즉, 김제동의 아이디얼리스트 성향이 잘 발현되어 시청자와 잘 소통했기 때문에, 그가 이야기꾼으로 뜰 수 있었던 것이다.

김제동은 독서를 좋아한다고 알려져 있다. 신문을 읽어도 줄을 긋고 메모를 하면서 읽고, 하다못해 고속도로 휴게소 화장실에 붙어 있는 명언도 괜찮다 싶으면 적어 놓는다고 한다. 아이디얼리스트는 자신이 관심 있는 것에 빠져들어 연구하기를 좋아한다. 그냥 좋아하고 마는 것이 아니라, 연구하듯이 파고든다. 그리고 자신이 연구한 것을 통해 자신만의 것으로 새롭게 만들어 내는 것을 잘한다. 이런 아이디얼리스트적인 성향으로 인해 김제동은 자신이 읽고 연구한 이야기를 자신만의 이야기로 재창조해서 김제동 어록까지 나오게 하고, 대구 지역 MC에서 전국구 MC가 될 수 있었던 것이다.

아이디얼리스트는 자신의 생각을 다른 사람과 소통하기를 좋아한다. 그것을 자신의 확장이라고 생각하고, 자신이 살아가는 의미를 소통에서 찾는다. 김제동은 누구보다 토크쇼와 같은 이야기 형태의 나눔을 선호하는 MC이다. 그리고 그는 이야기를 나누는 토크쇼에서 가장 빛이 나는 MC이다.

김제동은 자의인지 타의인지 모를 이유로 2009년 방송을 쉬게 되었다. 그러면서 그는 토크 콘서트를 시작했다. 토크 콘서트를 통해 그는 관객들과 함께 울고 웃으며 그의 이야기를 하고 관객들의 이야기를 들으면서 관객과의 교감을 통해 힐링의 시간을 만들어 냈다.

아이디얼리스트 성향인 김제동은 이렇게 관객과 자신의 생각을 나누고 소통하는 것을 어느 MC보다 즐기고 잘한다. 그리고 관객들 또한 그가 들려주는 이야기에 공감하고, 또 그가 자신들의 이야기를 들어주고 의미를 부여해 주는 것에 감동한다. 이런 소통은 모든 아이디얼리스트가 할 수 있는 것이 아니다. 일단 소통할 거리가 있어야 한다. 그것은 셀프가 받쳐 줘야 한다는 이야기이다.

셀프가 받쳐 주는 아이디얼리스트는 내용물이 꽉 찬 과실과 같아서, 다른 사람과 나눌 것이 있다. 김제동이 오랜 시간 동안 독서와 사색을 통해 발전시킨 생각들이 바로 사람들과 나눌 이야기의 내용이 되고, 그의 오랜 방송 경험이 그의 스킬이 되어 준다. 그리고 그것이 그의 아이디얼리스트 특성을 멋있어 보이고 유용하게 만들어 주는 타인 평가의 셀프가 되는 것이다. 이렇게 셀프가 아이디얼리스트 성향을 받쳐 줄 때 아이디얼리스트는 자신을 확장할 에너지를 얻게 되며, 다른 사람과 자신의 생각을 나눌 때 멋있고 빛나 보이는 존재가 된다.

아이디얼리스트의 또 다른 특성은 자신만의 생각을 고집스럽게 주장하는 것이다. 아이디얼리스트는 이런 특성으로 인해 열광적인 지지자를 얻기도 하지만 다른 한편으로는 안티를 양산하기도 한다. 아이디얼리스트 김제동은 자신의 소신을 고집스럽게 표현한다.

그는 2009년 노무현 전 대통령 서거 후 노제 전에 있는 추모 공연에서 사회를 맡았다. 노무현 전 대통령 노제에서 사회를 본다는 것은 현실적으로 상당한 용기를 필요로 하는 일이었으나 그는 자신의 소신에 따라 사회를 맡았고, 마음에서 우러나오는 멘트들로 노제 참석자들의 마음을 울렸다.

우연인지 모르겠지만, 그가 노제에서 사회를 본 이후에 진행 중이던 KBS 〈스타골든벨〉에서 갑자기 하차했다. 그럼에도 불구하고 다음 해인 2010년 노무현 대통령 추도식에서 다시 사회를 보았다. 본인의 소신에 따른 결정이었지만, 계획되어 있던 방송이 취소되는 아픔을 다시 겪어야 했다.

김제동의 행보를 정치색으로 보는 일부의 사람들은 그를 소위 '좌빨'이라고 하며 싫어한다. 어떤 사람들은 그의 이런 행보 때문에 그를 더 좋아하기도 한다. 그래서 아이디얼리스트에게는 광팬과 안티가 공존한다. 여기서 누가 옳고 그른지를 따지려는 것이 아니다. 그저 아이디얼리스트는 자신의 소신대로 고집스럽게 행동하는 특성이 있다는 것을 이야기하고 자 든 예일 뿐이다. 김제동은 역사 교과서 국정화에 반대해서 일인 시위를 하기도 했는데, 이 또한 소신에 따른 행동으로 보인다. 하지만 그는 일인 시위를 했다는 이유로 엄마 부대가 소복을 입고 방송국 앞에서 김제동 하차 시위를 벌이는 일까지 당해야 했다. 이미지로 먹고사는 연예인에게 그런 일은 사실 굉장히 곤혹스럽다. 그럼에도 자신의 소신을 고집스럽게 주장하는 김제동은 아이디얼리스트의 전형이다.

아이디얼리스트는 도전적인 과제를 즐긴다. 김제동은 자신이 방송을 내려놓고 있던 2009년 대중들과 소통하기 위한 돌파구로 새로운 장르를 개척한다. 앞서 말한 〈김제동의 토크 콘서트: 노브레이크〉이다. 토크 콘서트는 대중에게 너무도 생소했다. 그러나 그는 이 도전적인 과제를 성공적으로 수행해 냈다.

김제동은 토크 콘서트를 통해 사람들의 이야기를 들어주고, 또 자신의 이야기를 하면서 전국 투어를 했고, 벌써 6년째 성공적으로 토크 콘서트를 이어 오고 있다. 정답이나 대세를 따르기보다 남들이 하지 않는 도전적 과제를 통해 문제를 해결하고자 하는 아이디얼리스트의 성향이 잘 발휘되어 김제동은 토크 콘서트로 다시 살아날 수 있었고, 다른 MC들과 차별성을 지닌 MC로 자리매김하게 되었다.

아이디얼리스트는 자기 자신의 생각에 관심이 제일 많다. 따라서 주변 사람에게 크게 관심이 없어서 외롭다. 당연히 주변에서 무심하다는 지적을 많이 받는다. 나이가 마흔이 넘은 김제동은 아직 미혼이다. 물론 그의 외모가 조금 빠지기는 하지만 그렇다고 결혼을 못할 결격 사유가 될 정도는 아니다. 그가 결혼하기 힘든 이유는 그의 아이디얼리스트 성향 때문일 수도 있다.

아이디얼리스트는 배우자나 애인을 외롭게 만든다. 여러 사람과 어울리는 것 같지만 사실은 혼자 있는 것을 좋아하고, 주변 사람들을 세심하게 챙겨 주지 못한다. 아마 김제동의 이런 아이디얼리스트 성향 때문에 연애가 지속되기 힘들었을 수도 있다.

김제동은 자기만의 색깔이 있고 생각이 있는 연예인이라는 이미지를 가지고 있다. 아이디얼리스트로서 그가 다른 연예인과 뚜렷한 차별성을 만들어 내었기 때문이다. 아이디얼리스트는 자신의 독특함을 계발하고, 자신의 독특함이 인정받을 때 성공할 수 있다. 데뷔 초기 김제동에게는 그의 아이디얼리스트 성향으로 인한 독특함은 있었지만 그것이 숙성된 상태는 아니었다. 그랬던 그가 시간이 지나면서 끊임없이 자신의 생각을 발전시키고 새로운 도전을 하면서 자신의 독특함을 잘 키워 나갔다. 현재 김제동의 인기나 수입은 전성기인 2005년이나 2006년보다 못할 수는 있다. 하지만 그는 더 성숙한 사람으로 대중에게 인식되고 있다. 앞으로도 아이디얼리스트 김제동이 어떻게 자신을 더 발전시켜 나갈지 기대가 된다.

아이디얼리스트의 정체 · 혼자서도 잘살아요

아이디얼리스트는 자기 스타일이 뚜렷하다. 자신의 생각대로 살고, 자신의 믿음이 옳다는 강한 확신을 가진다. 이 때문에 자신의 의견만 주장하고 다른 사람의 말이나 의견을 무시하는 듯한 인상을 준다. 이는 자신을 뚜렷하게 부각시키는 행동이나 표현이 많기 때문이기도 하다. 아이디얼리스트는 자신의 생각이 옳다는 확신이 들면 서슴없이 행동으로 옮기는데, 이런 행동이 리얼리스트나 로맨티스트에게는 부담스럽게 보이고, 휴머니스트에게는 때로 엉뚱하거나 건방지다는 생각을 하게 만든다. 그래서 남들에게 아이디얼리스트는 특이하거나 다르다는 사실만이 부각되어 쉽게 이해되거나 수용되지 못한다.

자기 스타일이 확실한 이들은 남들이 뭐라고 하든 신경 끄고 사는 것처럼 보인다. 그렇기에 "남들 신경도 좀 쓰고 살라"는 이야기를 많이 듣는다. 하지만 이런 얘기를 듣는 아이디얼리스트는 '나도 신경 쓰며 사는데…'라는 생각을 한다. 이것은 사실이다. 다만 남들이 그런 아이디얼리스트의 행동이나 생각을 느낄 수 없을 뿐이다. 만약 아이디얼리스트가 리얼리스트 정도로 신경 쓰는 것으로 보이려면, 보통 행동하는 것에 10배 이상의 에너지를 소모해야 한다. 그러므로 이는 정말 힘든 일이다.

아이디얼리스트는 인간의 여러 가지 모습을 찾아내 그것을 분류하고 분석하는 일을 굉장히 재미있어 한다. 다른 사람들이 미처 보지 못한 새로운 것을 찾아내 다른 사람에게 알려 줄 때, 자기 스스로 살아 있음을 느낀다. 이들과 잘 지내려면 상당한 사회성을 필요로 한다. 상당히 독특한 것을 추구하는 그들의 특성을 인정하며 지내기란 결코 쉽지 않기 때문이다. 다른 성격 유형의 사람들이 아이디얼리스트를 볼 때에는 '나라도 저 사람을 구제해 주자'는 생각이 있어야 한다.

아이디얼리스트의 성향을 강하게 드러내는 경우 마치 '에고이스트'처럼 보인다. 일반적인 사회 규범이나 틀에서 벗어나려 하고, 개인의 자유를 추구하는 모습뿐 아니라 사고방식에서도 남과 차별된다. 이런 이유로 창의성이 있는 사람으로 보이기도 한다. 하지만 이런 특성으로 인해 주위 사람들과 소통하기는 쉽지 않다. 자신의 정체에 대한 호기심과 탐색을 끊임없이 한다. 그리고 스스로가 정체되지 않도록 끊임없는 자기정체성의 확장을 시도한다. 특정한 사회 역할에서 벗어난 다양한 분야에 관심을 가지고 다양한 생각과 행동을 현실적으로 표현하려는 활동에 관심이 많다. 삶의 안정보다는 변화와 호기심을 충족시키는 활동을 더 하려 한다.

아이디얼리스트의 경우 사회의 규범이나 틀 속에 자신이 갇힌 것처럼 느끼거나 주변 사람들과 충분히 소통하지 못한다고 느끼면 급속하게 우울해지거나 좌절한다. 특히 자신이 충분히 인정받지 못하는 상황에 있다고 느끼거나 부정적인 환경 속에서 지속적으로 생활하게 되면 바로 〈시지프스의 신화〉의 시지프스로 변신한다. 우울하고 좌절한 좀비와 유사한 행동을 보인다는 것이다. 왕따가 된 듯한 모습, 또는 스스로 세상을 소외

시킨 캐릭터로 부각되는 것이 아이디얼리스트이다.

아이디얼리스트는 일상적인 생활에서 일어나는 자질구레하거나 반복적인 일에는 비교적 서툴다. 그래서 정리 정돈과 같은 일이나 일상의 규범적 틀 속에서 이루어지는 활동을 원활하게 하기 위해서는 주위 사람들의 도움이 필요하다. 만약 이러한 필요가 충족된다면 새로운 아이디어로 성공한 벤처기업의 사장이 될 수도 있다. 하지만 그렇지 못하다면 새로운 아이디어가 현실과 괴리를 일으켜 특별한 성과를 이루지 못하고 혼자 벤치에 앉아 있게 될 수도 있다.

• • • 상담 사연

꼭 결혼을 해야 하나요?

저는 지금이 참 좋고 행복합니다. 아주 가끔 외로울 때도 있지만 혼자인 지금이 정말 좋아요. 어렸을 때부터 스스로 결정하고 행동하는 자유를 꿈꿔 왔습니다. 그래서 독립하여 혼자 지내는 지금이 진짜 좋고 다시 부모님 집으로 들어가고 싶지는 않습니다. 그런데 주위에서 다들 더 늦기 전에 결혼하라고 야단인데, 결혼할 생각이 없다고 하면 나이 들어 후

회한다며 겁을 줍니다. 그 말도 일리가 있다고 생각해요. 젊음, 건강 같은 것들을 언제까지 유지할 수는 없으니까요. 하지만 부모님이 두 분 더 생긴다는 것(그것도 누구나 부담스러운 시부모님)과 내가 챙겨야 할 사람과 일이 늘어난다는 것은 생각만 해도 너무 끔찍합니다. 누구는 그런 거 신경 안 쓰일 만큼 좋은 사람을 못 만나서 그렇다고 하는데요, 제 성격상 나보다 남을 좋아하기는 불가능할 것 같습니다. 제 불안을 덜어 줄 수 있는 좋은 조언 부탁드립니다.

I의 마음 프로파일링

I는 30대 초반의 의사라는 직업을 가진 여성이다. 상담 사연을 그대로 보면 가족으로부터 받는 결혼 압박에 대한 부담감을 호소하는 것처럼 보인다. 일반적인 상담이라면 아마 결혼 문제에 대한 상담이 이루어질 것이다. 하지만 사연의 말미에 언급된 '나보다 남을 좋아하기는 불가능할 것 같습니다'라는 말은 이것이 결혼에 대한 부담, 또는 결혼과 관련된 상담이 결코 아니라는 것을 알려 준다.

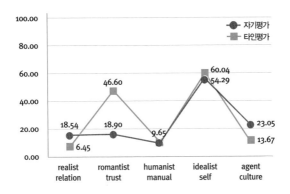

사연을 보낸 여성의 WPI 프로파일은 이런 추론이 맞는다
는 것을 다시 확인해 준다. 아이디얼리스트와 셀프가 일치할
뿐 아니라, 상대적으로 높은 트러스트를 나타내는 여성이었
다. 자신의 삶에 대한 확신이 분명하고, 현재 자신이 만들고
있는 삶 자체에 대해 특별히 의문을 가지지 않는 상황이다.

WPI 프로파일에서 자기 평가와 타인 평가의 프로파일이
일치하면 심리적으로 안정된 상태라고 해석한다. 이 프로파
일도 아이디얼리스트와 셀프가 일치한다. 이와 더불어 상대
적으로 높은 '트러스트'는 현재 자신이 맡은 역할이나 책임을
잘하고 있다고 생각한다는 것을 나타낸다. 동시에 낮은 릴레
이션은 타인에 대해 그리 관심이 없다는 것도 알려 준다. 자기

의 삶을 온전히 자기 것으로 생각하며 자신의 직업 활동에서나 개인적인 삶을 비교적 잘 꾸려 나가고 있다. 자신을 중심으로 한 생활에서 심리적으로 혼란스럽거나 불안해하는 모습은 보이지 않는다. 이런 사연을 보냈다는 것조차 어쩌면 놀라운 일이라고 할 수 있다. 이런 프로파일의 사람은 누가 자신에 대해 뭐라고 하더라도 호기심 수준에서 듣기는 하지만 그것을 수용할 가능성이 거의 없기 때문이다.

WPI 프로파일은 I의 라이프스타일을 잘 보여 준다. 타인에 대한 관심보다는 자신의 역할을 잘하기 위해 많은 에너지를 사용한다. 그래서 타인과 관계를 맺는 것이 삶의 1차적 활동이 아니다. 연애나 결혼은 자신의 업무와 직접 관련되어 일어나는 경우에나 가능성이 있다. 왜냐하면 스스로 연애나 결혼을 자신의 핵심 활동으로 삼을 이유를 현재 발견하지 못하고 있기 때문이다. 무엇보다 특정한 사람에게 지속적인 관심을 쏟은 경험이 없다. 하지만 누군가에게 첫눈에 반한다면 누가 뭐라고 해도 결혼할 것이다. 현재 결혼에 크게 마음이 끌리지 않는 것은 끌리는 사람이 없기 때문이다.

I가 스스로 자신의 고민이나 문제라고 하는 것은 바로 아이디얼리스트의 마음이 만들어 낸 상황이다. 사연에서는 생활

속에서 I가 어려움을 겪고 있는 것처럼 보이지만, 사실 가끔 외로움을 느끼는 것 외에 큰 어려움은 없다. 혼자인 지금이 진심으로 좋고 또 스스로 자신의 삶을 결정하고 행동하는 자유를 꿈꿔 왔기 때문이다. 바라던 꿈이 어느 정도 이루어진 현재 독립하여 홀로 지내는 상태를 즐기고 있다. 그렇기에 I의 경우 아이디얼리스트와 셀프가 거의 일치하는 아주 안정적인 프로파일을 보이는 것이다.

I의 마음 파악과 문제 이해하기

젊은 여성으로서 I가 가지는 문제는 현재 아이디얼리스트의 마음이 뚜렷하게 부각되는 것으로 해석된다. 전형적인 아이디얼리스트는 기본적으로 자신이 이 세상에 잘 맞지 않는다는 생각을 많이 한다.

'내가 갈 곳은 어디인가', '내가 살 곳은 어디인가'라는 생각을 자주 한다. 심지어 '나는 딴 세상에 있어야 하는데, 지금 있는 이곳은 아닌데…'라는 생각을 하기도 한다. 그러면서 아이디얼리스트는 남들이 자신을 이해하지 못한다는 외로움을 진하게 느끼면서, 마음속의 이야기를 누구와도 제대로 나누지 못한 채 홀로 꿋꿋이 살아왔다고 믿는다. 하지만 자신이 현재 수행하는 일이나 직업에 만족하면서 비교적 독립적인 생활을 하는 아이디얼리스트의 경우, 혼자 생활하는 것에 더 만족감을 가진다.

창의력이 넘쳐나고 자유로운 영혼으로서 할 수 있는 일을 꿈꾼다. 새로운 것을 시도하면서 리더로서 남들이 보지 못하는 것을 볼 때 스스로의 존재감을 확인한다. 그래서 사람이나 세상에 대한 호기심이 많다. 남들과 같다고 느껴지는 것을 좋아하지 않는다. 독립적이다. 자신이 하는 일을 통해 자신의 정체성을 확인하면서, 그것을 끊임없이 확장하려 한다. 생각을 공유하는 것을 좋아하는데 그러지 못할 경우 공허함을 느낀다. 사회적으로 인정받지 못하는 아이디얼리스트라면 이런 마음이 더욱 강하다.

개인의 자유를 추구하는 아이디얼리스트의 경우 조직 활동에 많은 어려움을 느낀다. 분명 자신이 살고 있는 세상에서 뚜렷한 자신의 존재감을 획득하려 하지만 타인과 의견이나 감정을 공유하기란 쉽지 않다. 때로는 지나치게 자기중심적이고 고집이 세다는 평을 듣는다. 타인에 대한 관심이 적을 뿐 아니라, 때로 냉정하고 쌀쌀맞아 보이기도 한다. 이런 성향 때문에 부하직원이나 조직 관리에 취약하다. 관심을 기울이는 것에 대한 두려움이 있고, 자신이 이해하는 것이 중심이어서 의사소통이 일방적이기 쉽다. 사회생활에서 요구되는 관행이나 의무를 거부하는 경향이 있고, 때로 기존의 질서나 규범에 도전하는 반항아의 모습을 보이기도 한다. 그래서 주위 사람들을 당혹스럽게 만들기도 한다.

I를 위한 코칭

현재 I는 자신의 삶에 대해 비교적 만족하며 자유로운 삶을 살고 있다. 하지만 일반적인 결혼이나 기타 사회적 통념에 의한 삶을 본인이 따라야 할 것인지 아닌지에 대해 고민 중이다. 타인에 대한 관심이 크지 않고 또 자신의 사회적 역할에 충실하고자 하기에, 결혼은 이 사람에게 그리 매력적인 선택이 아니다. 그보다는 현재 살고 있는 자유로운 삶이 매우 매력적이고 만족스럽다. 주변에서 결혼하라고 하는 잔소리는 자신의 삶에 대한 간섭이라고 믿고 있다.

부모와의 관계에서 항상 자유를 찾았기에 또 다른 부모의 존재는 부담스럽기만 하다. 혼자 생활하는 것이 더 자유롭다고 느끼고 타인에 대한 관심이 크지 않기에 결혼이란 그리 탐탁한 삶의 선택이 아니다. 자신을 아주 좋아하고 지속적으로 쫓아다니는 남자가 생긴다면 모를까, 스스로 적극적으로 남자에게 접근할 가능성은 그리 높지 않다. 자신보다 더 자신을 좋아하는 사람을 만나는 경우라면, I는 결혼이 적절한 선택이라 생각하게 될 가능성이 높다.

자신의 꿈과 생각 그리고 자신만의 삶에 초점을 두며 살고 있는 사람의 프로파일이다. 동시에 자신이 하는 역할을 통해 다른 사람들에게 신뢰를 얻고 싶어 한다. 주위 사람들은 이 사람이 자신의 삶을 아주 유능하게 잘살아가고 있다고 본다. 전문적인 직업에 종사하는 아이디얼리스트의 경우 실제 이상으로 그 사람의 삶이 자유롭고 멋있게 보이기도 한다.

현재 자신의 결혼에 대한 고민을 호소하지만 이것은 결혼 그 자체가 아니라 본인이 크게 관심을 기울이지 않은 관계의 문제이다. 아마 성장하면서 부모와의 관계에서 큰 문제나 어려움이 없었더라도 자유를 찾아야 한다는 생각을 많이 했을 것이다.

아이디얼리스트의 성향으로 인해 결혼은 또 다른 권위적 존재인 시부모와의 관계를 만들어 내는 일이라 부담스러운 것이다. 결혼을 통해 자신을 지원하고 또 자신보다 더 자신을 사랑하고 아껴 주는 사람을 만날 수 있을 것이라는 기대를 한다면, 새로운 부모에 대한 부담이 줄어들 수도 있다. 자신에게 몰입해 주는 누군가를 만날 수 있을 거라는 막연한 기대를 하기 때문이다.

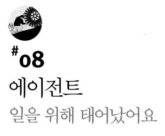

#08
에이전트
일을 위해 태어났어요

연예인이 아니더라도 방송에서 오랫동안 얼굴을 보게 되면 대중은 그 사람을 연예인으로 취급한다. 대표적인 인물이 〈아침마당〉을 진행하는 이금희일 것이다. KBS 소속 아나운서였다가 2000년 프리랜서로 전향한 그녀는 파트너가 3번이나 바뀌는 동안 여전히 〈아침마당〉의 MC로서 굳건하게 자리를 지키고 있다. 〈아침마당〉과 결혼했다고 해도 과언이 아닐 정도이다. 마치 자신의 성격과 완전히 다른 배우자와 결혼하여 서로의 부족함을 잘 채워 주는 부부의 모습과 유사하다.

자신의 일에 몰두하면서 자신의 능력을 인정받으려는 이금희는 가족과 사람들 간의 훈훈한 정과 관계의 따뜻함을 잘 공유하는 〈아침마당〉의 핵심 인물이다.

이금희는 외모에서 푸근한 느낌을 준다. 따뜻한 엄마의 느낌과 더불어 어른들이 좋아할 만한 며느릿감의 이미지이다. 안정적이면서도 반듯하고 잘 웃으면서 상대방의 마음에 공감하려고 노력하는 MC이다. 그러나 겉으로 보이는 모습과 성격은 완전히 다르다. 이금희는 자신의 일에 몰두하며, 자신이 성공적으로 일을 수행했다는 것에 의미를 둔다. 일을 하면서 느끼는 성취감이 그녀를 살아가게 하는 주된 힘이다. 안타깝게도 이런 이유로 타인과의 감성적인 공유나 공감은 비교적 낮다. TV 프로그램에서 보이는 모습과 반대되는 성격을 가진 것이다.

이금희는 자신에게 주어진 과제를 성공적으로 완수하고자 성실하게 프로그램을 진행한다. 마치 무대 위에서 대본에 따라 정해진 역할을 잘 수행하는 것과 같다. 모르는 척, 겸손한 척, 그리고 상대방에게 깍듯하게 인사를 하면서 공감하는 표정과 리액션을 한다. 물론 프로그램의 진행은 자연스럽지만 그것은 완벽한 역할 놀이의 형태로 이루어지는 활동이다. 이런 이미지를 갖게 된 것은 그녀가 한 프로그램을 오랫동안 했기 때문일 수도 있지만, 기본적으로 그녀의 성격이 만들어 낸 것이라고 생각한다. 그녀가 만들어 가는 인간관계는 비교적 상투적이기 쉽고 또 일로 반응하는 관계가 되기 쉽다. 처음에는 푸근해 보이지만 그 뒤에 날카로움이 숨어 있다. 그렇기에 그녀는 열심히 일하면서 오늘도 자기 커리어를 지켜 내고 있는 한국의 몇 안 되는 진정한 커리어 우먼이 된 것이다.

일하는 모습이 아름다운 그대, 이금희

이금희는 1998년 6월 15일부터 2016년 6월 30일까지 〈아침마당〉을 진행했다. 주중에 방송되는 아침 프로그램을 18년이 넘도록 진행한 것이다. 그사이 남자 진행자는 이상벽에서 손범수, 윤인구로 바뀌었다. 18년간 아침 프로그램을 진행했다는 사실은 이금희가 얼마나 성실하고 부지런한 사람인지를 단적으로 보여 준다.

아침 8시 25분에 시작하는 프로그램을 진행하려면 최소한 1시간 30분 전에는 방송국에 도착해야 한다. 웬만큼 부지런하고 책임감 있고 일을 사랑하는 사람이 아니고서는 18년 동안 매일 아침 7시까지 출근한다는 것은 실로 불가능하다.

한마디로 에이전트는 일을 열심히 성실하게 하는 사람들이다. 그것도 계획적으로. 일을 성공적으로 잘하는 것이 그들의 삶의 보람이다. 일을 하는 것에서 즐거움을 느끼고 추진력도 좋다. 한꺼번에 많은 일을 계획에 따라 성공적으로 해낼 때 짜릿함을 느끼는 사람들이다. 또한 책임감도 강해서 에이전트에게는 믿고 일을 맡겨 놓으면 분명한 결과를 만들어 낸다. 본인 스타일도 강하고, 또 어느 정도 프레임이 정해진 상황에서 자기만의 스타일대로 일하는 것을 선호한다.

이런 에이전트 성향이 이금희로 하여금 긴 세월 동안 하루도 빠짐없이 아침 방송을 하게 하는 원동력이었을 것이다. 이금희는 자신의 에이전트 성향을 잘 발휘하여, 긴 세월 동안 믿음을 주는 〈아침마당〉의 안주인 역할을 해왔다.

에이전트는 자신의 일을 하는 데 있어서 철저하다. 왜냐하면 일을 성공적으로 수행해야 만족하고 행복하기 때문이다. 방송가에서 이금희는 방송 준비를 철저히 하는 것으로 유명하다. 인터뷰를 진행할 때는 출연자의 자료를 찾는 데 보통 한나절은 투자한다고 한다. 토크쇼를 진행할 때도 미리 출연할 게스트의 영화를 봐 두거나 음악을 들어 보는 등 게스트를 미리 파악해 대화거리를 만들어 둔다. 이금희의 이런 철저한 프로 정신은 그녀가 에이전트임을 보여 준다. 또한 이런 에이전트 성향 때문에 그녀가 50이라는 적지 않은 나이에도 불구하고 왕성히 활동하는 전설적인 여자 아나운서가 될 수 있었다.

이금희에게는 확실한 자기 스타일이 있다. 그녀는 푸근하고 편안하게 방송을 진행한다. 이것을 사람들은 '감성 진행'이라고 한다. 에이전트는 일하는 데 있어서 본인 스타일이 강하다. 그리고 어느 정도 프레임이 정해진 상황에서 자기 스타일대로 일하는 것을 선호한다. 상황의 변화가 있더라도 자신이 가진 프레임을 변경하는 것은 힘들어한다. 그녀는 가능하면 출연자들과 눈을 맞추며 그의 이야기에 공감하려고 노력한다.

이것은 출연자의 입장을 이해하려는 모습을 보여 주기 위함이다. 하지만 그것은 자신의 감성을 표현한 것이라기보다는 본인이 해야 하는 역할을 충실하게 수행하기 위한 행동일 뿐이다. 이금희의 이런 '감성 진행' 스타일은 〈아침마당〉이란 프로그램과 잘 맞았다. 물론 같이 프로그램을 진행했던 아나운서들이 이금희와 팀을 이루어 뭔가를 만들어 간다는 성취감을 느끼기는 쉽지 않았을 것이다. 하지만 결과적으로 이금희의 〈아침마당〉은 장수 프로그램이 되었다.

이금희는 자신의 프로그램 진행 프레임을 스스로 새롭게

바꾸려는 시도는 하지 않았을 것으로 보인다. 프리랜서 선언 후에도 친정인 KBS의 〈아침마당〉을 계속 진행한 것을 보아도 그렇다. 이는 자신에게 익숙한 프레임 안에서 자신의 스타일대로 일하려는 욕구가 강했기 때문일 것이다.

자신의 스타일대로 일하는 이금희의 에이전트 성향이 그녀가 〈아침마당〉을 오랫동안 진행하도록 만들기도 했지만 역설적으로 그 성향 때문에 〈아침마당〉의 안방마님 이미지가 굳어져 버려서 타 방송국의 다른 프로그램을 진행하기에는 부담스러운 이미지가 되어 버리기도 했다.

에이전트는 부지런하고, 남들에 비해 일을 많이 한다. 이금희는 1999년 〈아침마당〉을 시작한 다음 해에 〈TV는 사랑을 싣고〉와 KBS 라디오 〈이금희의 가요산책〉, 이렇게 세 개의 프로그램을 진행하면서 연세대학교 언론홍보대학원도 다니고, 《나는 튀고 싶지 않다》라는 자전적 이야기가 담긴 책도 썼다.

이렇듯 자신을 몰아붙이며 미친 듯이 많은 일을 해내는 것은 그녀가 가진 에이전트 성향 때문이라고 볼 수 있다. 그로 인해 당시에 건강이 나빠지기도 했다는데, 건강까지 희생해 가며 뭔가를 해내는 것은 일을 사랑하는 에이전트의 모습이다.

에이전트는 취미 생활도 일을 하듯, 미션을 수행하듯 한다.

2006년에 나온 인터뷰에서 이금희는 영화와 공연 관람을 좋아한다며, 한때는 개봉 영화의 90%를 '극장'에서 보는 것이 목표였다고 했다. 에이전트가 아닌 다른 유형의 사람들은 이렇게 목표를 정해 놓고 취미 생활을 하지는 않는다. 일 중심으로 사람들과 관계를 맺기 때문에 사람들과의 정서적인 교류가 쉽지 않다.

방송에서의 따뜻하고 푸근해 보이는 이미지를 떠올릴 때 그녀가 가진 에이전트의 모습은 쉽게 상상할 수 없는 측면이다. 그것은 그녀가 일을 하는 모습이다. 이금희가 실제로 사람들과 어떻게 관계를 맺고 소통하는지는 그녀의 실제 생활을 보기 전에는 알기 어렵다. 그녀는 자신의 에이전트 성향에 맞는 아침 방송을 진행하면서, 철저한 준비와 부지런함, 자신만의 스타일로 성공적인 커리어를 만들어 왔다.

에이전트의 정체 · 내가 하는 일이 바로 '저예요'

에이전트라는 표현 그대로, 이들은 누군가의 일을 대신 수행해 주는 사람이다. 이들은 흔히 워커홀릭처럼 보이는데 마치 일을 즐기는 것 같다. 또한 상당히 분명하고 꼼꼼하게 일을 수행한다. 마치 자신에게 주어진 일을 하기 위해 태어난 사람 같다. 에이전트에게는 일이 곧 생활이고, 생활이 곧 일이다. 이들에게는 자신의 존재 이유이자 자부심의 근원이 자신이 하는 일이다.

에이전트는 자신에게 주어진 과제를 수행하는 것에 능하다. 일의 성취에서 존재감을 느낀다. 직장 내에서도 인간관계보다 업무를 우선시한다. 주어진 과제를 확실히 수행해야 한다고 생각해 책임감으로 똘똘 뭉쳐 있다. 하지만 과도하게 성과에 초점을 두기에 주위 사람들과의 감정적 교감이나 교류에는 약하다. 그래서 에이전트 성향이 강한 사람들은 일할 때 누군가와(특히 답답한 사람과) 같이 하기보다는 혼자 하는 편이 낫다고 생각한다. 특히 자신이 인정할 수 없는 사람들과는 같이 일하는 것을 싫어한다. 같이 일을 하게 되더라도 가능한 한 배제하고 혼자 해내려고 한다. 그리고 시시각각 변화하는 상황 속에서 일을 추진하게 될 때, 변화 자체를 견디기 어려워한다. '처음에 정해진 대로', '가능한 한 자세히' 일하기 때문에 한편으로는 답답한 느낌을 주기도 한다.

에이전트 유형은 일 중심으로 자신의 역할을 달성하려는

능력 있는 사람의 캐릭터이다. 이 캐릭터는 자신에게 주어진 과제나 임무를 달성하는 것을 목표로 하는 결과 지향적인 사람이다. 자신의 스타일이 강하고, 스스로 유능해야 한다는 강박증도 있다. 이런 사람에게 믿고 일을 맡긴다면 분명한 결과를 만들어 낸다. 하지만 주위의 간섭을 싫어하기 때문에 때로 자신과 잘 맞지 않은 상황이나 인간관계에 처하면 과도하게 자포자기한 모습을 보이기도 한다. '꺾인 날개' 상황이다. 일이든 상황이든 자신과 코드가 맞다면 최고의 역량을 발휘하지만 맞지 않을 경우 고집스럽게 거부한다. 심지어 공격적인 성향까지도 나타난다. 이런 경우 자신이 하는 일과 관련하여 독선적이라거나 다른 사정을 고려하지 않는다는 등 나쁜 평을 받을 수 있다.

• • • 상담 사연 1

미래가 불투명하고 몰두할 일이 없어요

작년까지만 해도 직장 생활에서 의미와 재미를 찾을 수 없었습니다. 인생의 재미가 없어 힘들었어요. 사춘기도 아닌데. 이렇게 의미 없는 삶을 어떻게 버티란 말인가 하는 고민이

나를 괴롭혔습니다. 나이가 있음에도 결혼보다는 인생에서 몰두해야 할 이정표나 비전을 찾지 못하고 허송세월하고 있다는 생각에 괴로워했습니다. 그래서 내 일에 몰두하기보다는 다른 것에 관심을 두었습니다. 팟캐스트를 듣거나, 책을 읽거나, 글을 쓰거나, 홀로 산책을 다니며 무념무상에 빠진다든가 하는 일들이었습니다.

작년 상반기에 원인을 알 수 없이 많이 아팠습니다. 이게 다 내적 갈등이 많은 탓이라는 생각이 들었습니다. 그래서 생각을 심플하게 정리하기로 했습니다. 상황 탓만 할 게 아니라 뭐라도 돌파구를 마련해야겠다고 마음먹었습니다. 그러던 차에 지인의 추천으로 대학원에 진학하게 되었고 올해부터 석박사 통합 과정으로 회사생활과 병행하며 공부를 시작했습니다. 오랜만에 하는 공부에 몸은 힘들고 연구 주제를 무엇으로 잡아야 할지 고민하느라 심신의 압박이 높아졌습니다. 미래의 그림이 흐릿하지만 지금 당장 몰두할 것이 있고, 나를 채찍질하는 뚜렷한 동기가 있다는 것에 행복이 느껴지고 에너지가 솟아올랐습니다.

사실 지금은 큰 고민이 없지만 굳이 적어 본다면 앞으로 계속 학교를 다니고 논문을 쓸 때가 되면 직장을 그만두어야 할 텐데(2~3년 내로 도래할 일) 그때 어떻게 경제적 손실을 줄이면서 연구를 잘 마무리 지을 수 있을지, 40대 이후 전공 관련하여 전직을 하고 싶은데 타이밍이나 운이 잘 따라 주어 원하는 바를 이룰 수 있을지가 고민입니다. 사실 이것들은 제가 하기 나름의 문제라는 걸 알고 있습니다. 그리고 내가 해야 하는 일을 얼마나 잘하느냐의 문제는 현재 발등에 떨어진 불이 아니기에 그냥 흐름에 맡긴다는 느낌으로 진행하려 합니다.

A의 마음 프로파일링

A는 30대 후반의 남성이다. 사무직에 종사하는 A의 사연은 자신의 고민을 호소하는 것이라기보다 자신의 현재 생활에 대한 담담한 보고서처럼 보인다. 어떤 문제에 대해 해결책을 바라는 상담 사연이라고 할 수는 없다. 그런데 왜 이런 사연을 보냈을까? 그것은 사연을 보낸 사람이 에이전트의 마음을 가진 사람이기 때문이다. 에이전트라면 자신의 생활이나 삶에 대해 어떤 고민이 없더라도, 그냥 자신에 대해 관심을 가지고 특히 심리적인 어떤 것을 알아보려고 한다는 것 자체가 중요한 일이다.

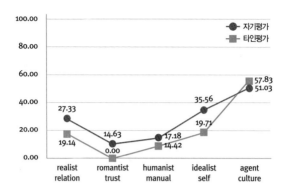

A는 비록 이러한 상담 사연을 보내왔지만 정작 큰 심리적 혼란이나 고민이 있는 것은 아니다. 현재 자신의 일을 열심히 하면서 살아가고 있고 성과도 잘 내고 있다. 회사생활이든, 대학원 생활이든 멘토로서 자신을 가이드해 줄 사람이 있다면, 본인도 만족하고 더 성과를 잘 낼 수 있다. 물론 그 멘토가 A를 믿고 인정해 주는 것이 무엇보다 필요하다.

사연에서도 언급했듯 A는 고민이 있는 것이 아니라 단지 막연한 미래를 구체적이고 분명하게 계획하고 싶은 것이다. 우리의 삶이 결코 계획대로 되지 않지만 에이전트는 가능한 한 계획을 세워 그것에 맞추어 살고 싶어 한다. 현재 대학원 생활과 회사생활을 병행하고 있기에, 향후 학교생활을 어떻게 잘 마무리할지, 그리고 졸업 후 진로를 바꾸어야 할지 등의 고민을 하고 있을 뿐이다. 에이전트로서 미래에 대한 계획을 현재에서 열심히 만들고 있는 것이다.

A의 마음 파악과 문제 이해하기

항상 계획적으로 움직인다. 과제를 철저히 분석하여 정확한 계획과 준비를 통해 일을 완수하는 것을 중요시한다. 결과물의 우수한 품질을 보증하기 위해 노력한다. 유능해야 한다는 강박증이 있다. 자신이 수행하는 일을 하며 얻는 성과에서 가장 큰 만족감을 느낀다. 과제에 맹목적으로 빠져들기 쉽고 누군가 간섭하는 것을 싫어한다. 이런 성향 때문에 때로는 인간미가 느껴지지 않는다는 평을 듣기도 한다. 정서적인 측면에서의 교류가 익숙하지 않기에 때로는 차가운 인간, 과제 중심적인 인간으로 보이기도 한다.

에이전트 성향이 강한 사람은 분명히 정해진 계획에 따라 과제를 수행하는 것을 좋아한다. 남들에게 뚜렷하게 알려진 것을 중심으로 분명한 계획 세우기를 선호한다. 그렇기에 어떤 과제를 수행할 때 중간에 변화가 생기는 것을 싫어한다. 다만 일을 통해 비전과 그 방향에 대해 공유하고 공감하는 사람들과는 함께 일하기가 쉬울 수 있다.

에이전트는 어느 정도 프레임이 정해진 상황에서 자기의 스타일대로 일하는 것을 선호한다. 그러므로 복잡한 상황이나 다양한 인간관계 속에서 일할 때 에이전트가 맞닥뜨릴 수 있는 가장 큰 문제는 자신의 스타일을 유지할 수 없다는 것이다. 에이전트는 이런 경우 좌절한다. 이들은 상황의 변화에 따라 자신이 가진 프레임을 변경하는 것을 힘들어하기 때문이다. 처음에 정해진 프레임이 바뀌면 좌절하거나 스스로 일에서 마음을 정리하는 편이다. 이런 경우 마치 '배 째라' 하는 식의 수동 공격성을 강하게 보이기 쉽다. 계획의 변경이나 수정이 많으면 어느 순간 완전히 포기하는 모습을 보이기도 한다.

A를 위한 코칭

에이전트 성향이 강한 A의 경우, 자신이 뚜렷하게 수행해야 할 일이 있을 때 삶의 의미를 찾는 사람이다. 현재 회사와 대학원 생활을 병행하는 것이 어렵고 힘들지만, 그로 인해 자신의 삶에서 에너지가 충전되는 느낌을 받고 있기도 하다. 현재의 상황에 대한 고민은 전혀 없고, 단지 미래에 대한 계획을 더 잘 세울 방법을 찾고 있을 뿐이다. 학교를 계속 다니다가 논문을 쓸 때가 되면 직장을 그만두어야겠다는 생각은 그리 적절하지 않다.

에이전트로서 정말 필요한 것은 학업을 마친 후에 자신에게 뚜렷하게 일이 부여되는 환경이다. 그러므로 새로운 직장을 원한다면 자신에게 분명한 과제를 줄 수 있는 회사는 어떤 곳이 있는지, 아니면 자신이 그런 과제를 할 수 있는 능력을 갖추고 있는지를 중심으로 계획을 세워야 할 것이다.

현재의 고민이라면 2~3년 내로 경제적 손실의 폭이 크지 않은 한도에서 논문을 잘 마무리할 수 있는지이다. 사실 이것 역시 미리 고민한다고 해결책이 있는 건 아닌데도, 에이전트의 입장에서는 그런 고민을 해야 한다고 믿는 것이다. 특히 40대 이후 전공 관련하여 전직을 하고 싶다는 것은 삶에 대한 구체적인 계획을 세우고 싶다는 의미이다. 이것에 대한 해법은 본인이 잘 알고 있다. 현재 발등에 떨어진 불이 아니기에, 향후 삶의 흐름에 맡기는 것이 필요하다. A의 상담 사연에서 느낄 수 있겠지만, 에이전트의 경우 자신의 마음의 문제나 관계의 이슈를 주제로 상담하게 되더라도 보통 자신이 수행해야 하는 과제 중심으로 해법을 찾으려 한다. 그리고 그러한 해법이라야 에이전트에게 비교적 잘 수용된다. 자신이 잘 이해할 수 있고, 또 잘 계획을 세울 수 있기 때문이다.

• • • 상담 사연 2

저는 가면을 쓰고 사는 걸까요?

저는 성격 검사에서 에이전트 성향으로 나왔는데, 아무리 생각해 봐도 에이전트라는 성향이 인간의 기본적인 성격으로 분류될 수 있을지에 대한 의문이 들었습니다. 성격보다는 생활 패턴 같습니다. 저는 오랫동안 직장 문화에 길들여져서 에이전트라는 성향이 습득된 듯합니다. 어렸을 때 저는 로맨티스트나 아이디얼리스트 성향이 더 두드러졌던 것 같습니다. 지금도 때때로 약간 4차원 같다는 얘기를 듣고, 타고난 감성적인 성향은 일하는 데 방해가 되기에 꾹꾹 눌러 두었습니다. 그리고 직장생활을 하면서도 언젠가는 정말 내가 원하는 나의 모습대로 살고 싶다는 생각이 간절했습니다.

타고난 제 성격이 에이전트인데 지금 잠시 번아웃(burn out: 한 가지 일에만 몰두하던 사람이 신체적·정신적인 극도의 피로감으로 인해 무기력증, 자기 혐오, 직무 거부 등에 빠지는 증상)된 상태여서 나이기를 거부하고 있는 것인지, 아니면 정말 저의 숨겨진 성향이 있는데 에이전트라는 가면을 쓰고 살아왔던 것인지가 궁금합니다. 이것이 중요한 이유는 본래 제 성향을 찾아서 살아가는 것이 더 행복한 삶이 아닐까 하는 생각에서입니다. 에이전트가 저의 본래 성향이라면 조금 쉬고 나서 예전에 살던 대로 열심히 살면 될 것 같고, 그것이 아니라면 에이전트라는 가면을 벗어던지고 본래의 성향을 찾아 나 자신을 억압하지 않고 존중하면서 살아가고 싶습니다.

이러면서도 또 한편으로는 에이전트라는 성향이 지금 제 상황에 별로 이익이 되지 않는 것으로 판단되어(예전에는 부지런히 일에 몰두하는 것이 사회적으로 성공하는 데 유리하리라 생각했지만 지금은 그것이 매우 어리석은 생각이었다는 것을 깨닫게 됨) 또 다른 형태의 효율적으로 일하는 방식을 찾아 헤매는 어쩔 수 없는 에이전트인 것인지…. WPI를 배우게 되면서 저를 아는 즐거움도 있지만 정말 삶에 대해 더 많은 생각을 하게 되었습니다. 머리가 좀 더 복잡합니다.

에이전트의 재탄생

B의 사연을 받았을 때 나는 '이것은 하나님께서 나에게 보내주신 선물이다!'라는 느낌을 받았다. 자신의 성격에 대해서 계속 의문을 던지면서도 자신의 성격대로 생각하고 행동하는 마음을 매우 잘 드러내는 사연이었기 때문이다. 그것도 에이전트의 모습 그대로 말이다. 에이전트의 마음이 그 사람이 수행해야 하는 사회적인 요구나 자신의 성향 때문에 만들어졌다 하더라도, 그 마음이 스스로 믿으려 하는 행복을 위한 끊임없는 노력처럼 보였기 때문이다. 우리 스스로 자신의 믿음과 사고방식을 아는 것이 행복으로 나아가는 길의 핵심이라는 것을 이 사연은 생생하게 보여 주었다.

"저의 숨겨진 성향이 있는데 '에이전트'라는 가면을 쓰고 살아왔던 것인지가 궁금합니다"라고 말하는 이 사람의 가면은 분명 에이전트이다. WPI의 유형에서 리얼리스트와 에이전트는 사실 타고난 성향이라기보다, 사회에서 열심히 살려고 노력하는 과정에서 학습되고 만들어진 성격이다. 에이전트 또한 리얼리스트와 마찬가지로 자신의 원래 특성을 발현시키려 하기보다, 사회에서 성공하고 인정받을 수 있는 생존의 길을 열심히 찾는 사람이다. 자신이 살아가는 환경의 변화나 압박, 또는 사회적 의무에 의해 길들여지는 우리 자신의 모습이다. 이런 자신의 모습을 조금이라도 의식하게 될 때, 우리는 이런 질문을 던질 수 있다. '리얼리스트로 길들여지고 싶은가? 아니면 에이전트로 살고 싶은가? 둘 다 싫다면, 각자의 가면을 벗어던지고 '참된 나'를 찾아 진정한 행복을 이룰 것인가?'

영화 〈박하사탕〉은 설경구가 달려오는 열차 앞에 팔을 벌리고 서서 "나 다시 돌아갈래"라고 처절하게 소리치는 장면으로 끝난다. B는 옛날 자신의 모습이 아이디얼리스트나 로맨티스트였을 것이라 막연히 믿기에 과거의 자신의 모습을 찾으려 하는지도 모른다. B는 현재 자신에게 없는 모습을 막연히 동경하고 있다. 지나온 시간만큼이나 삶의 선택으로 인해 멀어진, 돌아갈 수 없는 것에 대한 미련이다. 하지만 이러한 것들은 진짜 자신이 누구인지 알고, 그에 맞도록 자신을 변화시키는 것과는 관련이 없다. 지금까지 《마음 읽기》를 잘 읽어온 사람이라면, B에게 이렇게 말할지도 모른다.

현재 당신이 가지고 있는 믿음, 선택과 사고방식을 정확히 아는 것이 중요합니다. 당신은 에이전트가 맞습니다. 그렇기에 현재 자신에게 맞는 행복을 찾아야 합니다. 그 행복의 정체는 조금 쉬고 다시 열심히 일하는 것이죠. 무작정 자신에게 엄청난 큰 변화가 일어나기를 바라는 것은 사실 불가능합니다. '현재의 자신'과 180도 다른 인간이 된다면 그때에는 바로 그 사람에 맞는 또 다른 행복의 정체를 알아내야겠지요.

실제 B의 마음은 아이디얼리스트일 수도 있고 로맨티스트일 수도 있다. 아니면 리얼리스트일 수도 있고 휴머니스트일 수도 있다. 하지만 진짜 마음이 무엇인가를 아는 것보다 더 중요한 것은 현재의 자기 마음을 아는 것이다. 에이전트로서 행복한 삶을 사는 것은 일을 해서 많은 성과를 내는 것이다. 이것이 에이전트의 성공이다. B는 이 사실을 너무나 잘 알고 있기에, '현재는 번아웃된 상태이니 조금 쉬고 나서 다시 열심히 살아가면 괜찮을 것 같다'라는 본인의 문제에 대한 분명한 답도 가지고 있다. 또한 "효율적인 길을 묻는 저는 어쩔 수 없는 에이전트인가요?"라는 질문을 할 정도로 자기 성찰 능력도 뛰어나다. 그런데도 자신이 어떻게 살아야 하는지를 묻는 사연을 보낸 것이다. B는 어떤 마음이었을까?

B는《마음 읽기》의 또 다른 용도를 알고 있을 수 있다.《마

음 읽기》는 '내가 갈 수 있고, 가고 싶은 길'을 모를 때 집어들 수 있는 책일 뿐만 아니라, 그 길을 잘 알고 있어서 자신에게 맞는 구체적인 방법을 찾으려 할 때에도 필요한 책이기 때문이다. 즉 자신의 선택에 대해 다시금 확인하면서 구체적인 행동에 대한 만족과 안도를 얻게 하는 책이다. B가 찾은 '자기만의 답', 즉 '조금 쉰 후 열심히 일한다'는 것은 완벽한 정답이 아니다. 빠진 퍼즐 조각이 있다. 그것이 무엇일까? 에이전트에게 행복이란 '자신의 일을 즐기는 것이다.'

이 말은 맞다. 하지만 이것은 에이전트가 아니더라도 누구에게나 적용될 수 있는 피상적인 말이다. 좀 더 정확한 답을 찾기 위해서 에이전트에게 가장 중요한 것은 '생존'하는 것이고, 에이전트에게 생존이란 바로 '스스로 번아웃되지 않는 것'이라는 사실을 알아야 한다. 에이전트는 '언젠가 있을 휘황찬란한 성공의 그날'을 위해 앞으로 돌격하는 경향이 있다.

하지만 그날이 끝내 오지 않을 수도 있다. 남들보다 빠르게 두 배 세 배 임무를 완수하다 보면 어느 순간 '번아웃'될 수 있기 때문이다. 더 이상 생존을 할 수 없게 되는 것이다. 자신의 인생이 임무들 사이에서 조금씩 무너져 내리고 있음을 발견하는 것이다.

만일 에이전트가 번아웃의 상태에서 "정말 삶에 대해 더 많은 생각을 하게 되었습니다. 머리가 좀 더 복잡해졌습니다"라고 말한 것은 커다란 발전이다. 이 두 문장은 에이전트의 '재탄생'을 의미한다. 지금까지는 자신에게 주어진 업무를 완벽하게 수행하는 것을 인생의 전부 혹은 의무라고 믿어 왔다면, 이제는 그 의무가 내가 하고 싶은 것을 찾는 것, 혹은 나에게 필요한 것을 능동적으로 찾으려고 하는 것이기 때문이다. 이것이 바로 나 스스로 자신에게 부과할 수 있는 임무이다.

이 사실을 에이전트가 알게 될 때, 에이전트는 더 이상 에이전트로 머무르는 것이 아니라 새로운 마음을 가진 사람으로 살아 나갈 수 있다. 예전과 마찬가지로 '무엇이든지' 해도 되지만, 그 '무엇이든지'는 주어진 상황에 자신을 맞추는 것이 아니라 '스스로 찾은 만족스럽고 행복한 무엇이든지'가 된다. 능동적인 삶의 자세를 갖춤으로써 에이전트로서 새로운 마음을 경험하는 재탄생이 이루어진 것이다.

09
타인의 눈에 비치는 나란 인간

하나의 정답을 찾고 있는가

많은 수의 대한민국 사람들은 어려움이나 위기에 처하면 정답을 찾으려 한다. 상황에 따라 다양한 해결책이 있을 수 있음에도 불구하고, 반드시 이래야만 한다는 절대적 해법을 찾으려한다. 시험을 보는 것도 아닌데, 항상 자신의 생각이 '맞는지' 또는 '틀리는지'에 예민하게 반응한다. 또 같은 이유로 어떤 경우에도 자신의 의견이나 생각을 말하지 않으려 한다. 혹시나 틀린 말을 하지는 않을까 염려하기 때문이다. 이런 한국 사람들의 성향은 '실패를 인정하려 하지 않는다' 또는 '정답을 찾으려는 욕망이 강하다' 등으로 표현된다. 한 개인이 자신의 삶을 살아가는 방식에서도 이런 마음은 강하게 나타난다. '가능한 한 실수하지 말아야 하고', '실패라는 것은 생각하기도 끔찍하다'라는 마음이다. 성공이나 행복에 대한 갈망이 강한 이유도 아마 이런 실패에 대한 두려움 때문인지도 모른다.

한국 사회에서 대부분의 사람들에게 '잘못되지 말아야' 하고, 또 '잘해야 한다'라고 믿는 마음이 가장 뚜렷한 것이 아마 '인간관계'일 것이다. 이것은 사실 나와 다른 사람, 또 내 마음과 다른 사람과의 관계이기에 더 어렵다. 자신의 마음조차 제대로 파악할 수 없는 많은 사람들에게 인간관계란 '어떻게 해야 잘할 수 있는지', 또 '잘못된 경우 그 해결책은 무엇인지' 참으로 알기 어려운 고난이도의 문제이다. 그런데 누구나 쉽게 터득할 수 있는 인간관계의 비법이 있다. 바로 칭찬이다.

칭찬은 고래도 춤추게 만든다고 하지 않는가. 사실 칭찬을 싫어하는 사람은 거의 없다. 좋은 관계를 위해 '칭찬'은 매우 좋은 방안이다. 하지만 동양 사회에서 '칭찬'은 때로 '아부'로 여겨질 수 있다. 또한 과도한 칭찬은 진실한 사람이 할 행동이 아닌 것으로 보이기도 한다. 이런 오해가 생겨나는 것은 '칭찬'의 의미를 사람마다 다르게 받아들이기 때문이다.

사실 실질적으로 고래를 춤추게 만드는 것은 칭찬과 더불어 받게 되는 물고기이다. 고래가 조련사의 말을 따라 춤추는 것은 물고기를 먹을 수 있기 때문이다. 인간관계에서 칭찬의 효과도 이와 같다. 칭찬이 인간관계에서 효과를 발휘하는 이유는 이것이 바로 그 사람에게 '잘살고 있다'는 인정이 되기 때문이다. 특히 '리얼리스트'의 마음으로 사는 사람들에게 칭찬은 이들이 착하게 잘살고 있는 것에 대한 인정이다. 칭찬을 통한 주위 사람들의 인정은 리얼리스트에게 삶을 살아가게 만드는 원동력이요, 행동하게 만드는 에너지이자 힘이 된다.

　'로맨티스트'에게 칭찬은 인정과 유사하지만 조금 다른 효과가 있다. 이들은 항상 자신의 행동에 대해 불안해한다. 혹시 잘못한 건 아닌지 또는 잘못되는 것은 아닌지 두려워한다. 그래서 자신의 행동에 대해 항상 돌다리를 두드리면서 건널까 말까를 고민한다. 이런 마음을 가진 사람에게 '잘하고 있다'는 칭찬은 이들이 현재 보이는 행동이나 감정에 대한 공감을 의미한다. 이런 측면에서 보면 칭찬은 로맨티스트와 리얼리스트들에게 에너지를 주고 동기화시키는 말이다. 사실 한국 사회의 70% 정도가 로맨티스트와 리얼리스트에 속한다. 그렇다면 나머지 약 30%의 사람에게도 칭찬이 효과적일까?

'휴머니스트'의 경우 칭찬은 마땅히 해야 하는 것을 했다는 것에 대한 인정이다. 칭찬은 주변 사람들을 기분 좋게 한다. 이런 이유로 휴머니스트들도 주위 사람들을 동기화시키거나, 좋은 관계를 맺으려 할 때 칭찬을 즐겨 사용한다.

하지만 때로는 칭찬이 '저 사람이 나를 어떻게 보고 저런 소리를 하지?'라고 생각하게 만들기도 한다. 별로 칭찬받을 일이 아닌데 칭찬한다고 생각해서 민망해하거나 기분이 상하기도 한다. 바로 '아이디얼리스트'가 그러하다. 이들에게 칭찬은 별 효과가 없다. 당연한 것에 대한 의미 없는 인정일 뿐이다.

마지막으로 에이전트에게 칭찬은 자기가 한 일의 성과에 대한 인정이다. 성공적으로 해낸 일에 대한 당연한 반응이다. 하지만 이들을 동기화시키는 것은 칭찬이 아니라 일에 대한 보상이다. 에이전트에게도 칭찬이 효과가 있지만, 이들에게는 물질적인 보상이 더 중요하다. 정확하게 눈에 보이는 보상 없이 칭찬의 말로 때우려 할 때 에이전트는 마음이 상할 수도 있다.

인간관계에서 우리가 대하는 사람이 어떤 마음을 가진 사람인가를 아는 것은 이런 이유로 중요하다. 대표적으로 자주 하는 칭찬 중 '착하다'라는 말의 의미도 각자의 마음에 따라 다르게 받아들여진다.

리얼리스트 성향의 사람에게 '착하다'라는 말의 의미는 다른 사람의 기대에 부응하고 있다는 뜻이다. 좋은 사람이라고 인정받는 것이다. 하지만 로맨티스트는 '왜 나한테 착하다고 하지?'라고 반응하며 부담스러워한다. 감성적이고 섬세하기에, 착하다는 말의 의미에 충분히 공감하지 못할 수 있다. 휴머니스트에게 '착하다'는 말은 의리 있고 배려심 깊다는 뜻이다. 누군가 자신에게 착하다고 이야기하면, 스스로 '자신은 된 사람, 의리 있는 사람'이라고 믿는다.

아이디얼리스트 성향의 사람에게 '착하다'는 말은 순수하고 순진하다는 의미이다. 하지만 정작 이 말을 들으면 '나를 바보로 보나?'라는 의구심을 가진다. 성실성이 높은 에이전트에게 '착하다'는 말은 일을 잘한다는 의미이고 반사적으로 '나한테 또 무슨 일을 시키려고 저러지?'라고 생각한다.

개인의 성격에 왜 타인 평가가 필요할까?

WPI 성격 시스템에서 '타인 평가'로 규정되는 기준은 사람들의 삶의 가치와 라이프스타일을 나타낸다. 사람들은 같은 성격 유형의 사람들과 비슷한 형태의 인간관계를 추구하거나 익숙한 환경을 유지하려 한다. 성향이 비슷하면 비슷한 생활 방식을 택하기도 한다. 비슷한 생활 방식을 가지게 되면 비슷한 경험을 하기 쉬워서 비슷한 걱정이나 즐거움, 좌절 등의 감성을 공유하기도 쉽다.

예를 들어 '수줍음'은 한 사람의 인생 궤도에 중요한 결과를 불러올 수 있다. 수줍음이 많은 사람들은 긴장감 때문에 주춤하는 행동을 더 많이 하게 된다. 또 낯선 상황에 놓이거나 커다란 변화가 일어나는 사회적 위기가 닥쳤을 때, 다른 사람들에 비해 과도하게 위험을 느끼기도 한다. 또 이런 수줍음 때문에 가능한 한 안정적인 환경을 선호하고, 낯선 사람과의 만남을 피하기도 한다.

남들에게 믿음직한 모습으로 자신을 드러내는 것이 중요하기 때문에, 가능한 한 책임감이 높은 사람이 되려 한다. 대체로 성실하게 자신의 역할을 잘 수행하려고 하는 경향이 높다. 이것이 수줍음이라는 특성이 만들어 내는 삶의 모습이다. 만일 수줍음을 강하게 느끼는 사람이 아주 개방적이라면, 그 사람은 서로 상반되는 성향 때문에 자신이 상상하지도 못할 위험을 택하는 상황에 빠질 수도 있다.

개인의 성격은 그 사람이 추구하는 삶의 방식을 통해 삶의 면면에서 나타난다. 그 사람의 성격에 따라 각자 중요하다고 의미를 두는 것이 각기 다르기 때문이다. 이것을 WPI 성격 프로파일에서는 한 개인의 '타인 평가' 프로파일로 구분한다. 한 개인의 현재 마음은 WPI의 '자기 평가'와 '타인 평가'의 결합이다. 특정한 개인의 성격 유형을 제대로 파악하기 위해서는 개인의 기본 성향을 나타내는 '자기 평가'와 '타인 평가' 프로파일 모두를 고려해야 한다.

'타인 평가'는 다른 사람이 보는 특정 개인에 대한 평가를 의미하는 것이 아니다. 마치 타인이 된 듯한 시선으로 자신을 보는 것을 의미한다. 스스로 객관자의 위치에서 바라보는 자신의 모습이다. 그 결과 자신이 중요하다고 믿는 것이 부각된다. 즉 자신을 타인의 시선으로 판단할 때, 일상생활에서 가장 뚜렷하고 중요하게 여기는 자신의 행동에 초점을 두기 때문이다.

이것은 주위의 사람들이 아무리 이런저런 이야기를 하더라도, 내가 기억하는 것은 내가 판단했을 때 중요하거나 의미 있는 이야기뿐이라는 사실과 일맥상통한다. 타인의 시선이 모두 나에게 남는 것은 아니라는 뜻이다.

실질적으로 인간은 자신을 보는 다른 사람들의 시선을 모두 알 수 없다. 하지만 우리는 수많은 사람들의 시선을 느끼면서 생활하고 있다. 여기에서 중요한 것은 우리 모두가 분명 '다른 사람이 자신을 본다는 사실'을 뚜렷하게 인식한다는 것이다. 그리고 이런 인식은 각자 그것을 무엇이라고 믿느냐에 달려 있다는 것이다. 즉, 타인의 시선이 한 개인에게 영향을 미칠 수 있는 정도는 그 시선을 무엇으로 인식하느냐 하는 개인의 믿음에 의해 좌우된다. 이것을 타인에 대한 개인의 주관적 인식 정도라고 한다.

　WPI에서 타인 평가는 5가지 핵심 가치, 즉 '릴레이션(relation, 관계)', '트러스트(trust, 믿음)', '매뉴얼(manual)', '셀프(self)', '컬처(culture, 향유)'로 이루어진다. 타인 평가는 타인의 시선이라는 이름으로 자신을 인식하는 방식이지만, 결국 스스로 중요하다고 생각하는 생활 방식을 나타낸다.

　한국 사회에서 개인이 중요하게 생각하는 삶의 방식은 바로 그 사람이 자신의 생활 속에서 자연스럽게 보이는 라이프 스타일이나 삶의 가치이다. 칭찬이 각기 다른 마음을 가진 사람들에게 각기 다른 의미를 가지듯, 각각의 삶의 방식과 가치 역시 각기 다른 화학 반응을 일으킨다.

목이 마르면 우리는 물을 찾는다. 목이 마른 사람이 춤을 추는 행동을 하는 경우는 거의 없다. 이처럼 각기 다른 타인 평가의 특성은 특정한 행동 방식을 내포하고 있다. 예를 들면 '릴레이션'은 내가 다른 사람의 관심과 인정을 받고 싶다는 마음을 반영한다. '트러스트'는 믿음직스럽게 내 역할에 책임을 다하고 싶다는 욕망을 드러낸다. '매뉴얼'은 삶에서든 일에서든 통제하고 관리하고 싶다는 의지와 성향을 표현한다. '셀프'는 자기만의 스타일이나 개성을 드러내고 싶다는 것이다. 마지막으로 '컬처'는 문화나 취미, 취향 측면에서 삶을 여유롭게 즐기고 싶다는 것이다. 이것은 인간이 살면서 자연스럽게 드러내는 지향적 행동이다.

타인 평가는 스스로 자신을 보게 되면서 확인할 수 있는 개인의 주관적 인식이다. 즉 한 개인이 지향하는 삶의 가치나 라이프스타일을 나타낸다. 객관적인 시선으로 바라보는 자신의 모습이자 생활 속에서 뚜렷하게 보이는 어떤 사람의 삶의 방식이다.

1. 릴레이션 · 관심받고 싶어요

타인 평가에서 높은 '릴레이션' 성향이 보여 주는 특성은 사교적, 외향적, 활동적, 개방적 태도로 표현될 수 있는 개인의 삶의 방식 또는 가치이다. 릴레이션 성향이 높은 사람들은 유쾌하고 활동적인 삶의 모습을 지향하는 경향이 있다. 이들이 참지 못하는 것은 사람들 사이의 침묵이다. 어색함을 잘 견디지 못한다. 이런 삶의 방식은 주위 사람들로부터 에너지와 행복을 얻지만 한편으로 상처도 많이 받는다. 혼자 성과를 만드는 업무는 물론이고 혼자 지내는 것도 힘들어한다. 그래서 끊임없이 전화하고 끊임없이 SNS에 접속하고 끊임없이 모임을 만든다. '눈도장 찍기'가 이런 관계의 대표 활동이다. 바쁘고 분주하게 생활하는 것이 부지런히 잘사는 것이라고 믿는다.

사회적인 관계 속에서 도움을 청할 때 본인은 물론 상대방도 크게 부담을 느끼지 않는다. 서로서로 돕는 것이 좋고, '누구를 안다'는 것은 도움을 받을 가능성이 있다는 의미이기도 하다. 대인관계에서 높은 친밀성을 보이며, 또 사람들과의 관계를 중시하다 보니 자신의 감정을 세련되게 표현한다. 하지만 특정 관계에서 인내력이나 지속성이 높지 않다. 조금이라도 불편한 상황이 발생하면 그 관계는 곧 소원해지고 만다. 그 냥 쉽게 포기하는 관계이다. 릴레이션 성향이 높은 사람들은 다른 사람이 자신을 어떻게 보는지 끊임없이 확인하려 한다. 특정 사람과의 관계가 아니라 막연히 타인을 의식하는 경향, 타인과 좋은 관계를 맺으려는 삶의 방식을 보인다.

리얼리스트의 릴레이션

리얼리스트에서 관계란 거의 본능처럼 보이는 타인에 대한 관심이자, 타인으로부터 받고자 하는 관심을 의미한다. 주위 사람들에 대해 뭐든지 알고 싶어 하는 것이다. 이들에게 관계는 자신의 정체성을 나타낼 수 있는 핵심 라이프스타일이자, 삶의 주요 가치이다. 리얼리스트의 성향이 높은 사람들은 다양한 관계를 맺는 것을 중요하게 생각한다. 무언가 뚜렷하게 자신을 드러낼 수 있는 것이 없기 때문이다. 따라서 관계는 이들의 정체성을 이룬다. 한 사람의 WPI 프로파일에서 리얼리스트와 관계 성향이 거의 일치하는 것으로 나타난다면, 그 사람은 현재의 삶에서 심리적으로 비교적 안정되어 있다고 할 수 있다. 자신이 속한 조직에서 인정을 받고 상황의 변화에 유연하게 대처하는 형태로 생활하고 있다.

반대로 일치하지 않는다면 리얼리스트 성향의 그 사람이 현재 좋지 않은 상황에 처해 있다고 봐야 한다. 자신의 조직이나 주위 사람들에게 잘 받아들여지지 못하고 있거나 어려운 상황에서 열심히 노력하고 있는 것이다. 보통 이런 모습을 '나르시시스트'와 '관심 갈구'의 상황으로 해석한다. 리얼리스트의 관계 성향은 타인의 관심이나 애정, 인정을 갈구하는 삶의 방식을 이들이 추구하고 있다는 것을 의미한다. 이들에게 관계란 자신의 불안한 마음을 안정시키려는 일종의 욕구 충족적 삶의 방식이다. 만일 이들이 낮은 릴레이션 성향을 보인다면 나르시시스트 상황이다. 부족한 타인의 인정을 자기 자신과의 관계 속에서 스스로 충족시키려 한다. 그리고 과도하게 높은 관계 성향을 드러낸다면, 이것은 타인의 인정을 강하게 추구하는 '관심 갈구'의 상황을 의미한다.

로맨티스트의 릴레이션

로맨티스트의 경우, 릴레이션 성향이 아주 높다면 자기 감성을 공유할 누군가를 찾으려고 한다. 조용히 혼자만의 시간을 가지기보다 밖으로 나돌면서 자신에게 공감해 줄 누군가를 찾는 것이다.

관계 지향적인 로맨티스트의 생활은 마치 사교계 여왕의 이미지와 비슷하다. 사교적일 뿐 아니라 연애에 상당히 능숙하다. 하지만 로맨티스트가 높은 관계를 보이는 것은 한편으로는 감정적인 파문을 많이 경험하기 쉽다는 의미이기도 하다. 타인이 자신의 감성에 공감하기를 기대하다가 타인에게 감정적인 손상을 입을 수 있다는 것이다. 겉으로는 여왕처럼 우아한 모습이지만, 속으로는 방황하는 청소년의 혼란스러운 심리 상태를 겪고 있을 가능성이 높다.

언뜻 사회생활을 잘하는 것처럼 보일 수도 있지만, 정작 생활 속에서 스스로 심리적 안정감을 찾거나 삶의 문제를 혼자서 해결하는 일에는 상당히 어려움을 느낀다. 릴레이션이 바로 한 개인이 심리적인 안정성을 느낄 수 있는 주요 요인이기 때문이다. 정서적 안정성이 타인에 의해 좌우되기에 릴레이션이 상대적으로 높은 로맨티스트는 쉽게 자신의 에너지를 소진시키고, 상황이나 관계가 변하면 순간 자신의 역할이나 책임을 다하기가 힘들다. 자신에 대한 믿음의 위기를 겪는 것이다. 그러므로 다수의 사람들과 동시다발적으로 관계를 맺게 될 경우 어떤 상황에 처하게 되는지, 어떤 문제를 마주하게 되는지 먼저 확인해 볼 필요가 있다. 로맨티스트는 소수의 사람들과 깊은 정서적인 유대감을 경험할 때, 자신의 문제를 쉽게 느끼고 해결할 수 있기 때문이다.

휴머니스트의 릴레이션

휴머니스트의 경우, 릴레이션 성향이 높다는 것은 자연스러운 일이다. 이들의 대인관계는 보통 에너지가 넘치고 또 낯선 사람들과의 만남에도 거리낌이 없기 때문이다. 대다수의 휴머니스트들이 가장 쉽게 추구하는 삶의 방식이자 핵심 가치이다. 하지만 릴레이션이 휴머니스트의 핵심 특성이 되는 경우, 이것은 정작 본인의 핵심 역량이 무엇인지 잘 파악하지 못하고 있는 상태임을 알려 준다. 휴머니스트의 핵심은 관계가 아니라 자기만의 권위와 카리스마를 뚜렷하게 부각시킬 수 있는 무엇이어야 하기 때문이다. 즉 자신을 뚜렷하게 부각시킬 수 있는 사회적 위치나 역할, 전문성이 현재 충분하지 못한 상황이라는 뜻이다. 휴머니스트로서 자기만의 정체성을 만들지 못한 경우이다.

릴레이션이 높은 휴머니스트는 능동적이고 적극적이다. 다수의 사람들과 개인적으로 혹은 집단으로 다양한 만남을 즐긴다. 다양한 사람들과 비교적 잘 지낸다. 모임에서 리더나 중재자로서의 역할을 많이 하고 비교적 잘한다. 주변에 이성 친구가 많을 수 있는데 그냥 친구이기가 쉽다.

릴레이션 성향이 높은 휴머니스트가 쉽게 잘하는 말이 '혼자 여행하고 싶다'이다. 하지만 정작 이들이 여행을 가면, 여러 사람과 어울리는 여행이 될 가능성이 높다. 혼자 있는 것은 이들에게 아주 힘든 상황을 의미하기 때문이다.

아이디얼리스트의 릴레이션

자신에게 초점을 두고 살아가는 아이디얼리스트에게 릴레이션은 항상 부담감을 주는 삶의 방식이자 활동이다. 또한 릴레이션은 아이디얼리스트 개인의 삶의 방식이나 추구하는 가치라기보다는 본인이 잘 수행해야 하는 과제가 된다. 아이디얼리스트 중에서 관계를 중시하는 사람들은 자신의 재능을 다른 사람과 공유하려 한다. 하지만 이런 경우 관계의 중심은 자신이 아니라 타인이다. 그리고 높은 릴레이션 성향은 자신의 문제나 아쉬운 무엇을 다른 사람과의 관계를 통해 해결하고자 하는 마음이 드러난 것이다. 분명 관계는 아이디얼리스트 개인의 욕구를 충족시키는 하나의 방편이 될 수 있지만, 이 관계는 오래 지속되기 힘들다. 욕망이 충족되면 그 관계는 깨지기 마련이기 때문이다. 대개 이런 순간 아이디얼리스트는 관계의 단절 또는 배신을 경험하게 된다.

이는 아이디얼리스트가 관계를 통해 자신의 문제나 욕구를 해결하려고 하는 것으로 자기 자신이 아닌 타인을 통해 문제를 해결하려는 의도에서 이루어진다. 이런 경우 좋은 결과를 만들어 내기가 쉽지 않다. 그럼에도 불구하고 많은 아이디얼리스트들이 통념적으로 잘 듣게 되는 조언은 '타인과의 관계를 강화하라'는 것이다. 자신의 정체성을 뚜렷하게 부각시켜 밀고 나가기 어려운 한국 사회에서 관계는 아이디얼리스트가 잘 적응하기 위한 하나의 방편처럼 보인다. 하지만 아이디얼리스트가 관계를 활용한다는 것은 긍정적인 결과보다는 아이디얼리스트 개인이 자기에게 맞지 않은 옷을 입은 것과 같은 기분으로 지내야 하는 아픔으로 이어질 가능성이 더 크다.

에이전트의 릴레이션

에이전트에게 '관계'란 사람을 만나는 일을 의미한다. 따라서 에이전트는 일을 같이하는 관계가 아니라면 큰 관심을 기울이지 않는 편이다. 그렇다고 완전히 무관심할 수는 없기 때문에 가능한 한 관계를 구체적인 과제나 일과 연결시키려 한다. 과제와 연관되지 않은 관계를 위해 시간을 보내는 것은 무의미하다고 생각하기 때문이다.

에이전트 유형에게서 릴레이션이 높게 나타났다는 것은 그가 리얼리스트의 삶의 방식을 잘 수용하고 있다는 의미이다. 하지만 이것이 자신의 특성을 뚜렷하게 부각시키는 삶의 방식은 결코 아니다. 에이전트는 분명 건설적이고 진취적인 이야기를 나누는 만남이나 관계를 선호한다. 하지만 실제 만남에서 에이전트가 누군가와 비교적 많은 시간을 같이 보내더라도 헤어진 후 정작 기억에 남는 대화를 떠올리기란 쉽지 않다. 감성적 교류가 없는 관계가 만들어 내는 역설적 상황이다. 에이전트는 많은 이야기를 하더라도 서로 마음이 통하는 이야기를 나누었다는 느낌을 받는 경우는 드물다. 그런데 정작 자신은 이런 사실을 잘 알아채지 못한다. 관계 지향적인 에이전트는 남들이 보기에는 마당발이라는 인상을 줄 수도 있다. 하지만 이들에게 관계란 사람들과의 만남으로 이루어지는 정서적인 교감이나 교류라기보다는 그 자체로 자신이 수행해야 하는 하나의 미션일 뿐이다.

2. 트러스트·내 말이 맞잖아요?

타인 평가에서 '트러스트'의 특성으로 드러나는 것은 신뢰성, 책임감, 성실성이다. 이 특성을 뚜렷이 드러내는 사람들은 자기 의견이나 주장을 강하게 표현하기보다 그것을 행동으로 수행하려 한다. 따라서 겉으로 보기에 다양성이나 상황 변화를 부담스러워하는 것으로 보인다. 정해진 일을 성실하게 수행해야 한다고 믿기에 새로운 것에 대한 지적 개방성도 떨어지는 편이다. 안정된 정서를 가지고 있더라도 비교적 내성적이다. 분명한 것은 어느 쪽이든 일관되고 꾸준하며 고집이 세다는 점이다. 새로운 방식으로 일하는 것이나 조직이 변화를 겪는 것을 좋아하지 않고, 긴박한 상황에 대처하는 능력이 다소 떨어진다.

트러스트가 높은 사람들은 사회생활을 하면서 주위 사람들에게 자신의 역할에 최선을 다하는 책임감 있는 모습을 보이려 한다. 좋은 아들, 딸, 든든한 선배, 믿을 수 있는 친구가 되려 한다. 번잡하고 넓은 인간관계보다 몇몇 사람들과의 깊고 친밀한 관계를 더 추구한다. 집단이나 조직 안에서는 성실성과 책임감으로 자신을 어필하려 한다. 어려운 상황에 처하면 자신의 높은 트러스트 성향을 중심으로 행동하게 되어 성과나 결과 중심의 행동을 뚜렷하게 보인다. 이는 '성과주의', '결과 지상주의'의 행동 방식이다. 이런 삶의 방식은 조직 생활에서 인정을 받을 수는 있지만, 자신의 삶이 조금씩 망가지는 결과를 초래하기 쉽다. 트러스트가 높은 사람들이 좋은 환경을 만들어 조직 안에서 리더의 역할을 할 경우 덕장형 리더십을 발휘한다.

리얼리스트의 트러스트

리얼리스트가 트러스트가 높은 것은 자신의 실제 행동이나 성과에 비해 주변 사람들의 인정을 넘치게 받으려 한다는 의미이다. 현재 자신의 역할에 대해 과잉 책임감을 느끼는 것이다. 성실하다거나 믿음직하다는 평가를 지나치게 의식하고 있고, 이런 모습을 보이는 것이 착하고 잘하는 것이라 믿고 있다는 뜻이다. 따라서 아무리 힘들고 싫어도 주어진 일은 끝까지 해내려 한다. 이때 리얼리스트가 혼자 속으로 엄청난 스트레스를 받는 것은 당연하다. 높은 믿음을 지향하는 리얼리스트들의 삶이 편안하지 못한 것은 맡은 일 자체의 문제가 아니다. 타인의 기대와 칭찬에 부응하려고 자신이 맡은 역할에 과도한 책임감과 성실성을 부여하려 하기 때문이다.

한국 사회에서 대다수의 직장인들이 과도한 업무에 시달린다고 이야기하거나 또는 늦게까지 야근을 하는 모습을 보이는 것은 리얼리스트 성향의 사람들이 믿음이 높은 삶의 방식을 보여 주려 하기 때문이다. 이는 타인의 인정, 특히 상사의 인정을 받기 위해 노력하고 또 인정받으면 뿌듯해하는 전형적인 리얼리스트 조직인들, 특히 믿음 성향이 높은 리얼리스트들이 만들어 내는 삶의 방식이다.

리얼리스트가 아주 높은 믿음을 보인다면 그 사람의 삶의 모습은 때로 타인에게 이중적으로 비치기도 한다. 예를 들어 믿음이 높은 리얼리스트는 평소에는 상당히 예의 바르고 겸손한 모습을 보인다. 하지만 자신이 어느 정도 자신 있거나 인정을 받는 상황이 되면 은근히 잘난 척하거나 생색을 낸다. 이런 모습은 승진이나 인사 고과 시즌에 더 뚜렷하게 부각된다.

현재의 상황에 불안감을 느껴서 괜히 상사나 부하직원에게 잘해 주는 등 주변에 신경을 쓰다가 결과에 따라 행동이 달라지는 것이다. 한편으로는 이것이 눈치 보는 모습처럼 비치기도 한다. 트러스트를 과도하게 추구하는 리얼리스트의 모습은 상대방에게 믿음을 주기는커녕 변덕이 심한 것처럼 보이기 쉽다.

로맨티스트의 트러스트

로맨티스트에게 트러스트는 자신의 정체성을 나타내는 데 꼭 필요한 가치이자 삶의 방식이다. 감성적이며 섬세한 로맨티스트에게 믿음은 안정을 제공하는 기본적인 삶의 방식이기 때문이다. 어떤 불안정한 감정에 휘둘리지 않기 위한 자기만의 해법이다. 믿음이 뚜렷하게 부각되는 삶의 방식이나 믿음그 자체가 중요한 가치로서 그 사람의 정체성이 될 때, 매력적인 로맨티스트의 성향이 잘 부각될 수 있다. 자신의 감성적 측면을 다른 사람들과 공유하고 잘 표현하려는 로맨티스트에게 믿음이라는 가치는 마치 부서지기 쉬운 감성을 튼튼하고 탄력적인 속성으로 바꾸는 아교와 같은 역할을 한다.

로맨티스트 성향과 부합하는 트러스트 수준이라면, 자신이 좋아하는 것을 상대방이 알아주고 인정해 주면 뿌듯함을 느낀다. 자신의 감성에 대해 누군가가 공감해 주고 또 그것을 공유하는 모습을 보이면 실제 서로 간에 깊은 믿음과 유대감이 생겨나는 경험을 한다. 믿음의 상태가 잘 유지된다면, 로맨티스트는 주위의 기대에 부응하는 것은 물론 타인과의 관계에서 안정적이며 매력적인 모습을 보인다. 구체적으로는 특정한 역할을 자신이 잘 수행하고 있다고 느끼거나 또는 자신의 책임에 걸맞은 일을 제대로 해내고 있다고 느낀다. 만약 자신의 역할이나 책임에서 믿음을 가지지 못한다면 이들은 명상, 요가, 운동, 글쓰기, 휴가, 음식 등으로 자신의 감정적 불균형을 해소하려 하거나 또 다른 에너지를 충전하려 한다.

로맨티스트인데 트러스트가 상대적으로 낮다면 남에게 신경을 쓰긴 하지만 거기에 휘둘리지는 않는다. 눈치를 보기는 하지만 하고 싶은 말은 다 하는 편이다. 도도하고 변덕스러운 모습을 보이는 것이다. 반면에 자신의 역할이나 책임에 대한 믿음을 유지할 수 없다면, 외부적으로 나타나는 성과나 표식에 과도하게 치중하게 된다. 그리고 눈으로 쉽게 확인할 수 있는 결과나 성과주의의 생활 방식을 선택한다. 트러스트가 마음이나 정서적 공유가 아니라 성과로 확인되는 것이다.

휴머니스트의 트러스트

타인에게 의리나 믿음을 강조하면서 자신의 권위를 강조하려는 휴머니스트의 경우 트러스트가 높게 나타날 수 있다. 휴머니스트 유형이 트러스트를 삶의 방식이나 가치로 추구한다면, 그 사람은 조직이나 집단 내에서 본인의 역할이나 책임을 과도하게 의식하게 된다. 약간 목에 힘이 들어간 심리 상태여서 타인에게 경직된 행동이나 긴장된 모습을 보여 주고 있을 가능성이 높다.

추진력이 강한 휴머니스트가 개인이나 조직의 상황을 지나치게 배려하면 행동이 경직되는데 역설적이게도 휴머니스트는 높은 트러스트를 보일 경우 자신이 속한 집단에 대한 자신의 역할에 책임을 다하려고 하기 때문이다. 이는 구성원 모두에게 신뢰감을 주고 배려하려는 모습이기도 하다.

하지만 트러스트가 높으면서 매뉴얼이 낮은 경우 미숙한 휴머니스트의 모습을 보이게 된다. 이런 경우 본인의 의도와 상관없이 정작 구성원들은 이런 성향의 휴머니스트에게 '내가 원하는 것은 그게 아닌데…'라는 메시지를 주기 쉽다. 휴머니스트가 다른 사람의 감성을 잘 파악하지 못하거나, 일반적인 관계에서 자신의 장점을 잘 발휘하지 못하기 때문이다. 이것은 섬세하지 못한 단점이 부각되는 경우이다. 만일 이런 상황에서 행동의 방향까지 서로 맞지 않다면 추진력은 있지만 좌충우돌하게 된다.

아이디얼리스트의 트러스트

아이디얼리스트가 높은 트러스트 성향을 보이는 경우, 이들은 로맨티스트처럼 보일 수 있다. 자기의 생각과 의견을 강하게 표출하기보다 자신의 역할과 책임에 충실하려는 감성적인 모습이 부각되기 때문이다. 즉 다른 사람의 감정을 일일이 다독이며 그들에게 신뢰감을 주면서 책임을 다하려는 노력들이 부각된다. 그런데 이렇게 되면 자신의 생각을 강하게 어필하는 아이디얼리스트로서의 정체성을 잃어버리게 될 수도 있고, 자신의 정체성을 드러내지 않으려 애쓰게 되기도 한다.

이런 상황에서 셀프까지 낮다면 믿음 위주의 삶이 큰 부담감으로 작용할 수 있다. 아이디얼리스트의 삶은 비교적 우울하게 보이기 쉽다. 위축되거나 무기력해 보이기도 쉽다. 자신감을 잃고 자신의 감성의 세계에 충실하게 되거나 자기만의 세계 속에 파묻히는 등 도피하는 듯한 모습을 보이는 아이디얼리스트의 마음이 쉽게 드러나기 때문이다.

일반적으로 아이디얼리스트가 높은 트러스트를 나타내기란 쉽지 않다. 좌절감을 느끼거나 또는 타인의 인정에 목마른 상황에 있는 아이디얼리스트의 경우에 트러스트가 높게 나타날 수 있다. 이는 마치 자신의 상황이나 문제를 회피하면서 감정적으로 고집을 부리는 '중2병'의 청소년이 우리에게 주는 이미지와 유사하다. 자신의 생각과 맞지 않더라도 주변 사람들을 배려하는 마음에, 그들의 기대에 부응하려고 노력하는 마음이다. 한마디로 자신의 말을 하지 못하고 눈치를 보는 상황이다.

만일 여기에다 동시에 셀프마저 낮다면 아주 불안하고 좌절한 청소년의 모습을 보이기 쉽다. 결국 현실에서 다른 사람들에게 인정을 받지 못할 뿐 아니라, 타인들의 부정적 시선으로 인해 더 불안해한다. 하지만 이 불안마저도 미숙하고 감정적인 행동 방식으로 대응할 뿐이다.

에이전트의 트러스트

에이전트에게 트러스트는 자신이 한 일의 결과와 관련이 있다. 트러스트가 과도하게 높은 에이전트는 자신이 수행하는 과제가 사람들의 기대와 믿음에 부합하는지를 계속 체크하고 신경 쓴다. 이것은 에이전트가 자신의 유능함을 과제 자체가 아닌 다른 사람들의 피드백 속에서 확인하려는 경향을 보여 주는 것이다. 결국 스스로 과제에 대해 확신을 가지지 못하기 때문에 일을 체계적으로 수행하여 좋은 성과를 내기가 어려워지는 셈이다. 또한 일을 자연스럽게 즐기지 못할 뿐 아니라 타인의 반응에 따라 쉽게 일희일비한다. 일을 잘해서 예쁨을 받고 싶은 신입사원처럼 열정만 있고, 능숙하게 업무를 처리하는 노련함을 보여 주지는 못하는 상황이다.

로맨티스트가 주변 사람들과 감성적 공감을 이루지 못할 때 자기 내면의 감성적 욕구는 팽개쳐 둔 채 일에 몰입하는 성과주의의 모습이, 컬처가 낮고 트러스트가 높은 에이전트에게도 나타난다. 에이전트가 자신의 장점을 제대로 살리지 못하면 자신의 일에 있어 '유유자적'하거나 '꺾인 날개'처럼 계속 방황하는 모습을 보인다.

3. 매뉴얼·사는 데도 공식이 있어요

타인 평가에서 '매뉴얼'의 특성으로 드러나는 것은 기본적으로 관리하고 통제하고자 하는 욕구이자 삶의 방식이다. 매뉴얼이 높은 사람은 자신의 삶에 대한 뚜렷한 프레임을 가지고 있다. 자신의 행동이나 삶의 방식에 대해 확신도 있다. 이것은 보통 도덕적인 기준이나 통념적인 틀, 규범에 근거하고 있다. 사회적인 규범을 준수하려는 강한 성향이 매뉴얼의 특성으로 드러나기도 한다. 하지만 매뉴얼은 개인의 특성에 따라 각기 다른 모습으로 나타난다.

사람들은 대개 자신들이 가진 프레임을 활용하여 자신의 과제를 잘 수행하거나 인간관계를 유지하려 한다. 또 외부에서 정해진 스케줄이나 데드라인에 딱딱 맞춰 움직이려 한다. 이것이 개인이 삶에서 추구하는 매뉴얼이다. 자신의 생활이나 업무가 잘 관리·통제되지 않는다고 느낄 때, 매뉴얼이 높은 사람들은 안절부절못하거나 불편해한다.

하지만 매뉴얼이 낮은 사람들은 비교적 유연하고 자유롭게 행동한다. 매뉴얼이 높은 사람은 자기의 정해진 일의 방식이나 규범을 가지고 있다. 이것이 때로는 개인이 업무를 통해 습득하게 되는 내공, 또는 전문성으로 여겨지기도 한다. 매뉴얼이 높은 사람들은 자신의 업무에 대해 스스로 믿음직스럽고, 자신이 과제를 비교적 철저하게 잘 수행한다고 생각한다.

매뉴얼이 높은 사람들은 사회생활이나 조직 생활을 할 때 자신의 업무에서 불필요할 정도로 자기 고집을 강하게 주장하기 쉽다. 동시에 특정한 규범이나 틀에 맞추려고 노력하다 보니 일에 대한 유연성이 떨어진다. 반대로 매뉴얼이 낮은 사람은 자신의 뚜렷한 성향 없이 그때그때 주어지는 기준이나 통념에 동조하는 모습을 보일 수 있다. 보통 이런 모습은 새로운 일을 할 때 또는 낯선 환경에서 생활의 통제나 관리에 대한 불안을 느낄 때 나타난다. '멀티 동조'가 발생하는 상황이다. 새롭게 주어진 과제를 수행할 때, 자기 스타일을 찾지 못해 통념적인 외부의 규범 등 정답으로 여겨지는 것들을 쉽게 따르는 것이다.

리얼리스트의 매뉴얼

리얼리스트 유형이 높은 매뉴얼 성향을 보인다는 것은 조직이나 집단에서 제공하는 규범이나 틀을 당위적으로 받아들여 내면화했음을 의미한다. 마치 세뇌 교육에 성공한 듯한 상황이다. 보통 군인처럼 제복을 입은 사람의 모습이나 행동 방식, 심리 상태를 연상하면 된다.

주어진 상황에 어떻게든 적응하고자 하는 리얼리스트에게 높은 매뉴얼이란 삶의 정답과 같다. 이런 경우 자신의 생활 속에 내재화된 규범을 절대적인 원칙처럼 고집스럽게 적용하려 한다. 곧이곧대로 법대로만 생활하려는 고지식한 사람을 연상하면 된다.

많은 사람들이 생존을 위해서 정답처럼 믿고 있는 통념이 일상생활의 행동 준칙이 되면, 이는 리얼리스트에게 높은 매뉴얼 성향으로 나타난다. 평범한 사람들의 삶의 원리이다. 조직에 잘 적응한 매뉴얼이 높은 리얼리스트는 자신의 경험을 매뉴얼화하기도 한다. 그러면서 주변 사람들에게 자신만의 매뉴얼을 마치 정답처럼 들이밀기도 한다. 또는 '내 말이 맞아', '내가 해 봤잖아. 그러니 이게 맞아', '회사생활이 다 그런 거지'라며 조직 안에서 습득한 자신의 생존 매뉴얼을 후배 사원들에게 강조하는 행동으로 나타난다. 보통 조직에서 중간 관리자급의 간부가 후배나 부하직원에게 꼰대처럼 구는 모습이 이와 같다.

사실 리얼리스트에게 매뉴얼이란 누구나 경험하면 알 수 있는 상식과 같다. 그렇기에 자신의 정체를 찾으려는 사람이라면 이것을 자신의 삶으로 삼으면 안 된다. 자신을 스스로 평균적이고 일반적인 다른 사람과 구분되지 않는 존재로 만들지 말아야 하기 때문이다. 매뉴얼은 통념적으로 알고 있어야 하는 상식과 같다. 그러므로 이를 아는 척하는 것도 그리 바람직하지 않다.

때로는 그 내용이 '인정하고 싶지 않은, 숨기고 싶은 어둠의 매뉴얼'일 가능성도 있다. 하지만 이같이 사회 곳곳에서 당연하게 받아들이는 수많은 편법 행위들이 리얼리스트에게는 현실적인 삶의 매뉴얼로 인식되기도 한다는 점을 기억해 두자.

로맨티스트의 매뉴얼

매뉴얼이 높은 로맨티스트는 대개 성실하고 꼼꼼하다. 성실하다는 것은 주어진 조건 안에서 맡은 바 과제를 잘 해낸다는 뜻이지만, 매뉴얼이 높은 로맨티스트에게 이것은 '정해진 절차와 규정을 따른다'라는 의미일 수도 있다. 사회적인 측면에서의 매뉴얼은 규범이나 도덕성이다. 삶을 도덕적 의무감으로 살아가는 경향이 있어서 결과적으로 자기 감정을 많이 억누른다. 타인과 감정적인 공감과 공유를 하고 싶어 하다가도 규범에 얽매여서 스스로 행동에 제약을 가하게 된다. 무엇보다 자신의 자연스러운 마음을 일상생활에서 드러내는 데 어려움을 느낀다.

매뉴얼이 높은 로맨티스트, 특히 여성이 가장 많이 호소하는 문제가 연애이다. 보통 매뉴얼이 높으면서 릴레이션이 낮은 경향이 있다. 이 때문에 이성과 감성을 자연스럽게 공유하기 힘들다. 로맨티스트는 자신의 높은 매뉴얼 성향에 대해 피해 의식과 비슷한 원망 섞인 마음을 가진다. 하지만 자신의 그런 마음을 누구와도 쉽게 공유할 수 없다. 매뉴얼이 높은 로맨티스트들은 남에게 부정적인 자신의 감정을 가능한 한 표현하지 말아야 한다고 생각한다. 이런 이유로 연애는 더욱더 어려운 문제가 된다.

로맨티스트의 매력이 가장 잘 드러나는 순간은 감성이 풍부하게 표현될 때이다. 바로 매뉴얼이 낮을 경우로, 로맨티스트는 타인과 감성적인 교감을 잘하고 소년·소녀적인 판타지 성향도 강하다. 감성적 매력을 발산할 수 있다.

하지만 매뉴얼이 높으면 이런 감성적 단서들을 스스로 억압하게 된다. 매뉴얼에 따라 자신의 감성을 견제하고 감시한다. 트러스트가 높은데 매뉴얼까지 높다면 로맨티스트가 택할 수 있는 연애는 부모님용 연애이다. '결혼을 위한 연애' 또는 '부모님이 추천하고 원하는 사람과의 연애'를 추구하는 젊은이들이 바로 그들이다.

휴머니스트의 매뉴얼

휴머니스트에게 매뉴얼은 사회적인 규범이나 틀을 의미한다. 자신의 존재를 뚜렷하게 부각시켜 정체성을 이루게 한다. 매뉴얼은 휴머니스트 성향을 빛나게 해 주는 도구이다. 일상생활에서 매뉴얼은 법, 규칙, 사회 제도 등이다. 이것들은 인간관계 혹은 조직 생활에서 각자의 존재와 역할을 규정하는 영향력이 있다.

휴머니스트 성향과 매뉴얼이 어느 정도 일치하는 휴머니스트는 자신의 정체성과 특성을 잘 발휘하고 있다. 사회나 조직의 정체성을 내면화했을 뿐 아니라 자기 역할도 잘하고 있다는 의미이다. 자기정체성이 뚜렷하다는 뜻이다. 그의 존재가 아주 잘 부각되고, 적절한 권위를 가진다. 만일 매뉴얼과 더불어 릴레이션까지 높다면 주위 사람들에게 리더십이 발휘되어 설득력과 카리스마를 가진다.

휴머니스트 성향의 사람이 조직에서 사람들을 성공적으로 통제·관리하기 위해서는 적절한 수준의 매뉴얼이 반드시 필요하다. 하지만 지나친 수준의 매뉴얼은 그가 외부의 규범이나 질서에 과도하게 의존하고 있음을 의미한다. 이런 경우 그때그때 주어지는 정보나 주변 사람들의 말에 쉽게 휘둘린다. 그래서 귀가 얇다는 소리를 듣게 된다. 바로 '멀티 동조'의 상황이다. 전형적인 경우, 높은 릴레이션과 높은 매뉴얼 성향의 삶의 방식을 추구하면 멀티 동조의 행동을 보일 수 있다.

아이디얼리스트의 매뉴얼

아이디얼리스트에게 매뉴얼이 높으면 자기 기준을 드러내는 모습이 아니라 외부의 기준이나 대세를 추종하는 모습이 되기 쉽다. 남다른 자기만의 생각이나 꿈을 스스로 부정한 채, 남들이 정답이라고 믿는 외부의 틀이나 규범을 따르려는 모습을 보이기 때문이다. 자신의 성향과 대립되는 상황을 스스로 만들어 낸다.

아이디얼리스트가 매뉴얼 성향을 뚜렷하게 가진다면 그의 마음은 셀프 성향에 따라 뚜렷하게 구분된다. 만일 셀프가 매우 낮다면 그는 외부의 요구나 요청에 따라 무기력하게 무의미한 일을 반복하는 '시지프스'와 같다. 나쁜 상황 속에서 남과 차별되는 자신의 정체성을 스스로 포기하거나 눈치를 보는 상황이다. 하지만 셀프가 매우 높다면 이 사람은 자기에 대한 믿음이 너무나 확고하다. 자기 고집을 강하게 부리는 '독불장군'의 상태이다. 이는 아이디얼리스트가 통념이나 관념에 사로잡힌 마음이다.

여기에다 릴레이션마저 낮다면 아이디얼리스트로서의 장점이 부각되기는커녕 더욱 소외될 수밖에 없다. 의사소통에서 부정적인 면이 더 부각되면서, 답답하고 권위적인 '꼰대'로 비칠 가능성이 높다. 이런 경우 역설적으로 부하직원들은 정답 맞추기를 하는 리얼리스트의 마음으로 행동한다.

에이전트의 매뉴얼

에이전트에게 매뉴얼이란 기존에 수행했던 방식을 반복함으로써 성과를 낸다는 의미이다. 과제의 수행을 중시하는 에이전트에게 매뉴얼이 높다는 것은 주어진 과제를 기존의 틀이나 규범, 방식에 따라 수행하려는 마음을 가졌다는 뜻이다. 에이전트는 높은 수준의 계획성을 발휘하면서, 자신에게 주어진 외부 과제를 철저히 의무 방어전적으로 수행한다. 익숙한 방식이 효과를 내는 상황이라면 성과를 인정받을 수 있다. 하지만 새로운 과제를 하고 있거나 환경이 바뀐 상황이라면 큰 어려움을 겪을 수 있다.

매뉴얼이 높은 에이전트가 높은 컬처의 성향을 보이면, 유유자적한 마음으로 과제를 수행하고 있다는 뜻이다. 하지만 이런 에이전트들이 새로운 현장이나 과제에 투입되면 상황이 달라질 수 있다. 이들은 과제를 맡는 순간부터 어려움을 느낀다. 즉 자신이 처한 문제나 상황을 제대로 파악하기 힘들 뿐 아니라, 변화한 상황에 스스로 능동적으로 대처하기가 힘든 것이다. 마치 '꺾인 날개'의 처지에 있는 사람의 행태를 보이기 쉽다. 문제 상황에 대한 창의적 해법을 찾는 것은 더욱 힘들다. 이런 경우 낮은 셀프, 낮은 컬처는 거의 포기하거나 절망적인 상태에 있는 에이전트의 마음을 나타낸다.

4. 셀프 · 내 스타일 어때요?

타인 평가에서 셀프의 특성은 뚜렷한 자신의 개성을 있는 그대로 보여 주는 것이다. 셀프 성향이 높은 이들은 본인이 의도

하지 않아도 자연스레 남들과 구분되는 튀는 스타일이 된다. 그래서 다른 사람에게서 "잘났어, 정말!"과 같은 반응을 불러일으키기 쉽다. 이것은 남의 신경을 거슬리게 하기 때문이라기보다 다른 사람들과 달리 뚜렷하게 다른 자신을 가감 없이 그대로 표현하기 때문이다.

셀프 성향이 높은 사람들은 혼자서도 잘 지내는 것처럼 보인다. 이 때문에 특별히 타인에게 자신을 이해시키려고 노력하지 않는다. 릴레이션이 낮으면서 높은 셀프를 보이는 사람이 나쁜 상황에 있다면 그는 독불장군의 모습이기 쉽다.

셀프가 높으면 일반적으로 타인에 대한 관심과 몰입은 떨어지는 편이다. 다만 셀프 성향이 높은 사람들은 공통되는 지적 관심사를 통해 관계 형성이 가능하다. 이들은 자신이 중요하기에 타인의 인정보다 자신의 인정을 우선시한다. 스스로 어떤 구체적인 결과 자체를 지향하지는 않는다. 하지만 셀프에 대한 다른 사람들의 인정은 번듯해 보이는 어떤 결과물이 나와야만 가능하다. 따라서 명확한 결과물을 세우거나 정해진 업무를 잘 수행하는 경우, 높은 셀프는 대인관계에서 큰 문제를 야기하지 않는다.

하지만 타인과 불확실한 문제를 해결하려고 할 때, 어려운 상황에서 상호 협력하여 문제를 풀어야 할 때, 높은 셀프는 릴레이션 성향과 서로 다른 방향으로 작용한다. 셀프 성향이 높은 사람은 프리랜서와 같이 자신을 중심으로 움직일 수 있는 업무를 수행하는 데 비교적 능하다.

리얼리스트의 셀프

리얼리스트가 뚜렷한 셀프를 드러내기란 쉽지 않다. 주어진 상황에 적절히 처신하면서 주변 사람들과 우호적인 관계를 추구하는 리얼리스트의 삶의 방식에서 뚜렷한 셀프 성향을 보인다는 것은 그 자체로 낯설기 때문이다.

높은 셀프는 리얼리스트의 기본적인 성향과 갈등을 야기하는 삶의 방식이라는 뜻이다. 있는 듯 없는 듯 자신의 존재를 드러내지 않는 것을 생존의 기술로 장착한 리얼리스트가 자기주장을 뚜렷이 하면서 존재감을 드러내는 것은 스스로 딜레마 상황을 만들어 내는 것이다. 따라서 셀프가 높은 경우 관계는 낮게 나타나기 쉽다.

셀프가 높은 리얼리스트는 충동적인 행동을 하기 쉽다. 견디기 힘든 상황에 있거나 심한 스트레스를 받고 있다면 더욱 그러하다. 그래서 어떤 행동이나 발언을 하고는 뒤돌아서서 바로 후회하는 모습을 보인다.

릴레이션과 셀프가 동시에 높게 나타나는 리얼리스트는 비교적 높은 지위에 있거나 주요한 역할을 수행하는 경우가 많다. '피터의 법칙(Peter's principle: 모든 구성원은 조직에서 자신의 무능이 드러날 때까지 승진하려는 경향이 있음을 나타내는 말로, 무능력한 관리자를 빗대어 표현하는 말로 사용되기도 함)'에서처럼 자신의 무능력을 확실히 보일 수 있는 최고의 지위에 있는 것이다.

이런 사람은 더 이상 주변 사람들에게 착한 모습을 보이려 하지 않는다. 그럴 필요가 없기 때문이다. 이 상황에서 그에게 중요한 것은 주위 사람들이 얼마나 그의 주장이나 생각에 동의하는가이다. 즉, 자신이 정말 대세인지 그렇지 않은지에만 관심이 쏠려 있다. 대표적인 예로, 포퓰리즘에 기대어 대중의 관심을 얻으려고 하는 리얼리스트 정치인을 들 수 있다. 높은 셀프는 자신을 실제보다 지나치게 우월한 존재로 잘못 인식하게 만든다.

로맨티스트의 셀프

로맨티스트의 셀프가 높다면 그 사람은 '엄청난 고집'과 '뚜렷한 감성적인 행동 특성'을 보인다는 뜻이다. 이는 신경질적인 감성의 표현으로 드러나기보다는 강한 자아의 모습으로 나타난다. 뚜렷하게 자기 색깔을 밝히거나 자기 의견을 개진하는 것은 로맨티스트에게서는 흔하게 볼 수 없는 모습이다. 일반적인 '고집' 또는 '자기만의 강한 의지'를 드러내는 것이다. 때문에 셀프가 높은 로맨티스트는 예민하고 감성적이기보다 도도하고 거만하게 인식된다.

이는 힘든 상황에서 로맨티스트가 우호적이지 않은 주위 환경을 향해 외치는 독립 선언이자 선전 포고이다. 이것을 '그냥 한번 해 본 소리겠지', '저 친구가 원래 고집이 세니까'라며 가볍게 여기면 로맨티스트의 화를 돋우게 된다. 극단적으로 관계의 문제가 생겨날 수도 있다. 로맨티스트가 셀프를 강하게 드러내는 것은 자신의 감성에 대한 주위의 무관심을 향한 항의의 행동이다. 이때 감성적이고 예민한 로맨티스트는 적에 대항하여 싸우는 아주 공격성이 강한 투사의 모습을 보이기 쉽다. 고집 센 변화의 기수로 행동하게 된다.

휴머니스트의 셀프

휴머니스트가 높은 셀프 성향의 삶의 방식을 추구한다면, 카리스마 있는 독재자의 이미지를 가지게 된다. 그 결과 조직이나 사람들을 통제하고 관리하려는 휴머니스트 성향이 온전히 개인의 특성으로 인식된다. 이는 사회적으로 공유할 수 있는 규범이나 가치가 아니라 개인의 능력이나 특성이 주위 사람들에게 강한 영향을 미친다는 인상을 준다.

보통 '카리스마 있는 리더십'이라고 할 때, 그것은 높은 수준의 셀프에 기반한 휴머니스트 성향이 잘 발휘되는 것이다. 리더의 역할을 하는 사람이 주위의 많은 사람들을 위해 주도적으로 상황을 바꾸는 모습이다.

셀프가 높은 휴머니스트가 매뉴얼도 높다면, 어느 정도 영웅적인 리더의 모습을 보여 줄 수 있다. 하지만 매뉴얼이 낮고 셀프만 높다면, 이것은 혼자만의 굿이 되기 쉽다. 그의 행동이 주위 사람들에게 큰 영향을 미치지 못하는 것이다. 휴머니스트에게 셀프란 개인의 성향이 주위 사람들에게 얼마나 영향을 미칠 수 있느냐를 알려 주는 척도이다. 만일 휴머니스트 개인의 성향이 충분히 주위 사람들에게 영향을 끼치지 못한다면, 이것은 독불장군과 다르지 않은 삶의 방식일 뿐이다. 그래서 때로는 나르시시스트의 모습을, 때로는 멀티 동조의 모습을 드러낸다. 조직의 리더의 위치에 있는 휴머니스트가 이런 모습을 보인다면 조직이나 집단의 붕괴 혹은 인간관계의 갈등을 예상해야 할지도 모른다.

아이디얼리스트의 셀프

아이디얼리스트의 정체는 남과 구분되는 그만의 개성에서 뚜렷하게 나타난다. 이런 이유로 아이디얼리스트에게 셀프는 바로 자신의 정체성이다. 특이하다거나 이상하다는 얘기를 자주 듣는 아이디얼리스트에게 자신을 나타내는 셀프는 그 자체가 의문 덩어리이다. 하지만 남과 다르다는 것을 스스로 받아들이기만 하면 셀프로 인한 '특이하다'는 평가는 타인이 자신을 인정해 준다는 의미가 된다. 그러므로 아이디얼리스트는 무엇보다 자신을 있는 그대로 인정하고 수용할 수 있어야 한다.

아이디얼리스트에게 셀프는 단순한 삶의 방식이 아니라 자신이 지향해야 할 가치이기도 하다. 자신에 대한 탐색, 자신에 대한 이해, 그리고 자신을 새로운 존재로 만들어 가야 하는 것이 아이디얼리스트가 추구해야 할 셀프의 모습이다. 이런 경우 셀프의 성향은 개인이 가진 아이디얼리스트 성격 수준이나 그 이상으로 나타날 수 있다. 여기에서 중요한 것은 그것이 얼마나 높으냐 낮으냐가 아니라 스스로 자신을 인정할 수 있는 수준이냐 아니냐이다.

아이디얼리스트는 끊임없이 자신에게 의문을 던지며 남들과 다른 자신을 인식할 수 있어야 변화 발전할 수 있다. 만일 자신이 아닌 남이 보는 자신에 대해 더 관심을 기울인다면 셀프의 수준이 낮게 나타날 뿐 아니라, 이를 통해 스스로 발전할 계기를 만들어 내기도 힘들다. 아이디얼리스트는 셀프의 성향이 확연히 드러날 때 이상한 사람으로 취급받기도 한다. 하지만 스스로 이런 상황을 즐기기도 한다. 또 스스로 자신의 셀프를 탐색하여 자신의 정체를 분명히 하고 주변 사람들과 더 편한 관계를 만들 수 있다. 이렇게 되면 리얼리스트 수준이나 그 이상의 관계 특성을 발휘할 수도 있다.

아이디얼리스트에게 높은 셀프는 매우 바람직하다. 살아가는 주요한 자원이자 추진력이다. 자신만의 이상과 가치를 추구하며 자유를 추구한다면, 셀프가 그 중심을 잡아 주어야 한다. 하지만 자신의 능력과 상상력이 감당할 수 없을 정도로 셀프가 높아지면 독불장군의 모습이 나타날 수 있다. 이는 그리 긍정적인 삶의 방식이라 할 수 없다. 왜냐하면 세상은 혼자 살 수 없기 때문이다.

에이전트의 셀프

에이전트에게 셀프는 개인의 특성을 반영한 삶의 조건이나 환경을 나타낸다. 더 정확하게는 자신의 정체성을 뚜렷하게 만들어 주는 것이다. 이런 측면에서 에이전트에게 셀프란 삶의 방향성과 가치의 역할을 한다.

비교적 주어진 업무를 수행하는 데 능한 에이전트에게 셀프는 과제를 수행할 수 있는 능동성과 주도성을 의미한다. 그러므로 셀프가 높다는 것은 자신이 수행하는 업무에서 능력을 발휘할 뿐 아니라 자신만의 뚜렷한 업무 스타일이 있다는 뜻이다. 셀프가 높은 에이전트는 자신이 수행하는 일에 대해 자신감이나 자부심이 높다. 자신의 일을 얼마나 잘 수행하느냐가 바로 자신의 셀프를 다른 사람에게 보여 주는 것이기 때문이다. 삶의 결과물로 인정받는 것이다.

에이전트가 조직에서 일할 때 관행적 절차가 아니라 자신의 스타일대로 업무를 처리하여 성과를 내려는 경향을 보인다면 셀프가 높다는 의미이다. 조직 생활에서 주어지는 과제, 임무, 역할을 잘 수행하는 것으로 자신을 나타내려는 사람 역시 셀프가 높은 에이전트일 가능성이 높다. 이런 이유로 일의 성과에 따라 셀프의 수준이 달라지는 것을 쉽게 경험하기도 한다.

5. 컬처 · 삶에 몰입하고 즐겨요

컬처는 자신이 좋아하는 것에 몰입하며 즐거움을 찾으려는 삶의 방식이다. 컬처는 물질적인 측면이 아닌 심리적인 측면으로, 지적, 문화적, 감성적, 예술적 향유를 의미한다. 이는 문화라는 일반적인 예술 활동뿐 아니라 스스로 흥미롭게 생각하고 몰두하며 또 즐거워할 수 있는 모든 활동을 포함한다. '오타쿠' 또는 '덕후'라고 불리는, 관심을 가지고 있는 하나에 몰입하고 즐기는 삶의 방식을 지닌 사람들의 생활 태도가 바로 컬처이다. 비교적 풍부한 경험, 트렌디한 삶, 새로운 문화가 이런 삶을 포장하는 단어들이다.

컬처가 높은 사람은 자기만의 취향이 뚜렷하고 감정 표현이 세련될 뿐 아니라 유사한 관심을 공유하는 사람과 쉽게 공감하고 공유하려 한다.

컬처 지향적인 삶을 추구하는 사람들은 자율성을 존중하는 조직에서 잘 생활할 수 있다. 같이 일하는 사람들과 쉽게 파트너십을 형성하면서 성과를 낼 수 있다. 하지만 전통적이고 위계적이며 권위적인 조직에서 높은 컬처 성향의 사람들은 이내 반조직적인 행동이나 태도를 드러낸다.

이들에게 회사의 업무는 즐기는 것이기보다는 가능한 한 참고 인내하면서 누군가에게 맞추어 주어야 하는 일이다. 조직에서 일하는 목적이 취향의 표현이나 욕구의 충족이 아니라 생존과 성공이라고 믿는 사람에게는 컬처 성향이 존재하기 힘들다. 높은 컬처 성향의 삶을 추구하는 사람들은 지적, 문화적으로 개방적인 태도를 가진다. 하지만 지나친 컬처 성향을 추구하면 자기만의 세계, 혼자만의 틀에 갇히기 쉽다.

리얼리스트의 컬처

리얼리스트에게 컬처는 현재 주위 사람들에게 맞추면서 관계를 지향하는 자신의 삶의 방식이 얼마나 즐거움과 위안을 주느냐를 나타낸다. 항상 주변 사람들과의 관계를 의식하고 또 그들의 기대에 부응하려는 삶을 사는 리얼리스트가 이런 자신의 삶을 즐긴다는 것은 쉬운 일이 아니다. 리얼리스트가 비교적 높은 컬처를 보인다면, 현재의 삶의 방식이나 인간관계에 비교적 만족한다는 뜻이다. 만일 컬처 수준에 비해 관계가 낮게 나타났다면, 기대하는 만큼의 주위 관심을 얻지 못하고 있는 상태라는 의미이다.

리얼리스트에게는 주위 사람들과의 관계가 일종의 심리적 도피처이자 자신의 삶의 욕망을 충족시킬 수 있는 판타지 공간이 된다. 또한 '누구 누구를 안다'는 말을 통해 자신이 형성하는 '관계'를 언급하는 것이 중요한 자산이다. 컬처가 높은 리얼리스트가 관계까지 높다면 이중적인 삶의 형태를 보일 가능성이 크다. 분명 몰입하고 즐기지만, 사실 그것은 자신의 고유한 삶이 아니다. 그저 주위의 관계를 통해 만들어지는 삶일 뿐이다.

다시 말해 관계의 대상이 되는 사람에 의해 삶의 모습이나 의미가 정해지는 것일 뿐, 정작 자신이 통제하고 조절할 수 있는 부분은 그리 크지 않다. 자기 삶의 본질이 타인과의 관계로 포장되는 상황이다. 이들에게 중요한 것은 감성적인 몰입이나 즐거움이 아니다. 그보다는 누구와 어떤 경험을 했느냐가 더 중요하다. 몰입이나 즐거움의 경험이 핵심이 아니라 관계가 핵심이라는 말이다.

리얼리스트가 보이는 컬처 성향은 보통 조직에서 업무를 수행할 때보다는 개인적인 취미 활동을 할 때 더 잘 표현된다. 특정한 취미 활동을 시작하면서 일체의 장비와 복장을 구입하는 '장비병'을 가진 중년 남성들의 모습이 바로 이것이다. 조직에서 벗어난 활동을 할 때, 일체의 장비를 다 갖추는 방식으로 뚜렷하게 몰입한다. 그렇게 자신의 정체성을 드러내려 한다.

사회에서 주어진 과제에 몰입하는 모습을 보이지 않던 사람이 자신의 취미 활동에 매우 진지하고 전문적으로 접근한다면 그것은 리얼리스트가 보이는 컬처의 한 단면이라 볼 수 있다. '일'과 '삶'이 완벽하게 분리되면서 관계가 아닌 자신의 관심사에 몰입하고 즐기려는 마음의 표현인 것이다. 실제로 온라인 게임, 사진 동호회, 자전거 라이딩 동호회, 그림 그리기 등의 다양한 취미 활동에 몰입하는 사람들 중에는 컬처가 높은 리얼리스트들이 많다.

로맨티스트의 컬처

로맨티스트가 자신의 감수성을 삶의 방식으로 전환하면 높은 수준의 예술적 감성이나 예술 활동으로 이어지기 쉽다. 단순한 개성이나 감각의 표현이 아니라, 전문가적 수준의 작품이 나올 수 있는 다양한 삶의 활동이 된다는 말이다.

컬처가 높은 로맨티스트는 그림이나 디자인, 또는 다양한 형태의 예술 활동을 많이 한다. 이런 삶은 다른 사람들에게 매력적으로 보일 뿐 아니라, 로맨티스트의 정체성을 뚜렷하게 만드는 계기가 된다. 자신이 몰입하고 향유하는 것을 주위의 사람들과 공유하는 것이 로맨티스트의 아름다움이 가장 잘 발휘되는 삶이다.

로맨티스트의 경우 컬처가 높게 나타나고 또 이것이 생활이나 생존의 문제에서 벗어난 경우라면 미적, 예술적 감수성을 마음껏 발휘할 수 있다. 그리고 그것은 남들에게 외골수적인 몰입의 결과로 보이기보다는 정서적, 물질적 풍요의 상징처럼 보인다. 가장 아름답고 즐거운 감성의 공유가 현실에서 잘 발현되는 모습이 연출되는 것이다. 이런 성향의 사람에게 트러스트까지 높게 나타난다면, 그는 현재 자신의 뚜렷한 개성과 감성을 타인과 공유, 공감하며 살고 있다는 뜻이다. 섬세한 감성이 예술적 작품 수준으로까지 발전할 수 있도록 하는 삶의 방식이 바로 로맨티스트의 컬처이다.

휴머니스트의 컬처

휴머니스트에게 컬처란 자기가 하고 싶은 활동에 주변 사람들이 호응하고 동참하는 정도를 의미한다. "노세, 노세, 젊어서 노세~"라는 노랫말처럼 생존이나 성공, 생활의 문제에 벗어난 즐거운 놀이 활동이다. 일반적으로 우리 사회에서 문화, 예술 활동을 수행하거나 즐기는 것, 이 의미를 그대로 나타낸다. 따라서 휴머니스트가 컬처가 높은 삶의 방식을 보인다는 것은 마치 한량의 마음으로 생활하고 있다는 것을 뜻한다. 새로운 문화나 신상품 등을 접하면 그것을 즐기려 한다. 하지만 이들에게는 혼자 소유하고 보려는 것보다 이것을 다른 사람과 공유하는 것이 더 중요하다. 무엇을 즐기느냐가 아니라 누구와 함께 즐기느냐가 더 중요하다는 말이다.

휴머니스트의 컬처는 예술이라는 매개를 통해 관계 속에서 즐거움과 기쁨을 얻는 것이다.

휴머니스트는 컬처가 예술 행위이자 자기만의 취향을 세련되게 표출할 수 있는 도구라고 생각한다. 이들은 자신의 취향을 잘 드러냄으로써 컬처 성향의 가치나 삶의 방식을, 다른 사람과 관계를 맺는 데 사용한다. 또 자신의 권위와 사회적 지위를 뚜렷이 표현하는 데 사용하기도 한다. 사람들과 스스럼없이 잘 어울리기 위해, 예술가나 예술 활동을 지원하는 것은 컬처 성향이 높은 휴머니스트가 잘할 수 있는 일이다. 다양한 문화생활을 즐기는 이들의 모습은 주위 사람들의 부러움을 사곤 한다.

이와 반대로 컬처 수준이 낮은 휴머니스트는 정서나 문화가 메마른 군대나 교도소와 같은 환경에서 공무원 생활을 하는 사람들의 마음과 유사하다. 단지 먹고 자고 하는 생리적 욕구의 충족 이외의 또 다른 욕구에 대한 인식이 거의 없는 사람이다.

아이디얼리스트의 컬처

아이디얼리스트에게 컬처란 본인이 경험해 보지 못한 미지의 새로운 세상에 대한 경험을 의미한다. 컬처가 높은 아이디얼리스트의 경우 자신의 꿈이나 생각을 현실로 실현해 내기 위해 자신만의 세계에 몰입한다. 아이디얼리스트의 심리에 대한 이해가 부족한 사람들이라면 이들이 마치 잘못된 삶을 살고 있기라도 한 것처럼 보일 수 있다. 그래서 "넌 도대체 무슨 생각을 하고 사니?" 혹은 "너한테도 현실적인 계획이라는 게 있긴 하니?'와 같은 말을 너무나도 쉽게 던지기도 한다.

하지만 주위에서 듣는 이야기가 무엇이든, 컬처 성향이 높은 아이디얼리스트는 타인과 공유하기 힘든 자신의 삶에 대해 근거 없는 낙관과 자신감이 있다. 높은 컬처를 충분히 활용하며 살아가는 아이디얼리스트는 현실적인 눈으로 볼 때는 별로 영양가 있는 활동을 하지 않는다. 현실적인 의미가 없는 활동을 통해 아이디얼리스트는 자신이 꿈꾸는 세상이 현실에서 이루어지리라 믿는다.

컬처의 성향이 강한 아이디얼리스트는 괜히 혼자 바쁘게 움직이고 부지런히 활동한다. 오타쿠와 같은 생활을 하면서 특정 주제나 아이템에 몰입한다. 자연스럽게 자신의 생각을 확장시킬 수 있는 예술적, 문화적 감수성과 소양을 가지고 있다. 때로는 혼자만의 세계 속에서 만들어 낸 이해하기 힘든 물건이나 생각이 세상에 또 다른 변화를 일으키는 촉매제가 되기도 한다. 심지어 연애도 아이디얼리스트에게는 컬처 활동의 일환이다. 자신의 삶을 풍요롭게 하는 새로운 활동이라는 의미이다. 하지만 연애가 관계의 모드로 발전하면 할수록 연인에게 "나 없어도 잘살 것 같아"라는 말을 듣기 쉽다.

컬처 성향이 낮은 아이디얼리스트는 비교적 피폐한 삶을 만들어 나갈 가능성이 높다. 현실적인 가치에 별로 의미를 두지 않기에 찌질하게 보일 위험성이 높은 아이디얼리스트가 자신의 행동에 의미를 부여할 수 있는 문화적 감수성을 만들어 내지 못하기 때문이다.

에이전트의 컬처

에이전트에게 컬처는 자신이 수행하는 일을 얼마나 즐기고 또 몰입하느냐에 따라 달라진다. 자신이 하는 업무나 과제를 통해 자기정체성을 확인받으려는 에이전트에게 컬처 역시 과제를 통해 성과를 올리는 것이다. 과제에 몰입하는 행동은 자연스럽게 나타나고, 이런 몰입은 좋은 결과를 만들어 낸다. 이들은 관객의 입장이 아니라 기획자의 입장에서 컬처를 바라본다. 때로는 장인 정신이 담긴 특별한 어떤 성과물을 얻게 될 수 있다.

에이전트에게는 과제가 즐거움을 주는 최고의 자원이다. 높은 수준의 컬처를 가진 에이전트는 과제에 대한 기본적인 태도가 다르다. 기획 활동을 즐기면서 잘 수행해 내는 모습은 컬처가 비교적 높은 에이전트의 전형적인 모습일 수 있다. 방송 프로그램을 만드는 PD와 같은 역할이 이런 활동을 대표한다. 일이 취미 활동처럼 보이면서, 만족스러운 결과물까지 낼 수 있어야 한다.

이에 비해 컬처 성향이 매우 낮은 에이전트는 영문도 모르면서 마치 다람쥐 쳇바퀴 돌 듯 영혼 없이 자신의 과제를 수행하면서 살아가는 모습을 보여 준다.

10

아픈 마음은 고장난 기계가 아니다

자기 평가와 타인 평가의 일치 혹은 불일치가 가지는 의미

누구에게나 열심히 살아가려는 마음이 있다. 하지만 삶의 욕망이 무엇인지, 왜, 어떻게 나타나는지를 잘 아는 사람이 있는가 하면, 어떤 사람은 그것을 전혀 모른 채 하루하루를 살아간다. 그리고 꽤나 많은 사람이 후자에 속한다. 사실 이것은 당장 하늘을 날고 싶은 마음에 장사꾼이 송송 구멍 난 풍선을 대충 수선해서 장사를 한다는 사실은 까맣게 모르고 당장 눈앞에 보이는 풍선 기구에 올라탄 것과 같다. 자신의 마음이 무엇인지도 모르고 무조건 열심히 살려고 하는 대부분의 사람들이 겪게 되는 상황이다.

열심히 살기만 하면 잘사는 것이라 생각하지만 이것이 오히려 자신의 삶을 더 힘들게 할 수 있다. 더 심하게는 위태로워질 수도 있다. 더 잘살기 위해 열심히 살았던 수많은 대한민국 사람들이 겪었던 일이다.

30년 전과 비교해 우리는 경제적으로 아주 잘살게 되었다. 하지만 현재 우리나라는 세계 최고의 자살률을 기록하고 있다. 아무리 열심히 살아도 사는 것이 힘들다고 한다.

단순하게 열심히 살아가는 것이 답이 될 수 있는 때는 '먹고, 자고, 배 채우는' 본능적 행동 이외 다른 것을 걱정할 필요가 없을 때뿐이다. 생리적인 욕망을 채우기도 힘들던 시절에 '일찍 일어난 새가 더 많은 먹이를 먹는다'와 같은 말이 삶의 정답이자 지표였다. 하지만 지금은 많이 먹는 것이 아니라 좋은 것을 먹어야 하는 시대이다. 또 너무 열심히 먹어 찐 살을 빼야 하는 시대이다.

이런 시대 상황에서 우리가 취하는 행동이 처음에 기대했던 것과는 다른 결과를 초래하는 경우가 발생한다. 자신을 위한 행동이라 해도 자신의 기본 성향이나 특성이 무엇인지 알고 하는 행동인가, 그렇지 않은가에 따라 그 결과가 달라지고 삶의 질이 현격하게 달라지는 것이다.

먼저 자신의 마음이 무엇인지, 또 자신의 삶을 이루는 기본 가치와 형태가 자기의 기본 성향과 일치하는지 아닌지를 알 수 있어야 한다. 그래야 자신의 마음이 자기 자리를 찾을 수 있다.

WPI 검사 결과는 자기 평가와 타인 평가의 프로파일을 통해 우리 각자의 마음이 무엇인지, 어떻게 자리를 차지하고 있는지를 알려 준다. 각 사람들이 지향하는 삶의 가치나 라이프스타일이 자신의 기본 성향과 일치하는지 아닌지를 보여 준다. WPI 프로파일에서 자기 평가와 타인 평가가 일치한다는 것은 개인의 본성이 자신이 처한 상황 속에서 자연스럽게 나타나고 있음을 의미한다. 반면 둘 사이에 차이가 존재한다면 개인의 본성이 실제 삶과 부합하지 않고 억압당하거나 과잉 작동하고 있음을 뜻한다. WPI 프로파일 분석에서는 이런 상태를 '갭(gap)'이라고 한다.

바람직한 것은 자신이 지향하는 가치와 라이프스타일이 자기 성격의 기본 성향과 일치하는 경우이다. 그런데 실제로 WPI 검사를 실시해 보면 대부분 자기 평가와 타인 평가가 일치하지 않는다. 대부분의 사람들이 자신의 마음이 자기 자리를 찾지 못하고 있기 때문이다.

자기 평가와 타인 평가의 갭이 클수록 그 사람이 느끼는 현실의 삶은 힘들다. 마음이 불안하고, 스트레스를 심하게 느끼며, 때로는 어떻게 해야 할지 몰라 괴로워한다. 현재의 삶이 두려울 뿐 아니라, 미래는 더욱 불안하다. 자신이 이상한 사람은 아닌지, 어떻게 사람들과 관계를 맺어야 할지, 이런저런 삶의 문제를 어떻게 해결해야 할지 막막한 심정을 토로한다. WPI 프로파일은 그 사람의 마음이 삶의 현장 속에서 어떤 패턴으로 나타나는지를 보여 주기에, 이런 질문에 대한 많은 해결 단서를 제공한다. 그 사람의 마음이 무엇인지를 알려 주고, 그 마음이 일상생활에서 어떻게 자기 자리를 찾아낼 수 있는지를 알려 준다.

마음의 엔진(NG)

사람은 때로 매우 불편하고 당황스러운 비정상적인 상황이나 인간관계에 직면하기도 한다. 자기 평가와 타인 평가 프로파일 사이에 벌어진 갭은 특정 개인의 마음이 현재 힘든 상황에 있다는 것을 알려 준다. 마음이 자기 자리를 제대로 찾지 못한 것이다. 이런 경우를 우리의 마음이 '엔지(NG) 상황'에 있다고 표현할 수 있다. 라디오, TV, 영화 등에서 녹음이나 녹화를 할 때 실수를 하거나 잘못된 경우를 엔지라고 한다. 원래 의도한 대로 진행이 되지 않았기 때문이다. 이런 엔지 상황은 우리 삶의 무대에서도 수시로 일어난다. 우리의 삶에서 문제가 발생할 때가 바로 그때이다.

스트레스가 매우 심한 인간관계나 환경에 맞닥뜨릴 경우 그 사람의 성격은 평소의 정상적인 상황과 같은 방식으로 작동하기 어렵다. 그래서 주어진 상황과 맥락이 기대하는 행동이 아니라 '엔지' 행동을 하게 되고 만다. 실수를 하거나 부적응적인 행동을 하는 것이다. '본래 가진 성향'이 현재의 생활방식이나 삶의 가치 측면에서 제대로 발현되지 않고 있는 것이다.

WPI 프로파일에서 나타나는 갭은 이런 '엔지 상황'을 알려준다. 나의 마음이 무엇이고, 현재 어떤 엔지 상황인지 살펴봐야 한다. 엔지 상황은 마음이 어떻게 표현되어야 하고, 어떻게 자기 자리를 차지할 수 있는지를 다시 점검해 볼 수 있는 계기를 마련해 준다.

마음이 인간관계에 작동하는 방식

20세기까지 심리학은 마음에 작용하는 외부의 환경 요인들이 모든 사람들에게 동일한 방식으로 작용해 동일한 효과를 가져올 것이라고 믿었다. 그러나 이러한 논리는 다양한 인간의 마음을 이해하는 데 실패했고, 그래서 새로운 논리가 필요했다. 사실 외부의 환경 요인들이 마음에 작동하는 방식은 각 개인의 마음이 어떤 성향이고 어떤 특성을 지니느냐에 따라 각기 다르게 작동한다. 물론 그 효과도 다르게 나타난다. 사람들이 자신의 마음에 대해 끊임없이 성찰하고 물어보아야 하는 이유가 바로 여기에 있다.

고래까지 춤추게 하는 칭찬도 각자의 마음이 어떤 상태인가에 따라 다른 효과를 낸다. 질책이나 피드백도 마찬가지다. 심지어 생활 속에서 만나게 되는 이런저런 평범한 문제나 어려움도 그 사람이 어떤 마음을 가졌느냐에 따라 다르게 받아들여진다. 비록 같은 삶의 문제나 어려움일지라도 각자 마음의 정체에 따라 다른 의미로 다가온다는 말이다. 예를 들어 '인간관계'라는 중요한 삶의 문제를 각기 다른 마음이 어떻게 인식하는지를 살펴보자.

리얼리스트에게 인간관계란 절대 피할 수 없는 일이다. 자신이 만드는 것이 아니라 다른 사람에 의해 만들어지고, 그 사람이 누구인가가 관계를 결정한다. 즉 인간관계에서는 자신의 정체보다는 상대방이 누구인가가 더 중요하다. 이런 측면에서 스스로 관계를 정할 수 없다는 무기력감으로 인해 리얼리스트는 인간관계를 자신의 문제로 인식하려 하기보다 회피하려 한다.

로맨티스트에게 인간관계란 미지의 세계이자 막연한 어려움이다. 왜냐하면 관계가 감성적인 공감과 공유에 의해 이루어져야 하기 때문이다. 자신의 감정이 안개처럼 뿌연 상태에서 다른 누군가와 감정적 공감을 하게 되면, 그 사람의 정체보다는 안개와 같은 나의 감성이 그 사람과 어떻게 공유될 것인가가 더 중요한 문제가 된다.

휴머니스트에게 인간관계란 밥 먹는 일처럼 자연스럽다. 자신의 특성이 자연스럽게 발휘될 뿐 아니라, 자신을 더 부각시키기 위해 필요하다. 다만 이것이 사회적 규범이나 틀 속에서 이루어지는 것이냐, 아니면 자유롭게 이루어지느냐의 문제는 휴머니스트 마음을 가진 사람에 의해 결정된다.

아이디얼리스트에게 인간관계란 그 자체로 구속이다. 자신만의 세계에 자신만의 생각을 펼치고 싶은 아이디얼리스트에게 자신과 마음이 공유되지 않는 인간관계란 그 자체로 답답함을 의미한다. 상대방이 자신을 수용하고 인정하는 관계라면 참을 수 있지만, 자신의 생각을 공유하지 않는 사람들과의 관계는 의미가 없다. 대부분의 인간관계가 서로 다른 생각을 가진 사람들이 둘 사이의 공유를 찾는 것이기에 아이디얼리스트에게 있어 외부의 다른 생각은 가장 큰 자극이자 동화 혹은 조절되어야 하는 것이 된다.

에이전트에게 인간관계란 자신과 과제를 같이 수행하는 사람, 또는 자신에게 과제에 대해 인정하거나 거부하는 사람과의 관계이다. 관계 자체에 관심을 두는 것이 아니라, 자신이 그 사람과 어떤 일을 하느냐에 더 의미를 둔다. 에이전트에게 주요 관심사는 외부로부터 주어지는 과제이기 때문에 과제와 더불어 주어지는 인간관계는 부수적인 과제처럼 다가온다. 에이전트에게 인간관계는 가능한 한 조절되어야 하고 관리되어야 하는 것이다. 하지만 외부로부터 오는 자극을 내 마음대로 관리하고 정리하는 것은 그 자체로 어려움을 야기한다.

마음의 고장? 아니, 마음이 자기 자리를 못 찾은 거예요

우리의 마음은 정상적인 상황보다는 어려운 환경에서 쉽게 '엔지'를 낸다. 엔지가 났기에 어려운 환경인지, 어려운 환경이기에 엔지가 나는지는 중요하지 않다. 핵심은 나의 마음이, 그 사람의 마음이 제자리를 잡지 못했기 때문에 엔지가 났다는 사실이다. 마음이 환경의 영향을 받아, 비정상적인 움직임을 보인 것이다.

특정 환경에서 부적응적인 행동을 한 경우, 혹자는 비정상적인 행동을 한 인간을 고장 난 기계에 비유하기도 한다. 하지만 인간은 기계가 아니다. 그러므로 정상적이지 못한 행동을 기계의 고장과 같은 맥락으로 보아서는 안 된다. 특히 마음의 문제가 그렇다. 단지 마음이 자기 자리를 잘 찾지 못한 것뿐이다. 이런 상황을 가장 잘 보여 주는 예가 군대에서 부적응적인 행동을 하는 군인의 경우이다.

정신과 의사들은 탈영이나 총기 난사 사건을 일으킨 병사를 정신병에 걸렸거나 인성에 문제가 있는 것으로 진단한다. 마치 고장 난 기계처럼 취급한다. 하지만 문제의 병사는 환경의 변화에 적응하지 못한 것뿐이다. 사회에서 그들은 아주 잘 생활했다. 군대라는 특수한 환경에서 그 병사의 마음은 자기 자리를 찾을 수 없었기 때문에, 극단적인 행동으로 자신의 마음을 표출한 것이다. 마음이 자기 자리를 찾지 못할 때, 인간은 평소라면 절대 하지 않았을 폭력적인 행동을 하게 된다. 심리적 갈등, 스트레스, 불안 등의 불안정한 마음의 상태는 쉽게 자기 파괴적인 행동을 선택하게 만든다.

사회생활과 전혀 다른 군대라는 특수한 환경 속에서 그들은 자신의 마음의 정체를 제대로 드러낼 수 없었던 것뿐이다. 그러므로 이런 문제를 고장 난 기계를 고친다는 단순한 방식으로 접근해서는 안 된다. 그런 방식으로는 마음을 고칠 수 없다. 또 그렇게 할 필요도 없다. 대신 자신의 정체를 잘 확인시켜 주고, 자기 자리를 찾아 주는 방식이 필요하다. 새로운 환경에서 정상적이거나 기대되는 역할을 잘할 수 있도록 안내해 주면 된다. 이것을 위해 필요한 것이 새로운 환경 속에서 개인의 마음이 어떻게 드러나는지, 자기 자리를 찾기 위해서는 어떤 방식을 따라야 하는지를 아는 것이다.

WPI를 통한 성격 진단은 전형적인 기준으로 비정상적인 인간을 변별하려는 성격 검사가 아니다. 각 개인의 마음을 들여다볼 수 있는 도구이기에 마음의 MRI라고 할 수 있다. 마치

MRI가 신체의 내부 기관들에 어떤 이상이 있는지를 확인하듯, WPI는 개인의 성격 특성과 그것이 삶에 어떤 방식으로 나타나는지 진단하는 도구이다. 사람들이 현재 자신이 처한 상황에서 자신의 정체성을 가장 잘 드러내면서 살 수 있는 방안을 진단·확인할 수 있는 심리 검사이다.

WPI 성격 진단은 자신이 현재 어떤 상황에서 어떤 적응적 행동을 하고 있는지를 스스로 파악할 수 있도록 해 준다. 또한 현재 자신이 보이는 부적응적 행동이 무엇이고, 이것이 자신의 기본적인 성향에 비추어 어떤 부적절한 삶의 방식을 추구해서 나타난 결과인지도 알 수 있다. 이것이 WPI 성격 검사와 다른 성격 검사의 차이점이다.

자신의 마음을 알아가는 과정에서 가장 중요한 것은 현재 자신이 겪고 있는 마음의 문제가 무엇인지를 확인하는 것이다. WPI 프로파일을 통해 뚜렷하게 나타나는 갭에 어떤 의미가 있는지를 제대로 파악하는 것은 문제의 진단과 해법을 찾는 과정이다. 자신의 주된 특성이나 삶의 방식을 어느 정도 파악하고, 자신의 성격과 삶의 방식이 만들어 내는 갭을 확인할 수 있으면, 성격의 문제를 이해할 수 있다. 문제를 파악하기만 하면, 그것에 대한 해법을 찾는 것은 그리 어렵지 않다.

대부분의 사람들이 가진 마음의 문제는 자신의 마음을 제대로 알기만 하면, 그 사람의 생활 속에서 해결해 나갈 수 있다. 이런 마음의 문제가 자신이 아닌 다른 사람들과의 '관계'에 좌우되는 문제라도 그 해법을 찾을 수 있다. 관계라는 것은 셀프에 대한 인식을 통해 바뀔 수 있기 때문이다. 문제 해결의 열쇠를 자기에게서 시작하느냐, 남의 손에 맡겨 두느냐의 차이다.

리얼리스트의 엔지 · 나르시시스트와 관심 갈구

대부분의 리얼리스트는 WPI 프로파일 결과를 통해 자신의 마음을 확인하는 일에 부담감을 느낀다. 어떤 결과가 나오더라도 그 결과가 얼마나 정확한지 의심한다. 사람들 중 자신의 프로파일에서 드러난 갭과 관련된 문제를 스스로 인식하는 경우는 상당히 드물다. 주변 사람들이 이미 그의 행동을 보고 마음에 뭔가 문제가 있음을 어렴풋이나마 눈치챈 상황임에도 본인은 이를 인정하려 하지 않는다. 물론 각 성격 유형마다 엔지의 상황에 대응하는 방식에는 차이가 있다. 상담을 하기 위해 찾아오는 사람들은 적어도 자신의 문제를 인정하는 사람이다. 하지만 상담을 하는 중에도 막연히 문제가 있다는 것은 인정하면서도 그것을 대면하기를 심하게 거부하는 경우도 상당히 많다.

보통은 자기 평가 프로파일의 각 유형 점수가 타인 평가 프로파일의 점수와 상당히 차이가 날 때, 엔지 상황이 발생한다. 리얼리스트의 엔지 상황은 보통 '나르시시스트'와 '관심 갈구'의 두 가지 형태로 나타난다. 예를 들어 리얼리스트의 마음을 가진 사람이 타인 평가의 릴레이션이 상대적으로 아주 낮게 나타나면 나르시시스트의 엔지 상황이다.

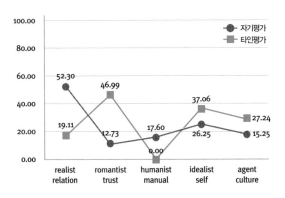

리얼리스트의 엔지_리얼리스트의 마음을 가진 사람이 타인 평가의 릴레이션이 상대적으로 아주 낮게 나타나면 나르시시스트의 엔지 상황이다. 위의 프로파일은 리얼리스트가 다른 사람들과의 관계에 관심이 없거나 어려움을 겪고 있음을 보여 준다.

현재 심리적으로 어려운 상황일 뿐 아니라 미래에 대한 불안 때문에 몹시 견디기 힘든 지경이다. 이와 반대로 리얼리스트가 과도하게 높은 릴레이션을 추구하면 지나치게 주변 사람들에게 관심을 요구하는 관심 갈구 상황이다. 현실에서는 관심 갈구보다는 나르시시스트의 상황이 더 많이 나타난다. 낮은 릴레이션은 현재 그가 다른 사람들과의 관계에 관심이 없거나 어려움을 겪는 상황임을 나타낸다. 리얼리스트가 누구의 인정이 중요한지, 대세가 무엇인지 불분명하여 혼란을 겪는 중이다. 그래서 쉽게 감정적인 행동을 한다.

리얼리스트가 나르시시스트의 모습을 보일 때의 마음은 마치 술을 마시고 심하게 주사를 부리는 사람 같다. 대부분의 사람들은 다시 정신이 들었을 때 자신의 주사를 인정하지 않으려 한다. 왜냐하면 자신의 정체성을 유지하지 못한 것 같아 너무나 당혹스럽기 때문이다. 관계가 제대로 작동하지 않는다는 것은 리얼리스트에게 가장 위협적인 상황으로 다가온다. 누군가 자신에게 무조건 공감하고 말을 걸어 주기를 바라면서, "네가 얼마나 잘났는지 아니? 네 앞에는 위대한 길만 있어"라는 등의 위로를 기대한다. 그리고 당장 귓가를 울리는 위로의 말을 듣고 뭉클해하면서 스스로 힐링이 되었다고 믿는다. 이들은 보통 주변 사람들과의 관계가 전부이고, 이 관계 때문에 힘들어한다. 다양한 관계를 맺으려 하다가도 잘 받아들여지지 않으면 기존의 관계에 더욱더 매달린다.

나르시시스트의 상태의 리얼리스트는 자신의 현재의 모습을 있는 그대로 인정하기를 두려워하고 싫어한다. 자신이 믿고 싶은 모습이 자신의 실제 모습이라고 생각하기 때문이다. 따라서 누군가 자신의 문제를 지적하는 것에 두려움을 가지고, 그래서 다른 사람의 지적은 자신의 실제 모습을 모르기 때문이라고 부정하고 싶어 한다. 하지만 이런 지적이 최소한 자신이 권위를 인정하거나 또는 누구나 믿을 수 있다고 생각하는 사람으로부터 나왔다면 조금은 허용적이 된다.

마주하고 싶지 않은 자기의 실제 모습을 확인하거나 인정하는 것은 두렵고 힘들다. 하지만 현실에서 가능한 한 착하고 올바르고 열심히 살고 싶어 하는 리얼리스트에게 자신의 마음에 문제가 있다는 지적은 그 자체만으로도 충분히 공포스럽다. 불안은 리얼리스트가 가장 피하고 싶은 적이기 때문이다. 이는 《미움받을 용기》와 같은 제목의 책이 많은 사람의 마음을 잡는 이유이기도 하다. 자기 마음에서 일어나는 불안을 피하거나 억누르고 싶기 때문이다.

자신의 마음이 어디에 있을까, 또는 자신의 마음이 어떤 모습일까를 가장 궁금해하는 사람들은 바로 로맨티스트이다. 이들은 기꺼이 WPI와 같은 성격 검사를 통해 자신의 마음을 확인해 보려 한다. WPI 프로파일 결과를 받았을 때 적극적으로 상담이나 코칭을 원하는 사람들도 대부분 로맨티스트이다. 이들에게 자신의 마음을 안다는 것은 바로 자기 자리를 찾는다는 의미이다. 로맨티스트는 현실의 삶에서 자신의 마음이 많이 다친다고 생각할 뿐 아니라 주위 사람들과의 관계를 항상 불안해한다. 이런 로맨티스트의 마음이 혼란스럽고 어려운 상황에 처하게 될 때 엔지 상황이 나타난다.

로맨티스트의 엔지 상황은 '도도 변덕'과 '성과주의'로 드러난다. 도도 변덕은 로맨티스트 성향의 마음이 만들어 내는 엔지의 모습이다. 그리고 성과주의는 로맨티스트가 자신의 마음과 잘 부합하지 않는 어려운 환경 속에 있을 때 스스로 적응하기 위해 만들어 내는 모습이다. '도도 변덕' 모습은 로맨티스트가 트러스트가 낮은 상태로 가장 로맨티스트다워 보이는 경우이기도 하다. 로맨티스트가 비교적 안정적인 릴레이션을 가지고 있으면서 과도하게 낮은 트러스트를 보일 때도 '도도 변덕'의 모습을 보인다. 자신에 대해 과도하게 확신하는 모습이 바로 '도도하면서도 자기 마음대로 하려는 변덕스러운 모습'으로 인식되는 것이다. 이런 경우는 자신을 믿음직스럽고 안정적으로 보이기를 포기한 경우이다. 주위 사람들에게는 도도하면서도 변덕스러워 보인다. 자신의 사회적 역할이나 책임을 방기하면서 주변 사람들에게 매우 과시적이며 오버하는 느낌을 준다. 스스로 자신의 이런 모습을 인정하기란 힘들다.

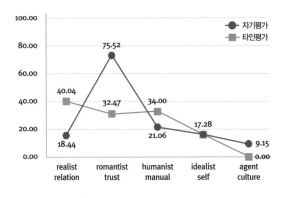

로맨티스트의 엔지_ 로맨티스트 성향이 강하면서 릴레이션은 높고 트러스트가 낮을 때의 상황으로 '도도 변덕'의 모습을 보인다. 이럴 때 로맨티스트는 자신에 대해 과도하게 확신하면서 '도도하고 자기 마음대로 하려는 변덕스러운 모습'으로 인식되는 상황이다.

'도도 변덕'의 대표적인 특성은 자신을 우아한 사람으로 인식시키려는 과장된 행동들이다. 스스로 우아한 행동을 한다고 하지만 지켜보는 주위 사람들은 신경질적이거나 짜증스러운 모습이라고 받아들인다. 본인은 자신의 마음이 이렇게 표현되는 것에 대해 약간의 불안과 죄책감을 느끼면서도 인정하려 들지 않는다. 로맨티스트의 성향 때문이다. 스스로를 쉽게 희생자 모드로 포장하거나 또는 자신의 존재를 제대로 알아보지 못하는 것을 주위 사람들의 낮은 안목 탓으로 돌리려 한다.

　로맨티스트에게 트러스트가 과도하게 높을 때에는 현재 자신에게 주어진 역할이나 책임에 과도하게 신경을 쓰는 모습을 보인다. 책임을 다하기 위해 전력 질주하는 '성과주의'의 모습이다. 이는 로맨티스트가 스스로를 믿지 못하기 때문이다. 자기 역할을 편안하게 수행하지 못하기에 전전긍긍하며 일에 더 매달린다. 비적응적 상황임이 분명하지만 대다수의 조직에서 선호하는 또는 바람직하게 보이는 행동이다. 자신의 좋지 않은 상황을 극복하려고 더욱 자신의 감성을 죽이고 업무에 몰두하여 성과를 내려고 하기 때문이다. 이처럼 로맨티스트 성향의 사람들은 자신이 충분히 인정받지 못하거나 또는 공감되지 못하는 상황에서도 현실적인 성과를 낸다. 성과주의, 또는 결과 지상주의의 결과이다.

이런 역설적인 상황을 로맨티스트 스스로 잘 알게 된다면 자신에 대한 인정이 가능하다. 하지만 이들은 자신의 엔지 상황을 그대로 받아들이기보다는 자신의 행위를 '당위적이고, 정당하며 올바른 것'으로 포장한다. 그래서 본인이나 주위 사람들에게 높은 스트레스를 주는 관계를 만들어 내기 쉽다.

휴머니스트의 엔지·고시촌 좀비와 멀티 동조

휴머니스트는 어렵고 비정상적인 상황에 처하더라도 자신의 문제를 심리적으로 파악하려는 경향이 비교적 낮다. 자신의 마음이 어디에 있을까, 또는 자신의 마음이 어떤 모습일까를 그다지 궁금해하지 않는다. 자신의 마음에 대해 주위 사람들과 이야기하는 것이 자신의 치부를 드러내는 것이라 인식하는 것이다. 대신 과거 자신의 영광이나 무용담을 나누기를 원한다. 그러므로 휴머니스트가 WPI 프로파일 결과를 보고 적극적으로 자신의 마음을 알아보려는 행위를 하려 한다는 것은 남들에게 말 못할 사연이 있다는 뜻이다. 휴머니스트는 주변 사람들에게 자신이 수용되지 않거나 또는 자신의 사회적 지위나 위치가 과거에 비해 아주 달라졌을 경우에만 자신의 마음을 살짝 드러낸다. 이들은 사회적인 측면에서 자기 자리 찾기가 더 중요한 사람이다.

휴머니스트의 엔지 상황은 '고시촌 좀비'와 '멀티 동조'의 모습이다. 고시촌 좀비는 휴머니스트가 스스로 다른 사람들과 관계를 맺고 교류하는 것을 철회함으로써 자신을 가두는 상황을 의미한다. 매뉴얼과 릴레이션 모두 아주 낮은 경우이다. 자신의 에너지가 떨어지고 주변에서 고립되어 힘들다고 느끼는 상황이다. 평소의 자기 성향이나 생활 패턴을 유지하지 못한 채 완전히 다른 모드로 행동한다. 사람들과의 적극적인 상호 작용에서 물러선 채 보이지 않는 막연한 문제에 혼자 맞서는 듯 보인다. 마치 고집 센 사춘기 청소년 같다.

고시촌 좀비 상황의 휴머니스트는 속으로 자신의 상황을 강하게 거부하지만 겉으로는 웃으면서 자신의 어려움을 드러내지 않는다. 무엇보다 자신이 불편하고 당황스러운 상황에 처하게 되면, 타인을 피하거나 잠수를 타는 경향 때문이다. 물론 이런 상황은 시간이 지나면 어느 정도 회복된다. 휴머니스트의 경우 매뉴얼이 높으냐 낮으냐에 따른 삶의 모습의 차이가 겉으로 잘 드러나지 않는다. 이 때문에 현재 문제를 정확하게 파악하기 힘들다.

휴머니스트가 부정적 상황에 있는 또 다른 모습이 '멀티 동조'이다. 이는 휴머니스트가 높은 릴레이션 성향을 보이면서 매뉴얼이 지나치게 높은 경우이다. 뚜렷한 자신의 행동 기준, 또는 규범을 강조하는 사람이 '멀티 동조'의 모습을 보인다는 것이 의아할 수도 있다. 이때에는 '이것도 좋고, 저것도 좋고', '이런들 어떠하리, 저런들 어떠하리', '이 사람 말도 맞고, 저 사람 말도 맞네'의 방식으로 마음이 표현된다. 자신의 분명한

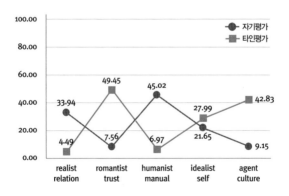

휴머니스트의 엔지_ 매뉴얼과 릴레이션이 아주 낮은 경우로 고시촌 좀비처럼 스스로 다른 사람들과 관계를 맺고 교류하는 것을 철회함으로써 자신을 가두는 상황을 의미한다. 평소의 자기 성향이나 생활 패턴을 유지하지 못한 채 완전히 다른 모드로 행동한다.

매뉴얼이 자연스럽게 작동하지 못하기 때문이다. 분명한 행동의 기준이나 프레임을 보여 주지 못해 우왕좌왕하거나 우유부단한 모습이다. 마치 '그때그때 달라요'와 유사한 리얼리스트 성향의 모습이다. 다시 말해 카리스마를 가진 휴머니스트의 모습은 사라지고 아주 소극적이고 주위의 눈치를 보는 마치 나르시시스트적인 리얼리스트의 모습을 보이기도 한다는 말이다.

때로는 멀티 동조의 행동이 마치 독불장군처럼 보일 수도 있다. 과도하게 권위나 지위 또는 규범 등에 매달리는 경우이다. 어떤 사회적 관계와 지위에 있느냐에 따라 그 사람의 모습이 때로는 멀티 동조로, 또는 독불장군처럼 보일 뿐이다.

고시촌 좀비와 멀티 동조는 분명 서로 대비되는 행동이다. 하지만 이것을 구분하는 기준은 그 자체의 특성보다 다른 사람과의 관계에 있다. 관계가 없는 경우에는 고시촌 좀비가 되고, 관계가 좋은 경우에는 멀티 동조가 된다. 휴머니스트는 자신의 분명한 사회적 지위나 역할, 또는 전문성에 대한 인식이 낮으면서, 자신의 역할이나 책임을 하지 못하는 경우 고시촌 좀비나 멀티 동조의 상황에 쉽게 빠져들게 된다.

아이디얼리스트의 엔지·시지프스와 독불장군

아이디얼리스트는 자신의 스타일을 뚜렷하게 드러내지 못할 때 엔지 상황에 처하게 된다. 자신의 생각이 다른 사람들에게 어떻게 받아들여질지 별로 고려하지 않기 때문에 무작정 자신의 의견만 주장하고 타인을 무시하는 듯한 인상을 주기 쉽다. 또는 혼자만의 세계에 빠져 있는 모습이 될 수도 있다. 현실에서 아이디얼리스트는 쉽게 엔지 상황에 빠질 수 있다. 현실에서 요청하는 행동이나 생각을 그대로 수용하기보다 자신만의 사고를 통해 판단한 후 행동하기 때문이다. 심지어 자신의 생각이 옳다는 확신이 들면 서슴없이 행동하여 주위 사람들에게는 엉뚱하다는 인상을 주기도 한다.

아이디얼리스트는 다른 사람들과 다르고 특이하다는 사실만이 부각되기에, 조직에서는 잘 조화되지 못하는 사람이라는 인상을 준다. 본인도 주위 사람들이 자신을 잘 이해하지 못한다는 사실에 외로움을 강하게 느낀다. 이런 경우 아이디얼리스트가 쉽게 보이는 삶의 모습이 '시지프스'이다. 때로는 자신을 더 강하게 드러내고 표현하기에 '독불장군'으로 취급받기도 한다. 모두 아이디얼리스트가 엔지 상황에서 보이는 삶의 패턴이다.

낮은 셀프로 인한 엔지인 '시지프스' 상황에 처한 아이디얼리스트는 창의적이고 열정적인 모습보다는 마치 리얼리스트처럼 주어진 일을 성실하게 수행하려는 모습을 보인다. 하지만 열정이 없이 그냥 반복적이고 기계적인 행동을 한다. 생각의 자유와 상상을 즐기면서 새로운 활동을 하기보다는 무기력한 모습을 보이는 것이다. 무의미한 일상의 일을 단순 반복하는 시지프스의 모습은 거의 좀비와 유사한 상태이다. 이는 현실에 충실한 리얼리스트의 모습으로 보일 수도 있다.

아이디얼리스트가 스스로 자신의 존재의 이유를 부정하는 행동을 함으로써 자기정체성이나 차별성을 부각시키지 못하는 상황을 만드는 것이다. 영화 〈모던 타임스〉의 찰리 채플린이 보여 주듯 자기 삶이나 일에서 소외된 모습이다. 좌절한 리얼리스트 모드로 살아가는 것이다. 하지만 낮은 셀프를 보상받으려는 듯 리얼리스트보다 높은 관계 성향을 보이기도 한다. 남의 눈치를 보면서 동조하려는 경향을 보이는 것이다. 이런 행동의 결과는 더욱 곤란한 상황을 발생시킨다.

아이디얼리스트 성향은 남들에게 더 도드라져 보인다. 본인은 주위의 눈치를 열심히 살피면서 맞추려고 하지만 그렇게 하면 할수록 아이디얼리스트의 엉뚱함과 이해할 수 없는 행동이 더 부각될 뿐이다. 셀프가 아이디얼리스트 성향에 비해 과도하게 높으면 '독불장군'의 상태이다. 현실적으로 인정받고 수용되지 못하기 때문에 아이디얼리스트 성향도 부정적으로 인식된다. 그 결과 주위 사람들로부터 본인이 왕따를 당하고 있다고 느끼거나 배척당했다는 부정적인 감정을 더 느끼게 된다.

아이디얼리스트의 경우 그 사람의 사회적 위치와 역할, 배경이 아이디얼리스트 성향의 가치와 셀프의 존재를 더 긍정

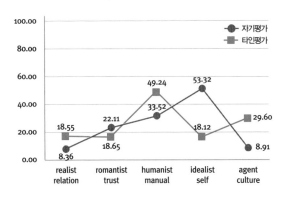

아이디얼리스트의 엔진_ 셀프가 낮을 경우 아이디얼리스트는 열정이 없이 반복적이고 기계적인 행동을 한다. 생각의 자유와 상상을 즐기면서 새로운 활동을 하기보다는 무기력한 모습을 보이는 것이다. 무의미한 일상의 일을 단순 반복하는 시지프스의 모습은 거의 좀비와 유사한 상태이다.

적으로 인정받게 만들 수도 있고, 또 부정적으로 폄하하게 만들 수도 있다.

아이디얼리스트 성향이 얼마나 인정받을 수 있느냐에 따라, 셀프에 대한 인정도 달라진다. 인정을 통한 성공을 추구하는 경우 아이디얼리스트는 극과 극의 양면성을 보인다. 거의 천재에 가까운 창의적이고 영웅적인 모습이 될 수도 있고, 정반대로 안하무인의 독불장군으로 인식될 수도 있다.

독불장군 상황은 자신이 무엇을 위해 사는지, 어떤 생각을 추구하는지에 관계없이 자신의 존재감을 부각시키려고만 하기 때문에 나타난다. 자신의 생각이 충분히 이해받지 못하고 위협적인 상황에 처했을 때 독불장군의 모습을 더 강하게 보이면 완벽하게 살아남을 수도 있고 완전한 파멸로 갈 수도 있다. 애플을 만든 스티브 잡스는 이런 상반되는 극적인 특성들이 한 개인 속에서 가장 잘 구현되었던 케이스이다.

에이전트가 엔지 상황을 드러낸다면 현재 자신의 과제를 잘 수행하지 못하기에 스스로의 존재감을 느낄 수 없다는 것을 뜻한다. 에이전트는 주어진 과제를 잘 수행하려는 책임감이 강하다. 결과 지향적이고 일을 열심히 하는 사람이기에, 이것으로 인정받을 수 없다면 엔지 상황이 된다.

본인 스타일이 강할 뿐 아니라 스스로 유능해야 한다는 강박증도 있어서 역설적으로 주위의 간섭을 싫어한다. 따라서 본인과 잘 맞지 않은 상황이나 인간관계에서는 과도하게 자포자기한 모습을 보인다. 이때 에이전트의 마음은 '꺾인 날개'와 '유유자적'의 두 가지 특성으로 부각된다.

에이전트 자신이 제대로 성과를 내지 못할 때에는 '꺾인 날개'의 상황이다. 이런 경우는 프로파일에서 보통 낮은 컬처를 보인다. 이에 비해 높은 컬처를 나타내는 경우는 역설적으로 자신의 일에 몰두하지 못하고, 방황하는 심리 상태를 보여 준다. '유유자적'이다. 겉으로는 자신의 일을 즐기는 것처럼 보이지만, 성과가 없는 일을 한다. 마음은 딴 곳에 있다.

에이전트 성향의 경우도 컬처에 따라 그 사람의 마음이 자기 자리를 찾았는지 아닌지를 알려 준다. 하지만 에이전트의 성향 자체가 사람이 아닌 과제에 초점을 두기에 때로는 이런 상황이 정말 그 사람에게 나쁜 것인지 아닌지 판단하기 어렵다. 과제를 수행하는 것에 삶의 초점을 둘 이유는 없기 때문이다. 상담이나 코칭의 상황에서 당사자가 자신의 삶에서 무엇을 추구하고, 자신의 삶을 어떻게 만들어 가려고 하느냐에 따라 에이전트의 엔지 상황은 해석이 크게 달라질 수 있다.

에이전트의 경우에는 자신의 삶에서 무엇을 중요하게 생각하는지를 먼저 확인하는 것이 필요하다. 삶에서 성과나 일을 추구하려고 하느냐, 아니면 삶 자체를 즐기려 하느냐를 물어보아야 할 것이다. 만일 자신이 즐기거나 관심을 갖는 것에 빠져드는 것을 좋아한다면, 에이전트의 높은 컬처 성향은 또 다른 긍정적인 의미를 가질 수 있다. 자신의 삶을 다른 방식으로 즐기고 있다는 뜻이다.

에이전트의 컬처 성향이 높고 낮은 것에 대한 판단은 자신의 삶의 욕구가 무엇이고 그것을 충족시키는 데 얼마나 의미를 두느냐를 기준으로 이루어져야 한다. 에이전트 성향에 비해 높은 컬처를 보인다는 것은 자신이 몰입하고 또 좋아하는 것을 위해 무엇이든 아낌없이 버릴 수 있다는 뜻이다. 하지만 에이전트의 경우 이것은 비교적 인간적인 면모가 드러나는 긍정적인 상태인 셈이다.

에이전트 성향에 비해 낮은 컬처를 보이는 '꺾인 날개'의 경우, 현재의 삶이 충분히 힘들다. 자신이 한 일에 대해 인정을 받지 못하거나 충분한 보상을 받지 못해 나쁜 상황에 처해 있는 경우이다. '꺾인 날개'라는 표현 자체가 하늘을 잘 날던 새가 현재 날지 못하는 상태를 의미한다. 에이전트를 새에 비유한다면 날아다니는 새로서의 존재감을 찾기 힘든 상황이다. 조직에서 자신의 상사로부터 인정을 받지 못하거나, 자신이 수행하는 일

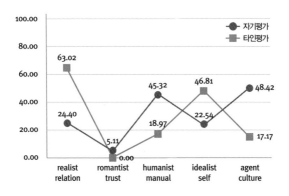

에이전트의 엔지_ 에이전트 성향에 비해 컬처가 낮은 것은 자신이 한 일에 대해 인정을 받지 못하거나 충분한 보상을 받지 못해 나쁜 상황에 처해 있는 경우이다. 자신이 수행하는 일에서 실패한 상황으로 이것은 하늘을 잘 날던 새가 날지 못하는 '꺾인 날개'의 상태라 볼 수 있다.

에서 실패한 경우 보통 '꺾인 날개'의 마음이 되기 쉽다. 자신이 일하는 조직이나 인간관계에서 더 이상 자기 능력을 발휘할 수 없는 상태이다. 잘 날아가던 새가 추락한 상황과 같다.

분명히 과거에는 조직에서 일 잘하는 존재감 있는 사람이었는데, 어떤 관계나 상황의 변화로 자신의 존재감이 달라진 것이다. 능력이 부족해서라기보다 관계의 변화 때문이다. 이런 경우 에이전트는 스스로를 쓸모없다고 느끼거나 조직을 떠나야 할지도 모른다고 생각한다. '세상아 돌아가라. 나는 나

대로 살린다'라는 식이다. 방관자적이고 현상 유지적인 태도를 보인다.

'유유자적'의 모습으로 엔지 상황을 나타내는 에이전트의 경우, 본업에 치중하기보다는 자신의 취미나 다른 외부 활동에 더 의미를 두는 경우이다. 지금까지 해 왔던 일이 아닌 새로운 과제에 몰입하는 모습을 보인다. 에이전트 성향에 비해 컬처가 뚜렷하게 높을 때 나타나는 엔지 상황이다.

자신이 직업적으로 하는 일은 현상 유지 수준에서 하면서, 새롭게 시작한 취미와 같은 일은 전문적인 수준 이상으로 몰입한다. 의사나 변호사, 교수 또는 직장인 등 본인의 직업을 유지하면서 온라인 게임, 커피, 악기나 사진 등등의 다양한 예술 활동에 참여한다.

전문 예술가나 직업적인 일이 아닌데, 실제로 그 직업에 종사하는 사람들 이상의 마음으로 몰두하는 것이 유유자적의 마음이다. 이들은 자신의 불안한 마음을 피하기 위해서 더 유유자적하고, 오타쿠적인 모습을 보여 준다. 마음이 자기 자리를 찾기 위해 스스로의 안정감을 부정하고 새로운 자리를 찾으려하는 높은 컬처 수준과 갭을 보이는 에이전트의 모습이다.

사람마다 다른 마음의 제자리 찾기

우리는 완벽하게 이해할 수는 없어요.
온전하게 사랑할 수 있습니다.

헤민 스님이 쓴 책의 표지에 있는 말이다. 스님이라서 할 수 있는 참 멋진 표현이다. '온전한 사랑'이 무엇인지, '완벽한 이해'가 무엇인지 알려 주지 않아도 된다. 하지만 심리학자는 과학자인지라 사람들의 마음이 어떻게 온전한 사랑으로 나타나는지, 사람의 마음을 완벽하게 이해하기 위해서 어떻게 해야 하는지 물어야 한다. 이런 질문에 대한 답을 얻게 될 때, 심리학자는 자신의 연구 결과를 기반으로 완벽하지 않은 우리 각자가 온전한 사랑을 어떻게 할 수 있을지에 대한 구체적인 방법을 찾을 수 있다. 또한 말이 아닌 행동으로, 생활 속에서 일어나는 변화를 일으킬 수 있다.

한국 사회에서 잘살려고 하는 사람의 마음은 어떻게 나타날까? WPI 성격 시스템으로 확인한 것은 그 사람들은 대개 '리얼리스트'의 마음을 보인다. '성공'을 간절히 원하는 이들은 자신의 성공보다는 성공한 어떤 사람을 동경한다. 최고의 부자, 최고 권력자의 위치에 있는 사람, 예를 들어 재벌 회장이나 대통령이 대표적 인물이다. 그러나 사실 그 인물들의 영웅적 면모가 아니라 돈이나 권력을 숭배하는 것이다. 대부분의 한국 사람들이 그렇다. 하지만 삶이 원하는 대로 되지 않다 보니, 마음속의 또 다른 저편의 이상향인 온전한 사랑을 찾으려 한다. 로맨티스트의 마음이 나타나게 되는 것이다.

사회현상에서 나타나는 WPI 마음

리얼리스트와 아이디얼리스트, 로맨티스트, 휴머니스트와 에이전트 등과 같은 우리 각자의 마음은 다양한 사회 현상으로 인해 사람마다 각기 다르게 나타난다.

2008년에 일어난 촛불집회 때를 생각해 보자. 이명박 대통령의 발언은 로맨티스트와 에이전트의 특성을 가진 그의 마음을 잘 보여 준다. 당시 이 대통령은 "촛불은 누구 돈으로 샀고, 누가 주도했는지 보고하라"고 지시했다. 그는 미국 쇠고기 수입과 관련된 광우병 우려로 일어난 '민심(대중의 마음)'을 읽으려 하기보다는, 누구의 돈으로 그 사건을 일으켰는지 알려 했다. '돈'을 사랑하는 그의 마음을 잘 보여 준다. 본질보다는 자신이 중요하게 생각하는 것을 중심으로 현상을 파악하려고 한 것이다.

약 10년이 지난 이후, 2016년 4·13 총선 공천에서도 서로 다른 마음이 만들어 내는 사회 현상들이 있었다. 국회의원 선거 후보 등록 마지막 날 새누리당 유승민 의원은 무소속 출마를 선언했다.

당시 로맨티스트인 박근혜 대통령은 그를 '배신의 정치인'이라 낙인을 찍었고, 에이전트인 새누리당 이한구 공천위원장은 유승민 의원에게 탈당과 출마 포기 선언을 은근히 압박하는 상황이었다. 한때 박 대통령의 최측근으로 통한 아이디얼리스트 유승민 의원은 '증세 없는 복지는 허구'라는 발언과

'국회법 개정안'의 행동으로 박 대통령과 완전히 등을 돌리게
된다. 두 사람의 경우, 특정 이슈를 공감하면 문제가 없지만,
아이디얼리스트가 로맨티스트에게 적극 공감하지 않을 때는
바로 배신자, 이기주의자 또는 버린 사람이 된다. 이한구 위원
장의 행동은 에이전트로서 자신의 과제를 충실하게 수행하려
는 로봇의 마음 그대로이다.

돈에 대한 각기 다른 마음

개인의 마음은 바로 어떻게 삶을 살 것인가를 결정하는 나침
반이다. 한국 사회의 다수를 차지하는 리얼리스트들은 삶의
궁극적 목표는 '돈을 버는 것'이라 생각한다. 돈을 바라보는
시각으로 사람마다 각기 어떤 마음을 가지고 사는지 쉽게 확
인할 수 있다. 돈이 '어떻게 잘살 수 있을까'의 주요한 요소이
기 때문이다.

'리얼리스트'의 마음에서 잘사는 것이란 '안정된 삶'이다.
그 안정은 바로 경제적 안정이다. 따라서 돈은 안정된 삶의 완
성이다. 리얼리스트가 불안한 것은 돈이 부족하기 때문이고,

충분히 모이지 않았기 때문이다. 결국 자신의 삶은 계속적으로 불안정하다. 환경에 좌우되는 삶이 아닌, 스스로 자신의 삶에 의미를 부여하는 것을 필요로 하지만, 항상 우선 순위는 돈이다. 리얼리스트의 성향이 매우 강해질수록 부인이나 자식보다 돈을 더 사랑하게 된다. 혹시 언제부터인가 당신의 배우자가 당신을 위해 돈 쓰는 것을 싫어하지 않는가?

로맨티스트에게 돈이란 '아름다움'이나 '풍요로움'을 유지하는 수단이자, 자신의 감성을 충족하는 사랑의 대상이 된다. 로맨티스트에게 돈이 사라진다는 것은 자신의 삶이 비루해지는 커다란 불행을 의미한다.

휴머니스트에게 돈은 사람들 간의 관계를 만들어 주는 도구이자 힘이다. 이들에게 '돈'이란 바로 '권력'이다. 왜냐하면 사람들을 움직일 수 있고, 또 사람들에게 영향을 미칠 수 있기 때문이다. 휴머니스트가 돈에 집착하는 것은 돈으로 자신의 힘을 발휘하거나 또는 특정한 조직의 장과 같은 직위를 얻을 수 있기 때문이다.

이에 비해 아이디얼리스트에게 돈이란 자신의 꿈이나 계획의 실현과 관련된 수단이다. 돈을 위해 일을 하기보다는 자신이 추구하는 꿈이나 이상이 실현되는 것을 기대한다. 빌 게이츠나 스티브 잡스, 저커버그 같은 사람들이 변화와 혁신을 상징할 때, 그들이 성취했던 것은 돈이 아니라 자신의 꿈이었다. 돈은 자신의 꿈이 실현되었음을 인정받았다는 의미이다. 많은 돈을 벌었기에 성공했다고 믿는 리얼리스트나, 자신이 많은 돈을 벌었기에 가장 멋진 사람이 되었다고 믿고 싶어 하는 로맨티스트와는 다른 마음이다.

에이전트에게 돈이란 자신의 능력이나 자신이 잘 수행한 일에 대한 보상의 의미를 가진다. 돈을 벌지 못한다는 것은 자신이 한 일에 대한 적절한 보상을 받지 못하거나, 또는 자신의 능력이 무시당했다는 뜻이 된다. 이런 경우 스스로 자신의 삶에 대해 태업을 할 수도 있다.

에이전트에게 삶의 계획이란 부여받은 과제를 잘 수행하기 위한 자기만의 방법이다. 따라서 자신의 계획이 변경되거나 틀어진다는 것은 있을 수 없고, 누군가 자신의 계획에 개입하는 것은 바로 자신의 삶을 방해한다는 의미이다. 이것은 바로 자신에 대한 무시나 거부가 된다. 감정적인 반응을 잘 보이지 않는 에이전트는 이런 경우에 아주 고집스럽고 권위적으로 보이기도 한다.

자기 마음의 '자리 찾기'

사람마다 각자의 마음과 성격대로 생각하고 반응한다. 그러므로 어떤 것이 절대적으로 좋다, 나쁘다를 이야기할 수 없다. 무엇보다 주어진 상황을 어떻게 받아들이는 자신의 마음을 알아볼 필요가 있다. 그러나 대부분의 사람들은 자신의 삶에 만족하지 못하면 못할수록 자신의 마음을 알려 하기보다 엉뚱한 곳에서 해결책을 찾으려고 한다.

많은 리얼리스트에게 돈과 권력은 성공의 열쇠가 아니라 삶의 해답으로 여기는 것이 바로 한 예이다. 하지만 우리 모두가 리얼리스트는 아니다. 사람마다 각기 다른 마음을 가지고 있고 인생의 만족과 행복을 느끼는 방법은 모두 다르다. 그러므로 현재 어떤 문제에 당면해 있다면 우선 스스로가 각자 자신의 마음을 제대로 알게 되는 것, 자기 마음의 '자리 찾기'를 해야 한다.

WPI는 무엇보다 각자가 자신의 마음과 상황을 정확히 인식할 수 있게 한다. 각기 다른 마음에 따라 문제(상황)가 어떻게 부각되고, 그 문제를 받아들이는 각기 다른 마음의 차이를 보게 된다. 문제를 해결할 수 있는 삶의 방안을 쉽게 찾을 수 있다.《마음 읽기》를 마무리하며 부디 이 책이 독자들에게 진정한 '자기'를 만들어 나가는 데 용기를 불어넣어 주었기를 다시 한 번 간절히 바란다.

마음 읽기의 역사, 마음의 MRI 탄생

너 자신을 알라

자신의 마음을 있는 그대로 대면하는 것에는 정말 많은 용기가 필요하다. 사람들은 실제의 자기 마음보다 막연히 기대하고 바라는 것을 자신의 진짜 마음이라 믿으려 한다. 이런 심리는 무엇일까? 그리고 어떻게 이런 마음이 생겨날까? 이런 마음은 우리 삶을 행복하게 할까 아니면 불행하게 할까? 이런 마음을 아는 것이 나의 삶에서 일어나는 어떤 비밀을 알려 줄까?

자신의 마음을 있는 그대로 잘 알고 있다고 믿는 사람에게 이런 질문들은 낯설다. 왜냐하면 그들은 자신의 삶에 특별히 어떤 어려움이나 문제가 있다는 것조차 잘 인정하려 하지 않기 때문이다. 아무 문제가 없기에 자기 마음을 알 필요가 없다고 한다. 삶의 어려움이 발생하는 이유를 다른 곳에서 찾는다. '사람이 속이나, 돈이 속이지'와 같은 말은 삶의 어려움을 마음의 문제가 아닌 경제적 결핍에서 발생하는 가난의 문제로 보려는 의도를 잘 나타낸다.

인간은 지금으로부터 2,500년 전의 고대 그리스 시절부터 마음을 안다는 것에 대해 지극한 관심을 두었다. 무엇보다 이 시대에 자기 자신의 마음의 문제를 생각할 수 있는 사람들은 특별했다. 왕이나 귀족, 성직자, 철학자 등과 같은 특별한 신분에 속하는 사람들은 자신의 삶에서 마음의 문제를 중요하게 생각했다. 하지만 인간 취급을 받을 수 없었던 노예들은 자신의 마음에 대한 권리가 본인에게 없었다. 노예들은 거의 가축과 다를 바 없었고 단지 자신의 역할을 충실히 수행해야 하는 기계와 다를 바 없었다.

고대 그리스 시대에 마음을 생각할 수 있느냐, 없느냐의 문제는 사회 계급의 차이를 드러내는 수준 이상이었다. 마치 신이냐 인간이냐를 구분하는 정도였기 때문이다. 자신의 마음을 생각하는 것은 신의 영역에 속하는 특별한 활동이었다. 자신의 마음이나 생각을 통해 삶의 문제나 어려움을 극복하려는 것은 신이나 거의 신에 버금가는 영웅들의 대표적인 활동이었다.

'그리스 신화' 속의 다양한 신들이나 영웅들은 절대적 존재라기보다는 다양한 삶의 문제를 고민하고 해결하려는 인간의 모습과 그리 다르지 않다. 특별한 계급이나 위치에 있는 인간들도 마치 신의 모습으로 자신의 특성을 나타내려 했다. 신들의 왕 '제우스', 지혜의 여신 '아테네', 미의 여신 '아프로디테', 바다의 신 '포세이돈' 등과 같은 신들은 각기 다른 성격(personality)을 잘 나타낸다.

고대 그리스인들은 무대 위의 가면(persona)을 쓴 배우처럼 자신을 표현했고, 이런 모습은 '질투의 화신', '권위의 상징', '아름다움의 전형' 등과 같은 신에 대한 묘사로 잘 표현된다. 이런 마음이 잘 드러난 곳은 고대 그리스인들이 자신의 운명을 알기 위해 찾는 신전이었다. 당시의 사람들에게 이성과 예언의 신인 아폴론을 모시는 '델파이(Delphi) 신전'은 인간의 운명에 대한 가장 영험한 계시를 제공하는 곳이었다. 신의 마음을 알기만 하면 자신의 운명에 대한 답을 찾을 수 있다고 믿었던 것이다.

아폴론 신전의 계시가 다른 신전에 비해 더 지혜로운 이유
는 신의 성격 때문만은 아니었다. 당시 사람들은 이성과 예언
의 신의 능력 때문이라 생각했지만, 그 이유는 델파이 신전의
신탁에 있는 '너 자신을 알라'라는 문구 때문이었다.

사실 인간의 운명에 대한 신의 계시는 어느 신전에서 나왔
든 항상 모호했다. '너 자신을 알라'는 경구는 신의 계시를 인
간이 운명으로 해석할 수 있는 추가적인 정보였다. 신의 계시
가 인간의 운명에 대한 답이 되기 위해 더 필요한 것은 바로
인간이 '자신을 아는 것'이었다. 이후 수천 년 동안 우리는 이
것을 지혜로운 철학자 '소크라테스'의 경구 정도로만 기억하
게 된다.

신의 계시를 더 잘 알기 위해 '자신을 아는 것'이 중요하다는
사실은 '인간의 운명을 누가 정하는가'라는 질문이 나오게 되면
서 더욱 중요한 의미를 지니게 되었다.

르네상스 이후 철학자 데카르트는 '나는 생각한다, 고로 나는
존재한다'라는 명제를 통해 인간의 마음이 더 이상 신에 의해
결정되지 않는다는 '인간 마음의 해방 선언'을 하게 된다. 인간
이 자신의 마음을 알기만 하면, 자신의 운명을 바꿀 수 있을 뿐
아니라 마치 신이 정했다고 믿어 왔던 자신의 운명에서 벗어날

수도 있다는 기대를 드러낸 것이다. 이것은 이후 인간이 자신의 마음을 볼 수 있을 뿐 아니라, 인간이 스스로 자신의 마음을 과학적으로 탐구할 수 있다는 생각, 즉 현대 심리학의 출현으로 이어지게 된다.

알다가도 모를 성격, 마음을 탐구하다

'심리학'이라고 하면 일반 대중들은 정신분석, 상담, 심리 치료 등을 연상한다. 대학에서 심리학 개론을 들어 본 정도의 사람이라면 심리학을 '사람의 마음과 행동을 연구하는 과학' 정도로 이해한다. 사실 '심리(心理)'라는 것이 사람의 마음에 대한 법칙이나 원리를 의미한다면, '마음'이 무엇인지를 묻는 것은 지극히 당연하다. 그런데 정작 심리학을 과학이라 주장하는 심리학자들이 보여 주는 과학적 연구 대상으로서의 마음에 대한 생각은 그리 단순하지가 않다. 이것은 마치 고대 그리스에서 노예들이 자신의 마음을 생각하기 힘들었던 것이나 또는 신에 의해 인간의 마음이 정해진다고 믿었던 것과 거의 비슷하다.

대부분의 현대인은 각자 자신의 마음을 인식하고는 있다. 하지만 스스로 자신이 내 삶의 주인이라는 것을 명확하게 의식하지 못한다면, 쉽게 스스로 누군가의 노예로 사는 것과 같은 마음이 될 수 있다. 고대든 현대든 스스로 자신의 마음을 노예의 그것과 같이 여긴다면 자신의 마음을 스스로 탐색하기란 쉽지 않다.

대부분의 사람들은 자신의 신체에 대해 당연히 자신의 소유라고 주장한다. 특별한 경우가 아니라면 노예와 같은 상태로 사는 것을 정상적인 인간의 삶이라 생각하지 않기 때문이다. 하지만 신체가 아닌 마음이 자신의 소유라고 분명하게 답할 수 있는 사람은 그리 많지 않다. 신체의 노예에 대한 거부감은 인류의 공통적인 상식처럼 받아들이지만, 정작 마음의 노예라는 것은 그 자체로 인식하기도 힘들고 또 일상의 삶에서 뚜렷하게 드러나지 않기 때문이다. 마음이 보이지 않는 것이기 때문이기도 하지만 더 큰 이유는 대다수의 사람들이 '마음의 노예'라는 상태가 무엇인지 또 이로 인해 어떤 비극적 상황을 초래하게 되는지 잘 알지 못하기 때문이다.

마음의 노예 상태에 대한 가장 대표적인 언급은《죽음의 수용소》로 유명한 빅터 프랭클 박사의 성찰과 경험에서 찾을 수 있다. 프랭클 박사는 그의 저서《심리의 발견》에서 '자아의 인식' 또는 '삶의 의미에 대한 탐색' 등을 언급하면서 신체의 노예 상태가 아닌 마음의 노예 상태에서 벗어나 스스로 자신의 마음에 대한 주인이 되는 것이 얼마나 중요한지를 지적한다.

빅터 프랭클 박사는 우리 마음의 정체나 마음이 드러나는 방식은 자신의 마음이 노예 상태인지 아니면 자신의 것인지에 따라 확연하게 차이를 보인다고 했다. 삶에서 마음이 노예의 상태에서 벗어나 자신의 것으로 바뀌는 것은 다음과 같은 다양한 모습으로 표현된다.

"살아갈 이유가 있는 사람은 어떤 현실도 견뎌 낸다."

"오늘날 사람들이 유독 시달리는 불안이 있다면 그것은 지루함에 대한 불안이다."

"물질적 문제가 해결된 후에야 정신적 문제들이 모습을 드러낼 것이다. 드디어 사람들은 스스로를 관조하고 내면의 문제, 존재의 문제를 인식하게 되리라."

자신의 마음이 노예의 상태가 아닌 자신의 것이 된다면 마음이 스스로 삶의 의미를 찾으려 한다는 주장이다. 자신의 마음이 스스로 자신의 존재에 대한 책임과 역할을 할 수 있다는 뜻이다.

일상생활에서 나타나는 개인의 마음을 우리는 그 사람의 '인성(character)'이라고 한다. 이런 인성을 타인과 구분되는 어떤 개인의 특성이라 할 때에는 '성격(personality)'이라 한다. 고대 그리스인들은 이런 인성이나 성격은 신이 정해 준 운명이라 믿었다. 인간이 자신의 삶의 주인을 신이 아니라 자신이라 할 때, 이 인성이나 성격은 '마음'이라는 용어로 표현되었다.

현대 심리학자들에게 인성이나 성격은 한 개인의 마음을 나타내는 대표적인 용어지만, 1980년대 이후 이것에 대한 관심은 급속도로 떨어졌다. 심리학자들은 성격이나 인성을 한 사람의 고정된 특성이라 믿고 연구했지만, 정작 연구 결과는 이것들이 개인이 처한 환경이나 사람들과의 관계에 따라 다르게 나타났기 때문이다. 어떤 사람이 좋은 인성이나 성격을 가지고 있다면 그것은 그 사람이 본래 그렇다기보다는 그가 처한 환경이 비교적 호의적이었을 가능성이 높다. 나쁜 인성이나 성격의 경우도 마찬가지다. 인성이나 성격은 한 개인의 고정되고 변화하지 않는 특성이나 마음이 아니라 각 사람들이 처한 환경에 의해 변하는 삶의 모습이다.

마음을 탐지하는 다양한 성격 검사들

마음을 탐지하기 위해 지난 100년 동안 심리학자들은 다양한 성격 검사들을 만들었다. 하지만 이런 검사들이 누구에 의해, 어디에서 사용되느냐에 따라 그 결과로 파악하려는 바가 달라지게 된다. 예를 들어 병원이나 군대, 회사와 같은 곳에서 사용되는 경우, 검사는 한 개인의 마음이 어떤 평균적인 범위에서 얼마나 벗어났는지를 파악하려 한다. 어떤 사람의 마음이 '정상'과 '비정상' 중 어느 지점에 더 가까운지를 판별하려는 것이다. 만일 어떤 사람의 마음이 정상 범위에서 벗어난다면 치료의 대상이 되거나 선택의 범위에서 벗어나게 된다. 이와 달리 보통 개인이 받게 되는 성격 검사는 그가 자신의 마음이 어떠한지, 또 어떤 성향의 사람인지를 알아보려는 목적으로 사용된다.

자신의 성향을 가볍게 알아보려는 성격 검사 중에서 가장 많이 알려진 것이 마이어(Myers)와 브릭스(Briggs)라는 모녀가 만든 'MBTI'이다. 이 검사는 각 개인의 심리 특성을 '외향성(E)-내향성(I)', '감각(S)-통찰(N)', '사고(T)-감정(F)', '판단(J)-직관(P)'이라는 4쌍의 조합에 따라 구분한다. 한 개인은

16개의 성격 유형 중 하나에 속한다.

자신의 유형이 어떠한지에 따라 자신의 마음이 어떤 상태인지를 알 수 있다고 믿는다. 예를 들어, 어떤 사람은 외향성과 감각, 사고, 판단 성향이 높은 유형(ESTJ)에 속하고 어떤 사람은 내향성과 통찰, 사고, 직관의 성향이 높은 유형(INTP)에 속한다고 각자의 마음을 구분한다. 이 검사에서 활용된 4쌍의 성격 기준은 1930년대 당시 최고의 심리학자로 생각되었던 융의 성격 이론에 따른 것이라 한다.

MBTI의 성격 유형 구분을 조금 단순화한 성격 검사가 '윌리엄 몰튼 마스턴(William Moulton Marston)' 박사가 만든 '디스크(DISC)'이다. 이것은 한 개인의 성격을 '특정 상황이나 환경에서 일어나는 행동 스타일'과 '선호하는 행동 방식'에 따라 구분한다. '사람-과제', '빠름-느림'의 두 가지 축에서 어떤 속성을 더 강하게 선호하는지, 두 축에서 높고 낮음에 따라 주도형(D형), 사교형(I형), 안정형(S형), 신중형(C형)으로 구분한다. 그리고 가장 높은 핵심 유형과 그다음의 보조 유형으로 개인의 성격을 구분한다.

예를 들어, '주도형과 사교형의 사람은 일반적으로 모종의 특성이 있고, 이 유형에 속하는 사람의 장점과 단점은 어떠하다' 등으로 개인의 성격을 알려 준다. 적어도 자신이 어떤 특성을 가진 유형에 속하고, 또한 자신과 다른 성향의 사람이 어떤 부분이 비슷하거나 다른지를 알 수 있다는 점에서 많이 활용된다.

일반 심리 검사와 달리 영적인 측면에서 한 개인의 성장 가능성을 파악하려는 의도로 활용되는 검사가 에니어그램(Enneagram)이다. 이것은 서양의 점성술에서 비롯한 마음의 이론이라 한다. 그리스 말로 9를 뜻하는 ennea(nine)와 선을 뜻하는 grammi(line)에서 나왔다는 단어가 뜻하듯이, 9개의 성격 유형들이 가지는 의미와 각자의 관계가 서로 어떻게 이루어지는지를 설명하려고 한다.

에니어그램의 각 유형들은 '자기애(自己愛, Love of Self)'를 나타내는 개인의 마음이며, 이것들은 각기 다른 의미를 가지고 있다. 이와 동시에 서로 연결된 유형들의 현재 관계가 어떤 모습이고, 향후 어떤 변화와 발전 가능성이 있는지를 해석함으로써 각기 다른 유형의 사람들이 서로 영향을 주고받는 방식을 구분할 수 있다.

각 성격 유형에 따라 사랑의 의미가 다를 뿐 아니라 서로 맺는 관계나 발휘되는 영향력들도 차이가 있기 때문이다. 이것은 남미 지역의 예수회 신부들을 중심으로 발전되었으며, 성격 유형을 나타내는 각각의 단서들에 근거한 판단이기보다는 해석자의 통찰이 중요한 마음 탐색 방법이다.

MBTI나 에니어그램과 같은 대중적 성격 검사들은 한 개인의 특성을 알려 주지만, 이 특성들이 각자가 처한 환경이나 생활의 맥락에 따라 각기 다른 의미를 가질 수 있다는 것에 대해서는 거의 고려하지 못한다. 각자의 다양한 삶의 방식에 따라 다른 성향의 사람들이 얼마나 다양한 인간관계의 문제를 경험하게 되는지를 잘 알려 주지 못한다. 단지 개인의 마음이 마치 진공 상태에 있는 것처럼 설명할 뿐이다. 이런 경우 대다수의 사람들은 자신의 성격에 대한 탐색을 마친 이후, "그래서 어떻다는 거지?", "도대체 어떻게 하란 말이야?"라는 말을 하기 쉽다.

'사람들은 모두 다르다'라는 기본적인 사실을 각기 다른 유형으로 확인시켜 주는 것은 분명 의미가 있다. 하지만 같은 성향의 사람들이 각기 다른 상황에 있을 때 발생하는 다양한 문제들에 대한 진단이나 해법을 제공하지 못한다면 그 의미는 퇴색될 수밖에 없다. 결국 특정한 개인이 현재 가진 어려움이나 문제를 해결하는 데 한계가 있다. 기존의 성격 검사들이 가진 한

계들을 넘어서면서 각기 다른 환경에 있는 사람들의 문제나 어려움에 대한 해법을 제공할 수 있는 마음의 탐색이 필요하다.

마음을 탐구하는 심리학자의 고민

심리학이 과학을 표방한 학문으로 등장한 이후 심리학자들의 염원은 인간의 '마음'을 나타내는 '핵심 성분'을 찾는 것이었다. 마음이 물질이 아님을 잘 알면서도, 심리학자는 마음이 물리적인 어떤 것으로 표현될 수 있음을 확인하려 했다. 심리학을 물리학과 같은 과학으로 인정받고자 하는 강박의 발로였다. 그리고 이런 강박은 그 나름 소득이 있었다. 1990년 이후 심리학자들은 마음이 '외향성', '신경증', '친화력', '개방성', '성실성'의 5가지 특성으로 이루어져 있다는 연구 결과를 냈다. 이것이 '성격의 5요인(Big Five) 모델'이다(McCrae, R. R. & Costa, P. T., 1997, May).

눈에 보이지 않는 마음을 5가지 성격 요인으로 구분할 수 있게 된 것은 그 자체로 대단한 일이다. 하지만 이것은 또한 심리학 연구의 한계이기도 하다. 마치 생리학자가 인간의 신체를 '피부', '살', '신경', '뼈', '근육'으로 구분하는 것에 비교해 보면, 심리학자의 이런 연구 결과가 왜 만족스럽거나 자랑스럽지 않은지 알 수 있을 것이다. 5가지 특성은 마치 빵을 먹고 싶은데 빵의 재료를 던져 주는 것과 같은 상황과 다를 바 없기 때문이다.

이 5가지 특성으로 '홍길동'이라는 사람의 마음을 진단해 보자. 진단 결과는 마치 5개 과목의 성적표처럼 표현될 수 있다. 그런데 이것이 홍길동의 마음에 대해 무엇을 알려 줄 수 있을까?

홍길동은 개방성과 외향성에서 점수가 높다. 그는 새로운 일이나 생각에 개방적일 뿐 아니라 기존의 방식에 의문을 제기하려는 성향이 높고 자신을 잘 드러내며 원기 왕성하고 열정적인 모습을 보인다고 할 수 있다. 이

[생리학자가 본 인간]
살
피부
신경
근육
뼈

[심리학자가 본 인간]
표현력이 풍부하다
정서적으로 예민하다
친화력이 크다
개방적이다
성실하다

성격의 5 요인

외향성(Extraversion)
자신을 얼마나 잘 드러내는가?

신경증(Neuroticism)
얼마나 감정적인가?

친화력(Agreeableness)
다른 사람에 대한 붙임성이 있는가? 공감이 잘 되는가?

개방성(Openness)
새로운 일이나 생각에 얼마나 개방적인가?

성실성(Conscientiousness)
일에 얼마나 열중하고 또 성실하게 수행하는가?

성격의 5요인 유형 검사 결과표

(실제로 여러 분야에서 실시되고 있는 성격 유형 결과물 중)

외향성 100점	정서적 안정성 73점	배려성 77점	개방성 100점	성실성 86점
홍길동 님은 매우 외향적인 분입니다. 다른 사람에게 아주 쉽게 접근할 수 있고, 어떤 모임에서든지 모임을 주동할 가능성이 높습니다.(중략)	홍길동 님은 정서적으로 안정된 편입니다. 그렇기 때문에 감정적 기복이 심하지 않으며 쓸데없는 걱정도 하지 않는 편입니다.(중략)	홍길동 님은 배려하기를 즐기는 사람입니다. 자신보다 못한 사람을 보고 안타까움과 동정심을 느끼는 마음이 부드러운 사람입니다.(중략)	홍길동 님은 개방성이 아주 강한 사람입니다. 새로운 것들에 대한 호기심이 강한 편이고 예술(특히 현대 예술)에 대한 관심이 높습니다.(중략)	홍길동 님은 매우 규칙적인 분입니다. 한마디로 전형적인 모범생 스타일입니다. 부모님 말씀도 잘 듣는 착한 학생형입니다.(중략)

와 동시에 자신의 일에 열중하고 또 성실하게 수행하려는 '성실성'이나 '정서 안정성(신경증)', '배려성(친화력)'도 비교적 높다.

정상인 범주 이상의 비교적 좋은 심리 상태라고 할 수 있다. 분명히 '정상'이라 판단할 수 있지만, 이것 이상으로 이 사람에 대해 알려 주는 것이 없다.

홍길동이 현재 겪고 있는 마음의 문제나 생활의 어려움을 어떻게 이해해야 할지, 또 이런 어려움들이 자신의 어떤 성향 때문에 발생했는지 등에 대해서는 알 수가 없다. 마음을 읽었다기보다 그 그림자를 본 정도의 심리 검사가 된 것이다. 그래서 검사를 한 사람이 알고 싶던 자신의 마음이나, 현재 가지고 있는 마음의 어려움을 해결할 수 있는 단서를 찾게 해 주지는 못한 것이다. 분명 성격 검사를 통해 마음을 알게 되었는데, 왜 마음을 제대로 알지 못하는 상황이 벌어진 것일까?

마음을 이루는 기본 요인들을 안다고 해서 마음을 제대로 진단했다고 할 수 없다. 물리학이나 화학에서 물질의 원소나 분자 구조를 아는 것은 분명 물질을 아는 것에 도움이 된다. 하지만 마음은 이와 다르다. 마음은 개별 요인들의 합이 되어 게슈탈트[gestalt: 형태(form)라는 의미로 '전체는 부분의 합 이상'이라는 형태 심리학 용어이다]와 같이 형태로서 총체적으로 파악해야 한다. 그런데 그냥 마음을 화학 분자식 수준으로 파악하려 했기에 문제가 일어난 것이다.

이런 상태는 마치 빵을 먹고 싶다는 사람에게 빵의 재료가 무엇인지를 알려 주는 것과 비슷하다. 빵을 만들 때 필요한 재료가 '밀가루,' '계란,' '우유,' '이스트,' '버터'라는 사실을 아는 것은 중요하다. 하지만 재료가 빵은 아니다. 재료로 반죽을 하고 숙성 과정을 거쳐 오븐에 넣고 구워 내야 비로소 빵이 되는 것이다. 사람의 마음 역시 개별 심리 특성이나 요인들의 점수가 아닌 그것들을 종합적으로 볼 수 있는 틀을 거쳐야만 알 수 있게 된다.

빵 베이킹 기본 재료

밀가루　버터　계란　우유　이스트

↓

재료 배합

반죽 정도 숙성 시간　오븐 온도 굽는 시간

↓

식빵　호밀빵　크루아상　도넛

자신의 마음이 어떤지, 옆에 있는 친구의 마음이 자신과 어떻게 다른지를 알려는 사람에게 마음의 재료가 무엇인지 알려 주는 것만으로는 충분하지 않다. 빵의 재료를 알려 준다고 빵을 먹고 싶은 사람의 욕구가 충족되는 것은 아니기 때문이다. 빵을 먹고 싶은 사람에게 필요한 것은 재료만이 아니라 이 재료들을 잘 반죽하여 오븐에서 구워 낼 수 있는 '레시피'이다. 사람의 마음을 연구하는 사람 역시 '마음의 레시피'가 무엇인지를 알아야 한다.

마음의 MRI: WPI(Whang's Personality Inventory)의 탄생

1969년 미국의 스탠퍼드 대학 심리학자인 필립 짐바도르(Philip Zimbardo) 교수는 평범한 사람들을 모아서 교도소처럼 꾸며진 공간에서 간수와 죄수의 역할을 하면서 지내도록 했다. 하루도 채 지나지 않아, 완전히 정상이라 생각했던 그들은 무자비한 간수와 난폭한 죄수로 변신했다. 이미 1961년 예일대 심리학과 스탠리 밀그램(Stanley Milgram) 교수도 인간의 마음이 상황의 압력에 따라 얼마나 달라질 수 있는지를 잘 보여 준 연구를 수행했다.

밀그램 교수는 교사와 학생의 역할을 수행하는 상황을 만들고, 학습 활동을 제대로 하지 못한 벌로 학생에게 전기 충격을 가하도록 요청했다. 교사의 역할을 맡은 사람들은 거의 치사량에 가까운 전기 충격을 기꺼이 학생들에게 가했다. 상황의 압력에 따라 인간의 마음은 마치 노예처럼 바뀌었다.

신으로부터 인간의 마음이 독립되었다고 데카르트가 선언한 이후, 인간은 자신의 마음을 알기 위한 긴 여행을 시작했다. 하지만 스스로 자기 마음의 주인이 되기는커녕 자신이 속한 환경의 노예에 가깝다는 것을 인정하지 않을 수 없게 되었다. 심리학자들은 사람의 마음이 무엇인지 알지만, 정작 그 마음이 각자가 속한 환경에 좌우된다는 것을 알게 되었을 뿐이다. 자신의 마음을 알고 싶은 사람에게 다시 커다란 수수께끼가 생겨났다. 내가 속한 환경에서 나의 마음은 어떤 것인가?

환경의 노예가 된 마음의 정체는 바로 우리 모두가 겪는 삶

성격 요인(진료)

외향성
(표현력)

신경증
(정서 안정)

친화력
(붙임성,
공감성)

개방성

성실성
(직업)

⬇

(성장) 환경
+
성격 요인 배합

⬇

WPI 성격 유형 탄생

현실성(리얼리스트)
감성형(로맨티스트)
사교형(휴머니스트)
이상형(아이디얼리스트)
과제형(에이전트)

의 문제, 어려움 속에서 찾을 수 있다. 자신의 삶이 힘겹고 불행하다고 생각하는 사람들은 모든 어려움이 주변 환경 탓이라고 생각한다. 본인의 주체적 의지와 판단은 전혀 개입할 여지가 없다. 이것이 바로 노예가 된 마음이다. 주인님이 자기를 보호하고 먹을 것을 제공해 줄 것을 기대한다.

한때 헬조선(대한민국의 상황이 지옥과 같다는 말), 흙수저(부모의 능력나 형편이 넉넉지 못해 경제적 도움을 전혀 받지 못하는 자녀), 맘충(자기 자식밖에 모르는 무개념 엄마), 월급 루팡(회사에서 하는 일 없이 월급만 축내는 월급 도둑 같은 직원)과 같은 말이 유행한 때가 있었다. 이런 생각을 그대로 받아들인다면 우리 각자의 마음은 환경의 노예가 될 것이다.

어떻게 해야 할까? 자신이 현재 노예의 상태라는 것을 인정하게 되는 것은 바로 자신의 삶에서 문제를 느낄 때이다. 이것을 해결하려 한다면 노예의 상태에 있는 자신의 마음이 어떻게 나타나는지를 알아야 한다. 더 이상 스스로 노예로 살고 싶지 않은 마음이 강하면 강할수록 자기 마음의 주인이 되는 길을 찾기란 어렵지 않다. 자신의 마음이 노예 상태에 있다는 것을 의식하는 것은 그 상태를 바꾸려는 계기가 된다.

분명 신은 인간에게 5가지의 성격 요인과 같은 마음의 특성을 주었다. 성경에 나오는 '달란트'의 비유처럼 신은 인간에게 5가지 마음의 특성을 주고 그것을 어떻게 만들어 가는지를 보고 있는 것이다. 각자 자신의 삶에서 이 5가지 특성으로 자신의 마음을 만들어 간다. 빵에 비유하면 자신만의 빵 맛을 만들어 내는 것이다.

마음의 발견: 5가지 WPI 성격 유형

자신의 마음을 아는 일이란 자기만의 분명한 맛을 가지는 사람이 되는 일이고, 바로 우리의 마음이 노예의 상태가 아닌 우리 자신의 것이 되는 일이다. 자기만의 빵 맛을 가장 잘 음미하고 즐기는 것은 곧 자신이 주체적인 인생을 만들고 즐기는 것이다. 스스로에게 던지는 '나 자신은 어떤 사람인가?' 또는

'나는 그들에게 어떤 사람처럼 보이는가?' 그리고 '나는 어떤 마음으로 살고 싶은가?' 등의 질문들은 바로 이런 자신만의 빵 맛이 어떠한지를 스스로에게 물어보는 것이다.

사람들이 현재 각자 처한 상황에서 자기 스스로 어떤 빵 맛의 마음인지를 파악할 수 있도록 보여 주는 마음의 프레임이 바로 'WPI 성격 유형'이다. WPI 성격 검사에서는 우리의 마음에 리얼리스트(현실형), '로맨티스트(감성형)', '휴머니스트(사교형)', '아이디얼리스트(이상형)', '에이전트(과제형)'라는 각기 다른 이름을 붙였다.

이런 마음의 유형을 알아낼 수 있었던 것은 단순히 성격의

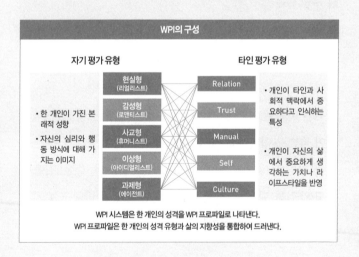

5요인 모델 때문만은 아니다. 이것은 19세기 말 미국 심리학의 아버지인 윌리엄 제임스(William James)가 언급했던 '자아(Self)'의 개념을 시각화한 것이다.

윌리엄 제임스는 한 개인의 자아는 '자기 자신(I)'과 '타인이 보는 자신(Me)'의 결합이라 했다. 마음이란 '스스로 의식하는 마음'과 '타인이 보는 자신의 마음'이 통합되어 나타나는 것이다. 개인의 삶이 어떤 특정한 행동 방식으로 나타나든 스스로 인식할 수 있을 때, 개인의 마음이라 한 것이다. 하지만 윌리엄 제임스는 이런 자신의 마음의 정의를 경험적으로 확인하거나 과학적으로 검증하지는 못 했다.

한 사람의 마음은 '자신'과 '타인'이 보는 서로 다른 두 가지 시선이 통합되어야 했는데 이것을 찾아낼 수 있는 방법을 개발하는 데는 윌리엄 제임스가 '자아' 개념을 주장한 이후 수십 년의 시간이 더 필요했다. 영국의 물리학자이자 심리학자인 윌리엄 스티븐슨(William Stephenson)은 1930년대 사람들이 특정 이슈나 주제에 대해 가지는 믿음이나 생각, 태도 등을 '주관성(subjectivity)'이라 명명하면서, 이것을 객관적으로 측정할 수 있는 방법을 제안했다. Q 방법론(Q method)이라 불리게 된 이 방법은 1950년대 이후 정리된 형태로 소개되었지만, 심리학계에서는 거의 무시당해 왔다. 당시의 심리학이 '객관적인 과학'을 지향했기에 '마음'이나 '주관성'이라는 단어 자체를 배척했던 까닭이다.

이렇듯 21세기 초에 대한민국에서 WPI 성격 유형이 탄생하기까지 그 배경에는 자아에 대한 제임스의 통찰, 스티븐슨의 Q 연구법, 그리고 성격의 5요인에 대한 연구 결과들이 있었다.

한 사람의 마음이란 자신과 타인 모두에게 '자신이 어떤 사람으로 인식되느냐'에 의해 결정된다. 인간의 마음과 관련된 문제는 객관적으로 자신이 어떤 사람이냐가 중요한 것 같다. 하지만 실제로 반드시 그런 것은 아니다. 수많은 심리적 갈등이나 혼란, 또는 정신적인 어려움은 꼭 물리적으로 어려운 환경에 있는 사람들만 겪는 문제가 아니다. 충분히 풍요로운 환경에 있는 사람들에게도 자신들이 겪는 삶의 문제나 심리적인 혼란이 고통스럽게 다가온다. 자신들의 물리적 환경과 달리 마음이 너무나 괴로운 것이다.

인간의 마음은 진공 상태에 있는 어떤 물질이 아니다. 마음은 '스스로 자신을 어떻게 보느냐'와 '다른 사람들이 자신을 어떻게 본다고 생각하느냐'라는 두 가지 관점이 중첩되어 만들어지는 이미지이다. 신에 의해 결정된 마음이 일방적이었다면, 신에게서 분리된 인간의 마음은 자신과 주위 다른 인간에 의해 만들어지는 이중적인 이미지이다. 그러므로 자신이 보는 대로 남들이 자신의 마음을 보아 주기만 하면, 그 상황은 자연스럽고 편안하다.

하지만 반대로 스스로 믿고 있는 자신의 모습과 남들이 보아 주는 자신이 다른 경우, 마음은 쉽게 혼란에 빠진다. 자신의 마음이 자기의 것이 아니기 때문이다. 심리적 혼란은 자연스럽게 일어날 뿐 아니라, 쉽게 무기력감을 느끼게 만든다. 일상생활에서 많은 사람들이 쉽게 겪게 되는 어려움이다.

마음의 이해: 자기 평가와 타인 평가 프로파일의 해석

WPI 성격 검사가 한 개인의 마음을 파악하는 데 유용한 이유는 이것이 '자기 평가(I, myself)'와 '타인 평가(Me)'의 두 가지 프로파일로 이루어져 있기 때문이다. 자기 평가 프로파일은 현재 특정한 그 사람의 마음이 어떤 특성을 뚜렷하게 나타내는지를 알려 주고, 타인 평가 프로파일은 그 사람이 지향하는 삶의 방식이 자기 평가와 어떻게 일치하는지에 대한 많은 단서들을 제공한다.

현재 그 사람의 기본 성향과 더불어 그 사람이 지향하는 삶의 가치나 라이프스타일 등을 나타내는 '관계(relation)'와 '믿음(trust)', '매뉴얼(manual)', '셀프(self)', '컬처(culture)'라는 단서들 중에서 어떤 것을 추구하는지를 확인할 수 있다. WPI 프로파일은 한 개인의 성격 유형과 삶의 지향성을 통합하여 나타낸다.

개인의 마음이란 '나는 이런 사람이다'라고 스스로가 믿는 모습과 '다른 사람이 보는 나는 이런 모습이야'라고 스스로가 타인이 자신을 보는 시선이라 믿는 모습의 결합이다. 이러한 마음은 고정적이라기보다는 상황에 따라 바뀌기도 한다. 그리고 자기 평가와 타인 평가의 결과는 그 사람의 개인적 성향과 함께 현재 그가 처한 삶의 모습 속에서 스스로 자신의 문제나 어려움을 어떻게 받아들이고 처리하는지에 대한 많은 단서들을 제공해 준다. 마치 씨줄과 날줄처럼 개인의 성향과 삶의 방식이 교차하여 개인의 특정한 라이프스타일을 나타낸다. 그래서 WPI 프로파일은 특정인의 마음을 있는 그대로 드러낼 수 있는 심리 검사로 활용될 수 있기에 마음의 MRI라고 부를 수 있다.

WPI 성격 검사에서 나타나는 자기 평가 프로파일 5가지 유형은 성격의 5가지 요인들의 종합적인 표현이지 그것들과 일대일 대응 관계에 있는 것이 아니다. 예를 들어 상대적으로 표현력이 높은 리얼리스트, 정서 안정이 중요한 로맨티스트, 붙임성이 좋은 휴머니스트, 개방성이 높은 아이디얼리스트 그리고 작업 성실성이 뛰어난 에이전트로 해석할 수도 있지만, 분명한 것은 자기 평가 유형들이 성격의 5가지 요인과 직접 대응되는 것은 아니라는 것이다.

WPI 성격 검사 프로파일로 확인되는 마음의 특성을 더 잘 알 수 있는 또 다른 사례로 게임 공간에서 게이머들이 자신들을 대표할 수 있는 다양한 캐릭터들을 만드는 경우를 생각해 볼 수 있다. 온라인 게임을 하게 되면 게이머들은 마치 자신이 신이라도 된 듯 자신의 캐릭터를 만들어 낸다. 게임 캐릭터를 만들어 낼 때, 게이머는 자신의 캐릭터에 단일한 특성만을 탑재하여 만들지 않는다.

예를 들어 게임 캐릭터의 대표적인 특성으로 '파워', '지능', '지구력' 등이 있다고 한다. 그런데 게이머는 자신의 캐릭터를 만들 때 이 세 가지 특성 모두를 최고로 생성하지 않는다. 그렇게 하면 최고의 능력을 가진 캐릭터가 되기보다는, 어떤 역할도 제대로 수행하기 힘든 캐릭터가 되기 쉽다는 것을 알기 때문이다. 파워가 강한 반면 지능과 지구력은 보통인 캐릭터 A는 전사(warrior)나 기사(knight)의 역할에 알맞고, 파워가 약하지만 지능이 강하고 지구력은 중간 정도인 캐릭터 B는 마법사(magician)나 요정(elf)의 역할을 잘할 수 있다.

캐릭터들은 실제로 게임 속에서 어떤 활동을 하기 위해 만들어진다. 또한 역할에 따라 각기 다른 특성을 갖추어야 주어진 활동을 더 잘 할 수 있게 된다. 인간의 마음이 신에게서 주어지지 않고 인간 스스로 만들어 내게 되자, 인간은 자신을 어떤 캐릭터로 설정하여 성장시킬지에 관한 특권과 책임을 가지게 되었다.

기질과 성격의 차이

인간은 태어날 때 성격이라 할 만한 것이 없다. 왜냐하면 성격은 특정 사회나 환경 속에서 개인이 자신의 것으로 인정받는 삶의 방식이기 때문이다. 사실 한 개인의 성격과 그의 삶의 방식, 또는 한 개인의 사회관계나 표현 스타일 등을 쉽게 구분하기는 힘들다. 성격은 타고난 것은 아니지만, 태어날 때부터 갖고 있는 다른 사람과 구분되는 자신만의 특성이 있다. 이것은 생물학적인 특성의 차이라고 할 수 있다. 심리학에서는 이를 개인의 '인성'이나 '성격'이라 하지 않고 기질(temperament)이라고 한다.

신생아를 돌본 적이 있는 사람이라면, 태어난 지 얼마 안 되는 아이라도 주위 환경이나 자극에 대한 반응이 다르다는 사실을 잘 알 것이다. 아이들은 태어날 때, 각자 생물학적인 특성을 가지고 태어난다. 유아들의 기질에 대해 처음 연구한 토머스 체스(T. Chess)라는 소아과 의사는 이런 특성을 기초로 유아를 '어려운(difficult) 아이', '쉬운(easy) 아이', '느린 (slow to warm) 아이'로 구분했다.

유아들의 이런 반응의 차이는 이들이 가진 심리적 특성을 어느 정도 반영할 것이라고 해석하기도 했다. 하지만 유아들의 심리란 자신을 돌보는 사람들과의 관계 속에서 나타나기에, 각기 다른 유아의 특성과 돌보는 사람이 어떻게 반응하고 관계를 맺는지에 따라 달라진다. 이것이 바로 아이의 성향에 따라 부모의 양육 방식이 달라져야 하는 이유이다.

사실 부모의 성격에 따라 아이를 대하는 반응도 다르다. '어려운 아이'를 예민한 부모가 양육하는 경우, 이 어려운 아이의 상황은 더욱 어렵게 될 수 있다. 이에 비해 '쉬운 아이'를 예민한 부모가 양육하는 경우, 둘 사이에는 그렇게 많은 어려움이 생기지 않을 것이다. 아이의 기질이 그 아이를 돌보는 사람의 특성에 따라, 점차 뚜렷한 심리적 환경을 만들어 나가게 되는 것이다.

어려운 아이는 수면 시간이 불규칙하고 주위의 온도 변화 등에도 민감하게 반응하며 자주 칭얼대고 몸이 약한 편이어서 병치레도 잦다. 또 작은 일에도 힘들어하고, 쉽게 피곤해하므로 돌보는 사람의 세심한 주의가 필요하다.

아이를 돌보는 사람의 입장에서 보면, 예민한 아이는 양육하기가 아주 힘들다. 이런 아이들도 성장하는 동안 사회적인 접촉을 하면서 자기의 성격을 형성하는데, 보통 로맨티스트가 될 가능성이 높다.

하지만 때로는 아이디얼리스트가 될 수도 있다. 때로는 환경이나 사회적으로 맺는 관계에 따라 리얼리스트의 성향을 보이기도 한다. 이 말은 특정 기질이 각기 다른 성격으로 분화된다는 뜻이다. 물론 어릴 때 어려운 기질의 아이가 휴머니스트의 성격을 지닐 수도 있다. "어릴 때는 아주 예민하고 까다로웠는데, 자라면서 사회성이 좋아졌어요"라는 이야기를 들은 적이 있다면 어려운 아이에서 휴머니스트로 바뀐 경우이다.

이에 비해 쉬운 아이는 부모 입장에서 키우기가 수월하다. 무엇보다 이 아이는 수면 시간이 비교적 규칙적이다. 특별히 불편한 자극들이 없다면 잠도 쉽게 드는 편이다. 온도의 변화나 주위 환경에 대해 예민하게 반응하지 않고 까다롭지 않은 순한 아이이다. 보통 휴머니스트가 될 것으로 기대해도 좋다. 하지만 이런 아이가 로맨티스트 또는 리얼리스트가 된다고 해도 전혀 이상하지 않다.

아이디얼리스트나 에이전트가 될 수도 있다. 그것은 어떤 부모와 어떤 환경에서 자라나는지, 아이가 어떤 사회적인 경험을 하게 되는지에 달려 있다. 느린 아이도 있는데, 이 아이들은 부모에 대한 반응이나 주위의 자극에 대한 반응이 비교적 느린 편이다. 한편으로는 순한 모습을 보이기도 하는데, 자신이 원하거나 찾는 것이 충족되지 않는 상황에서는 까다로운 성향이 드러나기도 한다. 쉬운 아이나 느린 아이는 모두 자라는 과정을 통해 5가지 성격 유형 중 어느 쪽으로든 발달할 수 있다.

심리학자들은 1970년대까지 막연히 성격을 개인의 고유한 특성이라 믿었다. 하지만 그것은 어쩌면 기질에 더 가까운 무엇이었을 것이다. 인성 또는 성격이라는 것은 태어날 때부터 정해져 있지 않고, 인간이 성장하면서 어떤 사람들과 관계를 맺느냐에 따라 만들어진다.

한 개인의 성격, 인성은 타고난 기질과 사회적 경험의 결합이다. 현재 자신이 처한 관계와 환경에 반응하면서 '나름' 열심히 생존하려는 마음이 바로 그 사람의 성격이다. 여기에서 '나름'이라고 언급한 데는 이유가 있다.

각 사람들은 자신의 생존을 위해 자신의 마음을 열심히 활용하지만 정작 대부분의 경우 그 결과는 생존을 더 어렵게 만들기 때문이다. 스스로 자신의 마음을 알아야 하고, 또 마음을 위한 안내서가 필요한 이유이다.

James, W. (1968). *The self. The self in social interaction, 1*, 41~49.

Marston, W. M. (1928). Emotion of Normal People. Minneapolis: Persona Press; Reprinted edition (1979).

McCrae, R. R., & Costa Jr, P. T.(1997). *Personality trait structure as a human universal. American psychologist, 52(5)*, 509.

Milgram, S. (1963). Behavioral study of obedience. *The Journal of abnormal and social psychology, 67(4)*, 371.

Myers, Isabel Briggs (1980). *Gifts Differing: Understanding Personality Type*. Davies-Black Publishing; Reprint edition(1995). Princeton University Press.

Stephenson, W. (1953). *The Study of Behavior*. Chicago: The university of Chicago press.

Victor Frankle (2008).《심리의 발견》. 청아출판사.

Zimbardo, P.G.(2007). *The Lucifer Effect: Understanding How Good People Turn Evil*. New York: Random House.

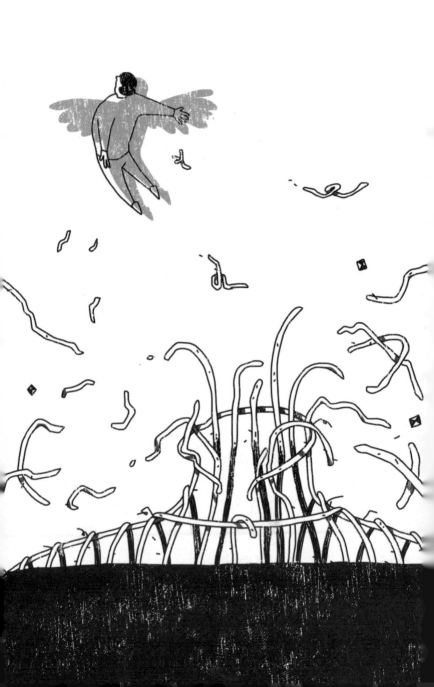